心怀度众慈悲愿，身似法海不系舟。
问我平生何功德，佛光普照五大洲。
——星云

人生三百岁

——星云大师传奇

刘爱成◎著

人民东方出版传媒
東方出版社

图书在版编目（CIP）数据

人生三百岁：星云大师传奇／刘爱成 著．—北京：东方出版社，2015.10
ISBN 978-7-5060-8525-0

Ⅰ.①人…　Ⅱ.①刘…　Ⅲ.①星云—传记　Ⅳ.①B949.92

中国版本图书馆 CIP 数据核字（2015）第 245507 号

人生三百岁：星云大师传奇
（RENSHENG SANBAISUI：XINGYUN DASHI CHUANQI）

作　　者： 刘爱成
责任编辑： 杨英瑜
出　　版： 东方出版社
发　　行： 人民东方出版传媒有限公司
地　　址： 北京市东城区朝阳门内大街 166 号
邮政编码： 100706
印　　刷： 北京汇林印务有限公司
版　　次： 2016 年 1 月第 1 版
印　　次： 2016 年 1 月第 1 次印刷
开　　本： 710 毫米×1000 毫米　1/16
印　　张： 34.5
字　　数： 300 千字
书　　号： ISBN 978-7-5060-8525-0
定　　价： 68.00 元
发行电话：（010）64258117　64258115　64258112

一代高僧星云大师 油画（2015年 李自健 作）

序

感谢资深媒体人刘爱成先生对文化的用心。2012 年，他代表《环球人物》杂志来到佛光山访问，知道了“人间佛教”对台湾地区及当代世界的影响后，很热心地多方走访，收集资料，并且来佛光山与我多次长谈，撰写了《人生三百岁》一书。

我这一生，提倡“人生三百岁”。许多人第一次听到，都心怀疑惑：“人，真的能活到那么大的岁数吗？”其实，换另一个角度来想，人生岂只能活到三百岁？如果能发挥生命的极致，在精神意义上，就可以像阿弥陀佛的无量光、无量寿一样长远。

我从二十岁开始服务，自许一天要做五个人的事情，没有周休二日，没有年假，逢节过年更忙。我心想，如果活到八十岁，工作六十年，一天算做五天，五乘以六十，不就是三百岁了吗？

如今我快九十岁了，虽然眼睛看不到，两次中风，行动不便，耳朵也渐渐不灵光，但所谓“做一日和尚，撞一日钟”，凡众生有需要，我必戮力以赴。

我这一生，作为一个出家人，就是一切都为了佛教。虽然不敢说自己有什么条件，只是我有心，一生以弘扬“人间佛教”为职志，我坚信人间佛教必定是未来世界的一道光明。

所以，不论办大学、电视台、报纸、编辑出版、养老育幼、公益信托等，凡有利于社会的“人间佛教”事业，我皆不推却责任。当然，所有这些功德，我不敢居功，因为这都是海内外佛光人、僧信二众所共同努力的成果。

闻《人生三百岁》即将出版，感谢刘爱成先生和她的夫人张静之女士为此书所付出的努力。他们表示这本书尚不能代表全部，但也非常难得了。所谓“弱水三千，只取一瓢饮”，能让“人间佛教”对当代社会人心有所助益，让大家获得幸福、安乐、法喜，这就是我们最大的希望了。他们的用心良苦，值得赞许。是为序。

佛光山 星云

二〇一五年桂秋

于宜兴大觉寺

卷首语

“人生三百岁”——星云大师常以此话自励。他告诉我，这不是说他能活三百岁，而是他生命的广度和厚度在夜以继日、“以一当五”的工作中延展，用一生做几世的事。

70岁那年，他曾说过：“我12岁出家，今年已70岁，这期间不曾有过周六日，不曾放过假，从不知假日是什么滋味。再过10年，我就80岁了，自20岁任白塔小学校长算起，到那时我就工作了60年。这60年，我每天的工作量可以抵得过5个人，这样算起来，我的人生就有三百岁了。”

如此算来，现在的星云大师已不止三百岁——他明年就90岁了，工作已近70年；他每天的实际工作量也远远超过一般人5天之总和，一年至少相当于5年。

他常常彻夜不眠地写作，清晨却比谁都更早出现在佛堂里；电视台要录制5分钟一集的电视节目，他常常一次录100多集，摄影师都被累趴下了，他却没说半个“累”字；为了弘法，他一年大约要绕地球两圈半，平均每天旅行160公里，有时一个月里足迹就踏遍四大洲十多个国家和地区；他到处演讲，开讲之前不吃不喝，演讲过程中不休息、不喝水、不如厕，演讲完后吃自带的方便面，再赶往下一处……这样的工作强度，这样持之以恒的韧性，岂止是让年轻的弟子们自叹不如！

他的三百岁，化作了一串串数字——

他在世界各地创建了近300个道场；他建立的国际佛光会会员超过200万人；

他创办了10多个大型文化机构，包括美术馆、图书馆、出版社、报纸、电台、电视台、通讯社；

他兴办了16所佛教学院，4所普通中小学，尤其是在世界一些国家和地区创办了5所当地政府承认学历、参与当地高考录取的大学；而在中国大陆，他捐建了一百多所佛光希望学校，向困难学生提供奖学金，让穷山沟的孩子背上了书包；

他成立了“大慈育幼院”“仁爱之家”等多处慈善场所，收容抚育孤苦幼童和无依无靠的老人，如今，大慈育幼院已有800多人成家立业；

他写了2500多万字作品，出版了370多本书，包括《释迦牟尼传》《佛光大藏经》《佛光大辞典》等；他在五大洲建立了2000多个“生活有书香”读书会，让满载书籍的云水车开往穷乡僻壤，供人免费阅读；他甚至走进监狱，为犯人读书、演讲，洗濯他们的心灵。

……

这不是抽象的数字，这是一个个生命在他的慈悲下如花盛开，如果结实，因他成长，因他改变，因他绽放。他把自己的一生活成了三百年，在这三百年的宽广生命里，他不仅影响了这一代人和下一代人，还影响了好几代人。可以想见，许多年后，他抚育的稚子幼童将长大成人，不经意间就会在某个领域、某个地方遇到大师留下的这盏心灯；可以预料，许多年后，他心血结成的宝贵书卷会被一双双更年轻的手翻开，生生不息。如是观之，他的功德已超越了时空，又岂是岁月所能衡量的呢？由此而言，他的人生又何止三百岁？

人生三百也有涯，但星云大师洒下的“人间佛教”的种子已无涯。

目录 CONTENTS

引子 与佛陀一起过年

2014年春节前夕，我们应邀来到台湾南部的佛光山。88岁的星云大师僧袍佛珠，平和微笑，在半山腰的传灯楼宴请了我们。

说是宴请，不过几碟素菜，一碗热面。他吃得很香，我们亦然。此间一席饭的愉悦，远胜过别处觥筹交错、高朋满座的各种饭局。我们看着星云大师，几年前第一次来佛光山时的对话又浮现在眼前——

“师父，您的眼睛真的看不见吗？为什么和您说话，总是看到您在注视着我们？”

“我能看到你们的心。”

“师父，您看不清又腿脚不便，不着急吗？”

“一点都不急，心里很踏实。人有点病是好事，有病也许能更好地爱惜自己。”

一晃数年已过，星云大师的心境更加从容，佛光山的气氛更加快乐。春节的佛光山就像一个欢乐的海洋，“给人欢喜、给人希望、给人信心、给人方便”，让每个来这里的人都笑脸相迎，互致吉祥。千百年来，佛之于中国人，都是“深山古刹，世外高人”，到了这里，却是“人间佛教”的另一番景致——除夕之夜，星云大师、住持心保和尚和僧人、信徒以及他们的亲朋，一共 3600 人，一起围炉吃火锅。席间，大陆的杂技团、澳大利亚的滑稽演员，在台上台下献艺。

热闹的年夜饭过后，在灯火辉煌的林荫大道上，开始了花车游行。夜里 10 点，成千上万的信徒自觉排成整齐的队伍，开始朝山。从山下的“不二门”前，一步一叩首，朝拜到山上的大雄宝殿门前。此时，正是农历甲午年的零点，住持心保和尚撞响了新年的钟声，为大家祈福。接着，人们鱼贯而上，轮流撞钟，再从僧人手中接过一支细细的香和一颗糖果，进入大雄宝殿，点燃自己的新年第一缕香，在佛前许下自己的新年第一个愿。

此时，大殿外爆竹声声，焰火绽放。辞旧迎新的气氛达到了顶峰。

是夜，我们在山北面的紫竹林住下。

紫竹林是星云大师接待重要客人的宾馆，景色宜人。大年初一的清晨，站在紫竹林的门口，眺望对面山上的佛陀纪念馆，金色的释迦牟尼佛像在阳光下放出万道光芒，它面前的八座宝塔，在宽阔的绿茵草坪上熠熠生辉。

很快，佛陀纪念馆广场的大门口出现了车水马龙，人们一批批涌入。据统计，春节期间每天来佛光山的人超过 10 万。来访者不需门票，餐饮随用，饭钱随意。

再举目向南远眺，那儿就是佛光山的本山。一栋栋庙宇楼阁的琉璃瓦，从苍翠的树林中跃出一角，错落有致，相映生辉。那里，是成百上千的僧侣修炼的地方，是成千上万的信徒朝拜的地方，也是星云大师居住生活的地方。

在佛陀纪念馆与佛光山本山之间，有一条跨越山峰的大道。站在紫竹林远望，只觉得是一条宽阔的彩带把两者系在一起。走近了才恍然大悟，路的两旁，一边是彩色灯笼组成的“墙壁”，一边是蜿蜒起伏的“巨龙”，路中间还有一道道彩色的“拱门”。这就是“佛光大道”。

到了夜里，涌入佛光山的 10 多万人，又是一起放焰火、游花车。如许欢乐，一直要延续到正月十七。

庄严而繁荣的佛光山给我们留下了极其深刻的印象。可星云大师的生活与这光鲜的一幕形成明显对照，他说：“这些都是属于信众的，佛光山本身没有钱、不存钱，要把功德主的钱都用在信众身上，回馈社会。如果有积蓄，很享受，徒众就不会苦修，佛光山就不可能成为一片净土。”他的衣食住行，简单得不能再简单。有一天，我们在会客室见完星云大师后，要求参观参观他的办公室。一进去，只见一张椭圆形的会议桌，能容纳十几二十人，分明是个会议室，根本不见办公桌。我们疑惑地问：“这不是开会和会见的地方么？”

星云大师指着会议桌的一头说：“这块地方就是我的办公

桌，只不过没有抽屉，也不用上锁。”那上面，摆着几本书、纸、笔和本子，他每天就在这会议桌的一角写字，与弟子们谈事。

可说它是会议室兼办公室，还不对。我们发现屋子一角的书柜上挂着两件僧袍，书柜和墙角之间还有一张陈旧的单人沙发。一位法师告诉我们，这是星云大师睡觉的“床”，到了晚上，大家都走了，这个不到两平方米的角落就成了大师的卧室。

我们顿时静默无语，心中百感交集。这位开山宗长、年近九旬的老人，纵有广厦万千，却宁愿屈栖一角，节俭得连一张床都舍不得用。多少年来，弟子们一轮又一轮地为他买来新床，却一次次被他拒绝。“把床给那些年纪大的僧人用吧，我用这沙发习惯了，挺好！”

见到我们感慨，大师却笑一笑，不以为意。他说，早年条件艰苦，他睡过地铺、睡过“广单”（大通铺）、睡过双层上下铺、睡过草皮、睡过地砖，甚至睡过监狱。后来建起了佛光山，条件好了，但每每举办大型佛事活动，群贤毕集，八方来客，还是住不下，他便把自己的房间腾给客人，睡到旁人走不到的阳台上。躺在那里，遥看夜空，他想到了朱元璋。朱元璋在皇觉寺当沙弥时，有一日回来晚了，寺门已关，他只好席地而睡。如此境地，朱元璋却做了一首豪情万丈的诗：“天为罗帐地为毡，日月星辰伴我眠；夜间不敢长伸足，恐怕踏破海底天。”

星云大师说：“其实阳台和床铺对我来说，也没有什么差别。当初佛陀也是‘日中一食、树下一宿’。树下并不比阳台的平坦地面好受，却一样过修行的日子。除了佛陀，许多罗汉僧不也是这样生活吗？”

可这单人沙发又与阳台不同，无法平躺，怎么睡呢？坐着睡？“对，大师就是坐着睡的，他年纪大了，觉很少，睡几个小时就起来工作了。”负责照顾星云大师生活的法师说。

在沙发上如何能眠？星云大师说，这与他少小出家，严格修炼有关。“我 12 岁出家，在栖霞寺受戒，此后参学 6 年。每天的生活，大致都和戒期一样，连上厕所都有老师沿途监管。晚上开大静后，老师一声喝令：‘赶快睡觉！’包括上厕所、脱衣服、躺上床，3 分钟之内要全部完成，之后不能再有半点动静。即使夜里，老师也静坐监管。每天凌晨 3 点半，我们就起床做早课，常常感觉睡眠不足，早课礼拜时，往往拜下去就不知道要起来，因为睡着了。这时纠察老师就会走到前面，踢踢头，喝令：‘起来！’经过这样的训练，我不但坐着能睡觉，就是站着也能睡，甚至走路都可以睡……”

大师的话，把我们带回到 76 年前他出家走进佛门的地方——

第一章

寻父寻到佛祖

那是1939年的年初，农历还是戊寅年的岁末，

南京城外，天寒地冻，满目凄凉。

几乎见不到行人的路上，突然出现一名农家女子，

带着一个12岁大的男孩……

那是1939年的年初，农历还是戊寅年的岁末，南京城外，天寒地冻，满目凄凉。几乎见不到行人的路上，突然出现一名农家女子，带着一个12岁大的男孩，在凛冽的寒风中匆匆前行。

这女子名叫刘玉英，30多岁，高高的个子，瘦削的身材，眼神坚毅。虽是苦寒时节，她却步伐坚定，一看就是个麻利的人。家住扬州江都仙女庙镇的她，不识字，更没出过远门。这一次，她斗胆带儿子前往南京，完全是迫不得已——她的丈夫李成保前些年经营香烛和成衣生意，经常赔本，甚至赔上了祖宗留下的田产，只好靠一手素菜厨艺到大城市去谋生。1937年，他去了国民政府的首都南京，从此杳无音讯。

那一年的南京遭逢了史无前例的悲剧。"七七事变"后，日本人一路杀来，从8月14日开始，多次出动飞机轰炸南京。

11月20日，国民政府宣告迁都重庆，南京成了军政要员的弃子。12月9日，日军兵临南京城下，13日攻入城内，开始了人类历史上最惨无人道的南京大屠杀，6个星期内至少30万人头落地，8万妇女遭强奸，1/3的建筑被烧毁。

距离那场大屠杀已经有一年多了，李成保一直没有回过家，他在哪里？他还活着吗？有人说，在日本人屠刀下，他恐怕很难幸免。刘玉英日夜担忧，常常在夜里被噩梦惊醒。最终，她不顾一切，决定去南京寻夫，哪怕碰碰运气也好。

陪伴她的这个孩子叫李国深。刘玉英和丈夫养育了4个孩子，李国深上有一兄一姐，下有一弟。在中国的传统家庭里，长子最受父母倚重，幼子最受父母宠爱，中间的儿子往往不受待见。她为什么要带二儿子作伴呢？因为大儿子只会读书，书生气十足，路上难以应变；小儿子又太小；女儿已经是个大姑娘，不便抛头露面，尤其怕被日本人看到会把她抢走。思前想后，刘玉英觉得，只有二儿子李国深最合适，这个孩子善良、孝顺、勇敢、能吃苦。

看着一路陪着她忍饥挨饿，却从不叫苦的儿子，刘玉英又想起了他出生时的模样。1927年农历七月二十二日，他呱呱坠地，却和别的孩子很不一样：方头大耳，脸蛋半边红半边白，鼻唇之间的人中部位还有两条细细的红线。刘玉英看着孩子奇怪的面貌，有点困惑。分娩前她明明做了个吉梦——有个小金人在她床前东翻西找，她问小金人找什么，旁边一白发老者答道："他在找稻穗。"刘玉英奇道："我床下都是干稻草，哪会有稻穗？"怎料话音刚落，小金人真的抽出了一根稻穗。

稻草变成稻穗，确实是吉相，可是这孩子……刘玉英一转念，又想起戏文里的故事，那包文拯包老爷出世时，脸很黑，眉宇上方还有个月牙印记，后来不也成了扬名天下、流传百世的包青天吗？俗话说，一畦萝卜一畦菜，自己孩子自己爱，刘玉英想到这里，紧紧搂住了襁褓中的婴儿，没有因为他的脸色和印记而减少半分母爱。

可邻居们不这么看，村里很快传出可怕的流言："刘玉英生了个妖怪！"刘玉英只好尽量不让孩子出门，常常用一根绳子把他拴在家里。说也奇怪，这孩子长到两三岁时，脸上的印记自然褪去了，容貌与其他孩子无异，反而是内心的品质越来越与众不同，小小年纪就慈悲为怀。3 岁半时，他压根儿拿不起装糖果的罐子，可是看到邻居孩子们来玩，他硬是把糖罐从地上一路拖到他们身边，请他们吃糖。大家都笑他"傻"，就知道把自家的东西给别人。

7 岁那年冬天，他看见一群被雨水淋湿的小鸡，挤在一起瑟瑟发抖，便把它们一只只引到炉灶前，想借着火的温度将小鸡的羽毛烤干。没想到一只小鸡因惊慌过度误入灶中，他也不怕烧着自己，急忙伸手从火中把它救出来。结果，小鸡全身羽毛还是被烧掉了，尤其是嘴被严重烧伤，只剩下上喙；李国深自己稚嫩的手也被烧伤，后来他的右手指甲一直长不全，留下了永久的伤疤。可他顾不上自己的手，为了让受伤的小鸡能活下去，他每天耐心地用杯子装满谷物，一口一口地给它喂食，还经常以爱语安慰它。一年多以后，小鸡不但没有夭折，还长大下了蛋，亲友邻居啧啧称奇。

稍大时，他学大人养鸽子。有一天，一只鸽子失联，好几天没回来。他挂念鸽子无家可归，无人照顾，为了让家人尽快去把鸽子找回来，他想了一个损招——投河自尽。好在命不该绝，他在水中横叉乱舞，竟然被冲回岸边。

运河边的蚊子苍蝇特别多。对于到处骚扰的苍蝇，他不是拍死，而是把它们抓起来，装进空瓶子里，处以三五小时的禁闭，再放出去。对于叮人吸血的蚊子，家人往往一巴掌把它们打死，他却觉得不应该，它只不过吸一点血，罪不至死。他想了个办法，在蚊子扎进他的肉里吸血时，他使劲用肌肉把它夹住，让它无法飞走，然后用手拨弄它，使它恐惧，几秒钟后，再把它放走，就算是对它的惩罚了。

对小动物、小昆虫尚且如此，对人就更不用说了。一个冬夜，全家人围着火炉聊天，提到山上有个老人，又穷又病又饿……故事还没讲完，就听到他在桌子下面哭泣。大人们连忙告诉他："这是编的故事。"他不信，晚饭也不吃，抽抽搭搭地说，要拿去送给那老人吃。家人拧不过他，只好带他去找外公，把饭送给老人吃了才安心回家。

随着年龄增长，李国深越来越懂事。家里贫寒，三餐难保，他一心想帮助父母减轻负担。寒冷的冬天，天还蒙蒙亮，他就悄悄离开暖融融的被窝，拿起拾粪的工具，到外面去捡狗屎，积多了就卖给人家做肥料，换点钱补贴家用。傍晚，村民耕完地赶着老牛回家，他就跟在后面拾牛粪，把它们贴在土墙上，等晒干了，取下来供家里煮饭炒菜时烧火用，或是拿去卖给别人。

李国深的家就在运河边上，每次买东西，必须到对岸的龙川街上去买，那是当地唯一一条商业街。太平时节，人们靠摆渡过运河；可战争期间，没几个船老板愿意为了一点儿摆渡费而冒生命危险载客。渡船难等价又高，李国深干脆把衣服一脱，往头顶上一放，跳入水中，踩水过河。到了对岸，穿好衣服，再买东西。买好了，再把衣服和东西绑在头上，踩水回来。运河水流湍急，很少有人敢下水，可他每次来回都如履平地。邻居开始跟刘玉英称赞他："你这二小子不简单，李家这棵树上的果子将来就看这一颗会红。"

奇缘栖霞寺

这次去南京寻夫，有他的陪伴，刘玉英也多了份勇气和胆量。母子俩商量，沿路到各个寺庙去看看，既然李成保会做素食，或许曾到哪个寺庙帮过忙，可以打听他的行踪。可是，从扬州到镇江，途经的寺庙都没有丈夫的音讯，刘玉英想了想，对儿子说："要不我们去栖霞山寺看看吧。"

他们只听说，栖霞寺是南京一座很大、很有名的山寺，却压根儿不知道在哪里，只能一边走一边打听。

栖霞山原名摄山，位于南京东北郊外 22 公里处，虽不太高，但名气很大。主峰绵延向东，形若卧龙，称龙山；绵延向西，形如伏虎，称虎山。山的北侧是滚滚东去的长江。一到秋天，山上枫叶如霞。历史上，曾有五王十四帝来此赏景，乾隆皇帝六下江南，更是五次在山上小住。正可谓“一座栖霞山，半部金陵史”。

栖霞寺坐落在栖霞山西麓的山坳里，为龙山和虎山所环抱。它始建于南齐永明七年（489 年）。最初，是一位名叫明僧绍的山东名士，为了躲避战乱来到此处，修建了住宅，又舍宅为寺，将它作为道场，邀请高僧法度大师来此讲经并担任住持。南北朝是中国古代几次大乱世之一。乱世之中，生死难测，命运无常，上至名士帝王，下至妇孺走卒，往往寄望于佛，寄托于来世。“南朝四百八十寺，多少楼台烟雨中”，便是对那一番礼佛盛况的白描与勾勒。明僧绍也不例外，他隐居于佛堂青烟之间，只觉生活在世外桃源，身心舒泰，便自号“栖霞居士”——栖居于云霞野壑之中，三分诗意，七分佛意。他又将佛寺称为“栖霞精舍”，这就是栖霞寺的起源，山也因此而得名。

栖霞居士有佛缘，更有个性。他曾多次拒绝皇帝请他出仕的邀请，只把学佛、赏景作为人生大事。他死后，子孙继承其遗愿，在栖霞寺后的西峰石壁上开凿了三圣殿，殿中坐着一尊无量寿佛，左右立着观音和大势至菩萨像。殿外的山石上，还雕凿了很多佛像，被称为千佛崖。这些佛像守护着栖霞山，崇佛之风从此代代相传。后来，这里成为江南佛教三论宗的发祥地。唐代时易名功德寺，增建了殿宇 40 余间，与山东长清的灵岩寺、湖北荆山的玉泉寺、浙江天台的国清寺并称天下四大丛林（寺院）。明洪武五年（1372 年）复称栖霞寺，不幸在清咸丰年间毁于火灾，后来光绪三十四年（1908 年）重建，寺内有弥勒佛殿、毗卢宝殿、法堂、念佛堂、藏经楼、舍利石塔等，成为南京地区最大的寺庙。

千辛万苦，风雨兼程，李国深跟随母亲终于来到了栖霞山的山门口。他站在那里，正不知如何进入寺庙，突然看到山门前一支军队在操练。李国深很好奇，看得入神，不知什么时候，他身后走来一个和尚，问："小朋友，愿不愿意和我一样，到栖霞山当和尚啊？"李国深一边看军人操练，一边随口答道："愿意！"

和尚转身离去。过了一会，来了一个小和尚，对李国深说："我们当家师父想请你进去一见。"李国深不知何事，便让母亲在山门口稍等，他去去就来。

李国深随小和尚一进山门，一泓如镜的湖水就闯入他眼帘，湖中有亭，亭前立着一尊观音菩萨雕像。继续往前，两边古木成林，藤萝满径；古刹悠悠，钟声阵阵。他只觉一切新奇，好生喜欢。直到走进寺内，才看见一仪容堂堂的和尚等候在那里。

李国深不知道，这就是大名鼎鼎的志开上人，法名又称"智开"。此人1911年生于江苏海安，早年在宜兴的大觉寺出家。1937年南京大屠杀期间，他以出家人的身份，四处奔走，救死扶伤，后来到了栖霞寺，与寂然法师一起将栖霞寺作为避难所，挽救了2.4万余名难民的性命。为此，他多次与日军正面冲突，甚至带领僧众击退日寇，还帮助中国军队筹集粮食，凡此种种，九死一生。栖霞寺的主管看重这个年轻和尚的心地与才干，便聘请他担任栖霞寺监院，总领众僧，协助方丈管理寺院事务。

此时，志开上人抬头一看，站在他面前的还是个孩子，便问：“小朋友，听说你想出家当和尚，是吗？”

“是的。”李国深答道。

“今年多大了？”

“12 岁。”

“叫什么名字？”

“李国深。”

志开上人递给他一张纸。按寺庙惯例，把姓名写下来，便算是登记在册。可李国深斗大的字不识一箩筐，连自己的名字也写不全。志开上人也不为难他：“这不重要，重要的是，我们这里有个规矩，要出家，必须经你的父母同意。你家长同意吗？”

“他们会同意的。”说完，李国深便跑回山门征得母亲的同意。

一直守在山门外的母亲，看到儿子终于出来，很是高兴。不料儿子告诉她，要在这里出家当和尚。这简直是晴天霹雳！她当即跟儿子急了：“你这孩子也太不懂事了！出家这么大的事，怎么也不事先跟妈商量一下？”停了一会儿，又道：“你也不为妈想想，我一个弱女子，乱世中拖儿带女，度日如年。这趟南京之行，茫茫人海中还没找到你的父亲，你若出家做和尚，我又要失去一个儿子，我回家怎么向亲人父老交代？！”

李国深沉默了一会儿，说：“没和您商量确实是我不对，可是现在儿子已答应了人家，君子一言，驷马难追啊！”

“你不用管了，我去替你说。”母亲道。

李国深连忙拦住她：“妈，您别去了，我不要反悔。”他理解母亲的心情，这一切对母亲太突然了。可是，他自己怎么不觉得突然呢？冥冥之中好像有一种力量在召唤他，这种熟悉的感觉似乎在哪儿出现过？

李国深忽然想起了自己的外婆。由于家中生计困难，他时常住在外婆家里。外婆姓王，18 岁嫁到刘家，人称刘王氏，她笃信佛教，虽目不识丁，却能背诵《金刚经》和《阿弥陀经》等经文。李国深三四岁时，看到外婆一直吃素，就和姐姐比赛吃素。当然，年幼的他并不知道佛教要吃素的道理，只是为了讨外婆的欢心。

外婆每个月都要去参加各种庵堂的信徒集会，他记得那叫“上供”——在一个厅堂里将供碗堆栈起来，像一座山一样，叫一供。有一堂一供，一堂三供，一堂五供，任人随喜发心。主要的斋主跪在供桌前，其他人站在两边。李国深经常随外婆去上供，也站在一边看，还跟着大人念念有词：“叫你修来你不修，变个老牛拉轭头。”“善似青松恶似花，看看眼前不如他，有朝一日遭霜打，只见青松不见花。”“前生穿你一双鞋，今生驮你十里来。”这朗朗的吟诵声在他耳边萦绕，他觉得非常有趣。

外婆自然希望他信佛，也曾有意安排他拜师。在扬州家乡，本就有个习俗，小婴儿拜个师父容易平安长大。他出生后不久，就拜了附近庵堂里的一位比丘尼为师父。后来，外婆的一个妹妹也出家当了比丘尼，李国深叫她“师公”，还在她的庵堂里住过一个月。多年以后，他回想起来，总觉得外婆是有意为他“穿针引线”，那时时局已乱，外婆早就想把他接引到佛门之中，好叫他免受战争的折磨。

受外婆的影响，他家中偶尔也会供养一些法师。在那战火频仍、干戈四起的年代，乡邻们见到出家人袈裟飘逸、法相平和，像是世外之人飘然而至，自然十分敬重，李国深幼小的心灵便生出了“当和尚很好”的念头。在他10岁那年，有个和尚要收他为徒，拜师前他突然问：“妈妈能不能一起去？”“不能！”“外婆能不能一起去？”“不能！”“那姐姐呢？”“也不能！”从没离开过家的他，开始犹豫了：“她们都不去，那我也不去了。”

没想到两年后，他却鬼使神差地来到栖霞寺前，不自觉地答应出家。

知子莫若母。刘玉英了解儿子的秉性，这个平常温顺孝敬的乖孩子今天如此坚定，可能真是命中注定。她定了定神，反过来一想，这未必不是件好事。儿子是个有理想、有抱负的人，可是现在家里子女多，全靠她一人承担，能把几个孩子拉扯大已是不易，哪有能力培养他们？也许在寺庙里，他还可以读书识字，有所作为，实现自己的梦想。事已至此，不如成全儿子。她望着深幽的栖霞山，咬咬牙，叹了口气：“好吧，儿子，既然你已答应了人家，我就依了你。你是个有出息的孩子，我们家穷，没有力量栽培你，如果你能在佛门中读书上进，也许比留在妈妈身边更好。”

可怜天下父母心。她虽然如此安慰自己，但依然心如刀绞。她紧紧地把儿子拥入怀中，不忍心说再见。最终，不得不挥泪离开。李国深恋恋不舍地望着母亲的背影越变越小，直到再也看不见，才擦去眼角的泪水，毅然走进了栖霞寺。

师父送来半碗咸菜

他回到了志开上人的面前。

志开上人见他慈眉善目，脑门宽大，知道只要他开悟了，将来定有一番作为，于是给他赐名悟彻，号今觉，意思是破迷妄、开真智，觉悟得透彻、彻底。他记住了这个改变他一生命运的日子——1939 年 2 月 1 日。从此，他成为禅门临济宗第 48 代弟子。

"今觉，栖霞寺是一个十方丛林，你不可以说在栖霞寺出家，也不可以当着众人的面叫我师父。"赐名之后，志开上人严肃地告诫他。原来，栖霞寺是各地僧人共有的道场，就像一个集体场所，并不是个人私有的；栖霞寺的出家人众多，来路繁杂，为防止帮派斗争，也不允许有师徒关系。顿了顿，志开上人又告诉他："我们的祖庭，我们师承的寺院，是在宜兴白塔山大觉寺。"今觉听罢，点点头，却不知道大觉寺又是何等模样。

从那以后，今觉就跟别人一样，叫志开上人"当家师"。志开上人也不叫他徒弟，免得别人说闲话。那时，志开上人还兼任栖霞律学院训导主任，后来又升任为教务主任、院长，再后来做了栖霞寺的住持，诸多事务缠身，小小的今觉其实很难见到师父一次。他后来回忆说：“在那六七年当中，我获得师父给我的开示，顶多只有一两次而已。不过，虽然很少和师父见面，但心灵上还是能感受到他对我的关心和慈爱。”他念念不忘的是，拜师后，志开上人把自己一件衣服改了改，给他穿上，权当僧服。

穿上师父的旧衣服，今觉开始了新生活。等待他的，却是从未想过的艰难。在那兵荒马乱的年代，栖霞寺虽是古刹名寺，但周围的老百姓连吃的都没有，怎么可能来供养寺院？栖霞寺当时有400多名僧众，真正是僧多粥少。每天早晚喝的稀粥能照见人影，鲜有米粒。要不是用咸萝卜干就着，根本喝不下去。为了充饥，即便看到咸萝卜干里有蛆，也照吃不误。可是饭后两次小解，肚子又饿了，两腿发软。想吃顿干饭，要盼半个月，干饭里还掺了很多杂粮。也没什么菜吃，即便有些烂菜，炒出来味道也非常难闻，常常是闭着眼睛屏住呼吸吞下去。有时下饭菜是豆腐渣，就是客人吃剩下的豆腐，拿到外面去曝晒制成。其间难免有麻雀先来享用，也免不了在里面留下点纪念品——粪便。大家只好装作看不见。

住的地方非常拥挤，百十个男僧挤在长长的大通铺上，高矮胖瘦，肩挨着肩，翻身都很困难，夜里鼾声此起彼伏，更不用说磨牙放屁臭脚丫了。早上起来，几十人共享一桶水洗脸，每人洗“两把半”——第一把将毛巾打湿，第二把擦完脸浸一下，拧干就是半把。待大家洗完，一桶水成了黄泥汤，还要拿去冲厕所。所以毛巾永远是黑乎乎的。

在这样的环境下，免不了要生病。一次，今觉染上了一种病，全身长了脓疮，一个个脓包有硬币那么大。当时也没太多换洗的衣服，一件僧服好几天才换。每次换衣服，脓血粘在衣服上，脱衣服就像脱一层皮，疼痛难忍。得这种病的人不少，据说是因为南京大屠杀，河里到处漂着死尸，人们喝了河里的水，感染了尸毒，发作成脓疮。

不干不净，连牙齿也容易得病。一次，今觉的牙齿长了蛀虫，吃饭时一不小心，饭粒塞进蛀洞里，刺激了牙神经，痛苦不堪。可他不敢告诉别人，心想，这牙齿是最坚硬的东西，怎么会有洞呢？岂不是一件很丢人的事？于是每天吃饭，不敢细嚼，只能囫囵吞枣。直到17岁，一位老师从他的日记里得知他牙疼，才告诉他师父志开上人。志开上人连忙带着他，从栖霞寺坐火车到了数十里外的南京城，找牙医给他补好了蛀牙。

17岁这年，今觉治好了牙齿，却又得了最严重的一次疟疾，忽冷忽热，难受至极。可当时既无法看医生，又不让请假，每天照样要随众僧参加早晚功课。今觉日日拖着虚弱的身子，与大家一起活动。大约折腾了半个月之久，消息传到了志开上人的耳朵里，他赶紧派人给今觉送来半碗咸菜。如今看来，别说半碗咸菜，就是半碗参汤也算不了什么。可是在那个年代、那种条件下，这半碗咸菜已经是救命菜。更何况，这茫茫大山中，除了师父，谁会如此怜惜他的病痛呢？奄奄一息的今觉捧着饭碗，哽咽起来，这碗里盛的，是师父对他的大恩大德啊！他含着泪，一边吃一边暗暗发誓：“师父，我决不辜负您的希望，把一生交托给佛教，把生命奉献给众生。您放心，我一定要把出家人做好！”

庙穷，小和尚自然更穷。今觉知道母亲惦记着他，想尽早写封信向母亲报平安，可这封信到了第二年也没寄出去，因为他连买一张邮票的钱都没有。虽然有两件衣服和一双鞋袜，但老不发新的，他也不敢向家里要钱买。最后衣服破了，就用纸缝补一下；袜子缺了，他到处捡别人扔掉的，可很难捡到相同颜色和合适的袜子，他便常常左脚和右脚的袜子颜色不一，甚至长短不同；鞋子被穿得龇牙咧嘴，连底子都磨出了洞，也只能用硬纸垫着穿。好不容易可以捎信回家了，他从不提这些艰苦，只是报喜不报忧：“师父待我很好，日子过得很好，请你们不要挂念。”

但母亲和兄弟姐姐不可能不挂念他。母亲几次上山探视，哥哥国华、弟弟国民还分别上山住过。他们帮寺里打杂做工，顺便就近照顾他。姐姐素华听说他鞋子穿破了，非常着急，跑到离家 5 里的一个寺庙，向一位出家尼师学做僧鞋。她不知道弟弟脚的确切尺寸，便飞针走线，连夜做了两双，一双大点，一双小点，托人带给他。多年后姐姐才知道，今觉收到鞋子后，见到寺里另外两个沙弥的鞋子比他的还破，竟把两双鞋子送给了他们。

烧戒疤重伤头盖骨

生活上的种种困难，远不及修行的痛苦。刚到栖霞寺，今

1979年，星云与母亲合影于美国西来寺筹建处。对母亲来说，自觉一生中做得最对的一件事，就是让儿子出家，把儿子奉献给佛教。

觉还是个12岁的孩子，但出了家就得按寺院的规矩修行，每天晚上10点睡觉，凌晨3点半起床早课诵经。小孩子睡眠不足，常常跪拜到地上一会儿就睡着了。老师发现后，用脚踢他的头，吓得他赶快爬起来。有时合掌跪在丹墀（台阶）上听开示，一跪就是三四个小时，最后连小石子都嵌进了膝盖的皮肉里，疼痛无比；两只胳膊也僵硬得失去了知觉。等到解散以后，他把嵌在肉里的小石子拿出来，鲜血就随着裤管直流。

15岁，今觉受具足大戒，更尝到了痛苦的滋味。在佛教中，要成为一位戒行具足的比丘或比丘尼，除了要有崇信佛法的坚定信念和恪守清规的顽强意志外，首先必须经过佛教戒律中规定的程序。即在剃度出家后的几年或更长时间里，履行受沙弥戒、比丘戒、菩萨戒"三坛大戒"的隆重仪式。

今觉是剃度出家三年后参加这个仪式的，就他的年龄而言，已是提前很多。按规定，要等到20岁以后才能受大戒，而他只有15岁，是寺里年龄最小的，因为他的师父志开上人希望他早点"晋级"到位。志开上人担心他年纪太小出家，经不起长期考验，将来可能会变卦。为了让他永远不忘初心，在出家路上一走到底，受戒那天，志开上人特意请戒师在他头顶上燃烧戒疤时，把戒疤烧得大一点，以留下明显的烙印，让他铭记在心，也好让旁人一望而知此人乃是出家人，杜绝他有别念，死心塌地当一辈子和尚。

烧香疤的老和尚照此办理，在香珠燃烧今觉的顶骨盖时，用力在他的头顶上一吹，香珠的火一旺，竟把他的头顶骨盖烧得凹了下去。12个香疤连接在一起，仿佛是个下陷的盆地。

这一烧，不仅把头骨烧出个洼地，而且破坏了脑神经细胞，原本灵巧的一个小孩，竟然从此失去了记忆力，变得愚笨不会念书了，此是后话。

接下来，负责受戒的戒师还要考问他：“有没有杀过生？”

“没有。”他答道。

话音刚落，一大把柳枝劈头盖脸打了过来。“难道蚊子、蚂蚁都没有杀过吗？你说谎啊！”

他一想对啊，连忙改口：“杀过。”

一大把柳枝又打了过来：“你杀生，罪过，罪过。”

戒师又问：“你受戒是剃度师父叫你来的吗？”

“是我自己来的。”

柳枝第三度打了过来。“你大胆！师父没叫你来，你自作主张来，该打！”

他忙改回答：“是师父叫我来的。”

戒师照打不误，说：“师父不叫你来，你就不来了吗？”又是一顿抽打。

这一顿顿柳枝抽打，虽然使他受了皮肉之苦，却打掉了他心中的“贡高刚愎”，也就是骄傲自大、固执己见的毛病，从而由“我执（佛语，指人类执着于自我的缺点）”转化为“无我”，为他日后逐步养成“随遇而安、随缘生活、随喜而做”的性情打下了基础。

受戒之后，便是53天的戒期。这期间，他必须在寺中专心修道，每天不准说话，更不能随意乱跑，只可“眼观鼻，鼻观心”。此话听起来简单，执行起来却很难。尤其是一个15

岁的孩子，精力旺盛，好奇心和求知欲都很强，对什么都感兴趣，都想知道，可戒律偏偏要打消他的这些念头。比如，静静地坐在那里，外面的响声会突然传入耳际，他会不自觉地抬头张望，这个微小的动作被戒场的师父看到了，竹藤立刻就落到他身上："听什么?!快把耳朵收起来。小小年纪，什么声音是你的?"

挨完打，他赶紧收起心神，不管外面风啸雷鸣，还是雨打屋檐，通通不得入耳。可是，戒场师父的竹藤还是落到了身上："把耳朵打开听听，什么声音不是你的?"

听也不是，不听也不是，真是为难了两只耳朵。那么，两只眼睛的命运会怎么样呢?他偷偷瞟了一眼戒坛的景象，没想到竹藤又狠狠抽了过来："眼睛东瞟西看的，哪一样东西是你的?"

他只好闭上双眼，什么都不看。可是不可能永远不睁眼啊，告一段落，不得不睁眼，可乍见周围风吹草动、鸟飞云翔，立刻惊觉，赶快闭眼。没想到竹藤又追加上来："睁开眼睛看看，哪样东西不是你的?"

如此"有理三扁担，无理三扁担"的打磨，伴着看似矛盾却饱含哲理的喝问，让他开始琢磨：这栖霞寺里的一草一木，一砖一瓦，哪一样是我的东西?既然没有一样东西是我的，我怎么可以贪婪地观赏呢?想通了此节，他自觉地把眼睛闭上，不看外面纷纭的世界，反观内心平静的世界；自然地把耳朵关上，不听外面尘嚣的喧哗，聆听心灵深处的幽谷跫音。

53天的戒期，恍如53年，成了他青少年时期最难忘的修持经历。他从此有了切身感悟：在无理的喝问面前都可以低头了，将来面对有理的事还不能接受吗？对无情的竹藤都能服从了，对有情有义的社会还不喜欢吗？15 岁的他仿佛突然长大了。当他从戒场上站起来时，他再也不是那个稚嫩的小沙弥，而是一个沉稳、淡泊的青年僧人，“能有能无、能饱能饿、能多能少、能进能退、能大能小……”

夜深人静拜观音

今觉的淡泊，是对物质的淡泊，对名利的淡泊，身外无物，不染尘埃。但在他的心灵世界里，另有一番执着，执着于真知，执着于梦想，更执着于大是大非。这是他与生俱来的秉性，也是他在栖霞山中悟出的灵性。栖霞山再高，也是积土成山；长江再浩渺，也是积水成江。而他今觉，今日再平凡，只要认定的事不回头，想做的事坚持做下去，将来，总会有师父寄望的“悟彻”的一天吧？!

年轻的今觉开始了执着的求学。从栖霞的律学院、宝华山的传戒会，到金山的江天寺、常州天宁寺的禅堂，再到焦山佛学院，处处都有他的足迹。

他一向很聪明，可自打上次受戒时，头顶盖骨被香珠的火烧凹下去，破坏了脑神经细胞后，他的记忆力就变差了。当时，授课师父对功课抓得很紧，每天要他们背诵经典。为了避免受到处罚，他拼命背诵。然而，那些段落他看了就像没看一样，总是过目即忘，怎么也记不住。

夜深人静时，今觉还躺在被窝里默默复述白天的作业："归去来兮，归去来兮……"反复了上千次，好像记住了，再背下一句："田园将芜胡不归，田园将芜胡不归……"反复默念了上百次，似乎牢记在心了。可过了一会儿，背到第四句第五句，再回忆前面背过的，又是一个字都想不起来。他心想，这下完了，脑筋退化得和白痴一样，不禁暗自紧张："今觉啊今觉，你怎么还不觉悟呢？不是今觉而是今绝了！"

第二天，老师以为他不用功，背不下来，就罚他跪在人来人往的走廊上背诵，以示警告。尽管如此，脑袋还是不合作，一片空白，搜肠刮肚就是记不住。见警告无效，老师就教鞭伺候，拿起戒尺："伸出手来！"一边打他的手心，一边说："你这个家伙，怎么还不会背啊？真笨啊！你要拜拜观世音菩萨求智慧啊！"说完，"啪！"又打了下来。

听到老师的这句话，他眼前一亮，把手心上的痛抛到九霄云外："对啊！我怎么没去拜观世音菩萨呢？菩萨一定会赐我智慧的！"想到这里，他的心里又充满了希望。

可是在僧团里，众僧集体生活，起居和作息都必须同进退，个人不能随便活动，即便拜佛也必须在共修的时间，不可以自由随性。为了拜菩萨求智慧，今觉总是等大家都熟睡了，一个人悄悄地爬起来，摸出门外。伸手不见五指的深夜，寺内一片寂静，连虫子似乎都睡着了，静得能听见自己怦怦的心跳声。他蹑手蹑脚走到殿堂，"扑通"一下，跪倒在观世音菩萨脚下，磕头礼拜，口中念念有词："悉发菩提心，莲花遍地生，弟子心朦胧，礼拜观世音。求聪明，拜智慧，南无大慈大悲救苦救难广大灵感观世音菩萨！”他就像失怙的孩子，重新回到慈母的怀抱，虔诚恳切地称念着观世音菩萨的名字；如同遭难的小舟，找到了明灯，拜下了他的赤忱。

接下来的两个月里，他每天如此。虽然没有佛经里记载的菩萨摩顶受记、甘露灌顶等感应，但过了半年，他的确渐渐恢复了记忆，脑子越来越清晰，思维越来越敏锐，大脑像海绵一样能吸进新鲜东西了，心里也能升起许多想法和主意了。

他超过了那个往昔的今觉，对老师布置的作业能过目不忘。第二天要考试了，其他同学都刻苦攻读，死记硬背，他却可以照常玩耍，只要晚上稍微温习一下，第二天就能倒背如流、应对自如。多年以后，他回想起这一段“今觉夜下求菩萨”的往事，既觉莞尔，也觉遗憾：“那时真是缺少慧根，以为拜菩萨就是为了求聪明、会读书。既然菩萨这些都给了我，就不需要继续夜夜去拜了。如果当时有一位高僧大德能指导我、鼓励我，让我了解菩萨的慈悲心，教我继续拜下去，我必然会取得更大的进步。”

1946年，今觉考进了镇江焦山佛学院。这所学院当时被誉为“佛学界的北大”，无论师资力量还是学生素质都堪称一流。在这里，今觉听圆湛法师讲《俱舍论》，听芝峰法师讲《原始佛教》，听茗山法师讲《唯识学》。他非常用功，平时沉默寡言，课后勤奋自学，除了必读的课本之外，还阅读了大量的课外书籍。

在栖霞山律学院，他有一段奇妙的书缘。附近一所乡村师范学校的师生躲避日寇南迁后再未回来，留下一座图书馆，里面有很多藏书。今觉知道后，经常到里面去找书看。他利用闲暇时间，阅读了大量中国古典小说——《封神榜》《七侠五义》《三国演义》《水浒传》等。还有一些翻译过来的西洋作品，如《基督山伯爵》《莎士比亚全集》，他也看得入迷，每一本都爱不释手。

不仅苦读，他还爱上了写作。他的同学史明在《镇江报》开了《新声》和《频伽》两个专栏，他热情投稿。他的一位同学回忆说，每当请他写稿时，他先是摇头表示拒绝。但在山前散步时，有说有笑的他突然沉默下来，同学便知道他已经在打腹稿了。果然，不到晚上自习结束，他的稿子已经写出来了。

1947年底，今觉离开了焦山佛学院。师父志开上人派人问他做何打算。他突然想起出家那日，师父跟他说过，“我们的祖庭是大觉寺”，如今出家近十年，他还没有去过大觉寺，于是脱口而出：“我想回到祖庭去。”

志开上人闻讯，十分欢喜，托人带话给他：“你到栖霞山来，我带你回去。”

师徒俩踏上了“回家”的路。

大觉寺坐落在宜兴白塔山的半山腰上，风光明媚。前殿后殿共两进，另外有东西厢房。寺庙门前是大片田地，寺庙后面倚靠着一座山丘，整座寺庙占地约300亩，仅蓄水的池塘就有数十个。由于战事频繁，土匪猖獗，白塔山经常受各种军队、土匪、流民的骚扰，一度无人居住。

志开上人带今觉回到大觉寺后，便让他整顿寺政。当时，东厢房住着20多名寺中员工，自耕自食；西厢房借给了地方，开办国民小学。有一天，宜兴教育局的局长来看望志开上人，得知今觉是从栖霞寺来的，而且刚从佛学院毕业，就说："这里办了一所国民小学，你来做校长吧！"今觉一听，正合他的心意。他早就想过，要救国救教，必须办学。虽然从来没有办学经验，但他觉得，这是个机会，可以边做边学，便信心满满地应承下来，并立即写信给在南京和上海的同学，请他们买些教材和书籍来。有了这些书，他研究了一套教学方法，亲自上阵，担任国语等课程的老师，又聘请了一批当地教师。很快，学校里书声琅琅，大觉寺也有了生机。

然而好景不长。没多久，内战的火焰便燃烧到这里。白天，国民党军队来到这里，要他帮忙"剿共"；夜晚，共产党游击队也来到这里，要他提供国民党驻军的情报。他初来乍到，对偏僻的乡村道路尚未摸清楚，对国共两党的人更是难以辨识。不过，他心里很明白，这是很严肃的问题，一不小心，就会送了小命。夹缝中生存，他不知如何是好。

正当他束手无策、一片茫然时，他的同学智勇法师来了。两人一商量，觉得身为出家人，还是以信教弘法为本，不宜卷入战事。

如何弘法？两人沉思片刻，不约而同想到了笔杆子。今觉喜欢舞文弄墨，智勇写得一手好字，又擅长文史哲和佛学。两人一合计，都觉得办一份报刊是最好的办法。

今觉早就体会过报刊的作用。初入栖霞寺，他过着封闭的生活，与世隔绝，山外的世界发生了什么？他一无所知。每年，只有农历三月初三举行春季香会时，他们这些小沙弥才有机会出来打扫卫生、清理垃圾、引导信徒走入寺庙。那些参加香会的男男女女，为表虔诚，总会携带一些物品到大雄宝殿供佛。有一次，待香客散尽、山门关闭后，今觉打扫大雄宝殿，无意间捡到他们丢弃的包裹供品的旧报纸，乍看之下，真是惊为天书。他虽然识字不多，仍然从旧报纸上读懂了一些社会动态，原来除了栖霞寺，外面还有一个那么广阔的世界！尤其是报纸上敦促蒋介石积极抗日、号召青年为国牺牲的内容，让他小小的身躯热血沸腾，顿生“我也可以为佛教奋斗牺牲”的念头。

这些旧报纸，为今觉打开了眺望外界的一道门缝，他知道了太虚大师倡导的“新佛教运动”，他的心灵觉醒了。如今，既已有了大觉寺这一方试验田，何不与智勇一起办报刊弘法，宣传“新佛教运动”？虽说以两人的财力物力，办一张报纸很难，但办一份刊物还是有戏。

于是，今觉在智勇的帮助下，创办了《怒涛》月刊杂志，并担任主编。

这两个血气方刚的年轻僧人直接把矛头对准了当时佛教界强大的守旧力量——一些佛教人士顽固、保守、伪善。他们一腔热血，希望以文字的力量来改革佛教，为新佛教的理想而大发“狮子吼”。

《怒涛》一如其名，来势汹汹，一出刊就震惊了佛教界，被佛教界保守人士视作“洪水猛兽”。好在他们身在宜兴，地处偏远，保守人士虽然对他们十分不满，却不屑于长途跋涉来找他们的麻烦。于是，《怒涛》继续出刊，在风景宜人的白塔山大觉寺里一共出版了 20 多期。今觉心中的佛法和新佛教理念，第一次通过自己的笔，源源不断地向世人倾诉，从此一发不可收拾。

第二章

星云渡海

师徒二人隔桌对坐，
想到时局难测，
此行很可能是生死离别，
不禁热泪盈眶，饭菜到口，
却难以下咽。

白塔山下，穿过一片丛林，东行数十里，便是太湖。湖水静谧，与长江相依相连。

1948年冬天的长江，正是一片怒涛——战争正在逼近，战火已在长江岸边燃烧。眼看寺庙和学校都难以维持下去，今觉和智勇带上几本《怒涛》月刊，踏上了回南京的道路。

所幸天无绝人之路，此时，南京的华藏寺正需要他们。华藏寺的老住持荫云和尚退隐后，其继任者不知检点，一个拥有学校、书店、水厂的大规模寺庙，转眼间财产被挥霍殆尽，土地被变卖得所剩无几。荫云和尚痛心之下，希望今觉和智勇速来接手华藏寺。

今觉与智勇商量：谁做住持，谁任监院？智勇说，今觉身材比他高大，比较像住持；今觉说，智勇的学历、能力超过他许多，智勇才像住持。最后约定，不计名分，两人共治华藏寺，把这里当做推动“新佛教运动”的试验田。

然而，他们很快发现一个严重的问题。华藏寺已住有二十几位僧众，他们以念经拜忏、祈福超生为业，经常不做早晚课，有的连佛殿的门朝哪边开都不知道，时常夜不回寺，偶尔回来，多半带着军人、警察和女眷“暂住”，男男女女，喧哗唱歌，把寺院弄得像大杂院。

今觉当然看不惯这般面貌，迫不及待地制定了僧伽规章。所有住寺的人必须做早晚课；社会、寺庙有别，非僧众不可安单寺院；三餐不准自制饮食，不准从外面购买食物回寺，一切由常住供应；外出必须请假……

新规章出炉后，起初尚能相安无事；时日一久，这群僧众便开始反抗。今觉另出一计，以寺中经济困难为由，每天只做稀饭，只盼这些僧众吃不习惯，自动离开。

此时，国民党军队在淮海战役中节节败退，待在华藏寺里的军人和家眷卷起包袱，准备撤离南京。今觉本就愁房间不够用，赶紧来收回空房。怎料，军人们竟然把寺院房间廉价卖了出去，那群僧人还替他们搬家、作价、拉拢生意。每日警察、宪兵川流不息，黑白两道在寺庙里公然活动。今觉的“新佛教运动”哪里还有实践的余地。

一天，今觉一个人在僧房里发呆。他脑海里闪现的，全是在战火中四处流离的百姓。他心想，眼下最要紧的，倒不是华藏寺的改革了，而是设法救助那些无助的逃难百姓。

“今觉，你在想什么?”智勇跑进来，打断了他。

智勇得知今觉的心思后说:“我正为这事来和你商量。一些长老已经组织了僧侣救护队，救助难民。我有个大胆的想法，干脆我组织一个600人的僧侣救护队，随这些老百姓去台湾，服务众生，怎么样？”

今觉一听，大加赞赏：“600个僧侣，这么多人啊！栖霞寺是南京最大的寺庙，也只有400个僧侣。”他想了想，僧侣救护队在华藏寺里开会、筹备，他也帮不上别的忙，“那我管你们饭吃好了”。

没想到忙碌了两个多月，夜长梦多，很多僧侣开始打退堂鼓：“台湾在哪里？什么样？没去过，还是留下吧！”智勇一看很难凑齐600人，也泄了气，不想干了。今觉见状，很是着急，怎么说不去就不去了？不是还有一百多人吗？谁来带队？

他找到智勇，鼓励道：“你还是去吧！我们做朋友，做道友，也不一定必须在一起，你去了台湾，成功了，我可以去投靠你；万一不成功，你也可以回来靠靠我，人生的祸福很难说的。”

智勇似乎主意已定，想了想说：“那么，你去好了。”

今觉愣了一下：“事到如今，总得有人去。好，那我去吧！”

话虽如此，可出家人规矩很严，今觉不知道师父志开上人是否同意，便连夜赶到栖霞寺，向师父请示。志开上人听说爱徒要带僧侣救护队去台湾，当即赞同，但又不舍。临行前夜，他亲自办了一桌菜，给今觉饯行。师徒二人隔桌对坐，想到时局难测，此行很可能是生死离别，不禁热泪盈眶，饭菜到口，却难以下咽。

志开上人掏出平生积蓄的20块“袁大头”，塞到今觉手中，忍泪道：“路上要多加小心！”

今觉跪倒在师父膝下，泪流满面：“师父，您对我太好了！”他把银元小心翼翼地揣进怀中。

志开上人扶起他：“还有一事我要叮嘱你，栖霞中学的董事孙立人是我的挚友，他如今在台湾的国民党军中任职。我已经打了电话给孙将军，你到台湾后，只要能联络上他，他一定会照顾你的。”

拜别了师父，今觉回到华藏寺，把100多名僧侣集合起来，说：“大家不要担心，我身上带着钱，你们跟我走吧！”

去台湾必须乘火车从南京到上海，再从上海乘船。到了南京火车站，今觉一点人数，发现只来了70多人。火车就要开了，他期待的那30多人再也没出现。途中他想：难道就这样算了吗？忽然他眼睛一亮，前方到站是常州，常州火车站旁边是天宁寺，他曾在那里参学，还有一些同学，没准他们愿意去。于是到了常州站，他央求司机多等一会儿，便匆匆下车，迎着漫天雪花，跑进天宁寺。此时已是深夜，寺中的僧侣早进入梦乡。他走进卧室，推醒第一个僧人，轻声问：“哎，要不要参加救护队去台湾？”那人“嗯”了一声，翻身睡去了。“想不想去台湾？”摇醒第二个，那人摇摇手，裹紧被子，睡了。第三个，干脆把头蒙起来。今觉不甘心，继续一个接一个地摇，一个接一个地问，最终在黑夜中找到了几个要好的同学弘慈、印海、净海、浩霖、以德，跟着他去了火车站。

初到台湾时的星云

好不容易到了上海，去台湾的船却左等右等等不到，又有20多个僧人离开了。上船时，今觉的僧侣救护队只剩下50多人。

这是一条国民党军队的船，船很大，挤满一两千人。夜幕下，船缓缓离开码头，向无边无际的大海深处驶去。今觉站在船舷边，一动不动地凝望海岸，思绪万千：养育我20多年的故乡将从此远离，母亲、师父、亲人、师兄弟……一张张熟悉的面孔在他脑海中闪过，他的眼睛湿润了，对着海岸轻声说："你们一定保重，等我回来！"

城市的轮廓变得越来越模糊，灯光变得越来越小，最后消失在黑暗中。今觉转过身，往前看，波涛万顷，茫茫一片，海浪撞击着船体，泛起阵阵浪花。怒涛，这才是真正的怒涛，他的怒涛这才开始，台湾在哪儿？未来在哪儿？他不知道。风越来越大，浪越来越高，他不敢多想，不敢走动。他想起了一个星期前，一条叫做"太平轮"的大船，在去台湾的途中沉没了，船上上千人，少有生还。那一天，是农历除夕的前一晚，那些憧憬着逃离战争的人，再也无法和家人吃团圆饭了。他不知道，自己会不会也是这样的命运。一阵阵强烈的眩晕袭来，他赶快进舱坐下，祈愿菩萨保佑，能一路平安。

在海上大约漂泊了两天一夜，谢天谢地，船终于到达台湾岛北端的基隆港。

僧人被带进军营里

一看到陆地，人们疯了似的拥上岸。混乱的人流中，今觉拼命寻找自己带来的僧人，发现一半的人已经走散。他们去哪里了呢？为什么不说一声？后来，今觉才知道，这几个月里，来台湾的人太多了，离开救护队的僧侣们投奔亲友去了。他很慈悲，他能理解，到了这个人生地不熟的地方，两眼一抹黑，谁不想找条生路？

剩下的20多名僧人不知去哪儿好。不知是谁喊了一句："先上火车再说吧！"于是他们又被千余人裹挟着上了火车。火车一路向南，到了台南才停下。原来，他们乘坐的是国民党军事运兵船，船上的军人自然希望满船壮丁都加入其军，便引导着这些无头苍蝇似的人群到了一所学校。今觉抬头一看，门口写着"普通兵训练营"，顿时明白了怎么回事。众多人聚集到门口，谁也不愿进去。有文化的年轻人喊："我们是知识分子，不需要参加这种基本的训练。"没文化的平民喊："我们是来避难的，不是来当兵的。"僧侣们更是不甘愿："我们是出家人，怎么能来当兵呢？"闹哄哄地正准备离开，今觉见天色已晚，周遭荒凉，便安慰大家："既来之，则安之。我们刚来还没有落脚的地方，先进去看看再说。"

今觉走进军营，想起师父志开上人的叮嘱，便找到一个管事模样的军官："请问孙立人将军在哪里？我要见他。"

此人一听"孙立人"三字，吃了一惊。当时在台湾，军人没有不知道孙立人的。

孙立人，字抚民，号仲能，安徽省庐江县人，1900 年出生。早年从清华大学毕业后留美，获理学学士学位，最终毕业于美国弗吉尼亚军事学院。回国后，成为著名的抗日英雄，是国民党军级单位将领中歼灭日军最多的一个，有“中国军神”“丛林之狐”“东方隆美尔”之誉。抗战胜利后，其部队被调往东北进行内战，凭借优势武力，曾在作战初期占上风，后因与杜聿明不和，被蒋介石调回南京国防部任职，实已远离战场。

就在今觉他们到达台湾的前一年，1948 年，48 岁的孙立人被派往台湾南部高雄的凤山，主持新兵训练。这年底，他还兼任了东南军政长官公署副司令和台湾防卫司令。

所以，当这名军官听到有人直呼自己最高上司的名字时，能不为之一惊吗？他上上下下打量了今觉一番，一个和尚而已，能有什么来头？我自己想见上孙将军一面都很难呢！

“你！你是孙将军什么人？”那人没好气地问。

今觉如实答道：“我和孙将军没什么关系，但是我师父叫我到台湾找孙将军。”

“随便什么人也可以找将军？你一边等着吧！”那军官很不耐烦。

今觉和同伴们只得在军营里等着，可是一天没消息，两天没消息，三天还是没消息。有些人等不了，自己走了。

又过了几天，孙立人终于打来了电话，他要今觉和僧人们先参加军训。今觉说：“我们都是僧侣，不是来当兵的，是来做救护工作的。”

孙立人说：“即便是僧侣救护队，也必须要懂得前线的军事常识才会安全。”

就这样，僧人们硬着头皮参加了训练营的军事训练。教官让他们出操、奔跑、跳跃、翻单杠、爬竹竿、卧倒、匍匐前进……这些出家人过去在寺庙里受的训练是眼观鼻、鼻观心，讲究威仪，安安静静，平时只会念经拜佛，哪受得了这般折腾，纷纷要求退出。教官们想，擒贼先擒王，稳住和尚也得先把领头的拢住，于是对今觉说：“你能文能武，聪明能干，是个不可多得的人才，我们要保送你去陆军军官学校。”孙立人将军也打来电话勉励今觉：“以我之见，你如从军，不出10年便可升至将军。”

今觉答道：“我是出家人，我要把和尚当好，当将军有什么用呢？”

放下电话，他已经意识到，如果不赶快离开这里，迟早会被他们拉去当兵。僧人们一合计，赶紧收拾好东西，摸黑悄悄离开了训练营。

寺庙不敢收留他

终于自由了，可是，下一步能去哪儿呢？

今觉拿出一张事先准备好的台湾地图。他想到有一位学长叫大同法师，在台中宝觉寺当监院。几年前，大同法师曾去函大陆，邀请今觉来台协助办一个3000人的佛学院，教书育人。当时他婉拒了学长的好意，现在，不如先去宝觉寺学长那儿，暂时住下，再从长计议。

他拿着地图，走路，坐车，再走路，再坐车，好不容易找到了台中宝觉寺，站在门口，里面的僧人出来问他们："你们找谁？"

"大同法师在吗？"

"大同法师有匪谍之嫌，早就连夜逃到香港去了。"

今觉绝不相信这种指控，他了解自己的学长，大同法师从来不问政治，是个地地道道的出家人。可是，当时从大陆来台湾的人像潮水一般，国民党当局觉得，既然鱼龙混杂，那就宁可抓错一万，不可放过一个。他们下手非常之狠，有"匪谍"之嫌者等于死路一条。大同法师为了保命，只好一走了之，逃往香港，却让今觉等人白白跑了一趟。今觉不知如何是好，所幸一位住在宝觉寺里的居士走过来，对他们说："这里的住持师父非常慈悲，你们等他回来，说不定会收留你们。"

今觉一行人便在寺里耐心等待。住持师父终于回来了，可是他早被大同法师的"匪谍"罪名和连夜出逃吓坏了，不敢收留今觉一行："你们不如到台北观音山凌云禅寺看看，慈航法师正在那里筹办佛学院，需要老师。"

凌云禅寺？观音山？他们面面相觑，全然不知在哪里。见他们人生地不熟，一片茫然，寺里一位师父自告奋勇带他们去。

他们又满怀信心地上路了。没想到刚到台北，就遇到了倾盆大雨，通往观音山的路被水冲断了。带路的师父说："看来观音山是去不成了，城里有个十普寺，你们先到那里去住吧，那里是外省人当家，应该会接纳你们。"

今觉一行人冒着大雨来到南昌街十普寺。走进寺内，先是道源法师出来见他们，得知他们刚从大陆来，没好气地说："你们怎么也跑到台湾来了？"今觉等人听了很不舒服，随行的一位法师生气地回道："你可以来，我们为什么不能来？"双方一见面就不愉快。随即，住持白圣法师出来，也不肯收留他们，连借住一宿都不行。

带路的法师一看没辙，就说："那我只能带你们去善导寺看看了，善导寺在忠孝东路，可以找大醒法师。"

一听大醒法师之名，今觉立刻说好。过去，今觉经常在佛教刊物上看到大醒法师发表的文章，觉得他很有见地，如能谋面，自然甚好。于是，一行人又从南昌路走向忠孝东路。路上又下起了大雨，街上积水过膝。走到林森路时，今觉突然掉进路边的一条水沟里，此时沟深水急，就像一条河，今觉拼命游才爬上来，衣服全湿透了，可他顾不上衣服，往身上一摸，糟糕！"我的布包呢？我的布包呢？我的布包不见了！"

浇得像落汤鸡一样、连眼睛都睁不开的僧人们自顾不暇："保命要紧，布包丢了就算了！"他们哪里知道，那布包里有志开上人给今觉的20块银元，那可是大家保命的钱，怎么能算了呢？

今觉一急，再也顾不得，立即跳入水中，去寻找布包。幸好布包里有银元，沉甸甸的，在水中流得慢，今觉瞪大双眼，边走边盯着水流，终于远远看到一小块黄色的布在水中时隐时现，便疾扑过去，一把抓起来，果然是他的布包。一看银元都在，他高兴极了，紧紧藏到怀里，才爬上来。上了岸，今觉不由自嘲地想，人家是“落水要命，上岸要钱”，他却是“落水要钱”，前途艰难如斯。

风雨兼程，一路奔波，最终到了善导寺。然而，等待他们的依然是无情的结局。寺里的人要么说，“没地方，人已住满”；要么说，“法师交代，不接收外省人”。可是天已黑，雨未停，他们无处可去，只能央求人家同意，在善导寺的大钟下面蜷缩了一夜。

这一晚，今觉想了很多。出家人不以风餐露宿为苦，今日种种，他并不觉苦。他只是万万没想到，在台湾岛上，时局的复杂已侵扰了佛门的清净。国民党军队想让和尚入伍当兵；国民党政府又要把大陆来的和尚当作“匪谍”抓进监狱；台湾的和尚害怕大陆的和尚惹麻烦；就连同为大陆来的和尚，也是先到者排挤后到者。他在宜兴白塔山上提笔疾书的佛门种种顽固、保守、伪善，原来在台湾一样如此。看来，“新佛教运动”和佛教改革，此处同样需要。

今觉在大钟下小心翼翼地翻了个身，唯恐踢到一起蜷缩在地上的同伴。台北的雨声更大了，就像长江的涛声一样，他又想发出自己的怒涛了。明天，明天一定得找到安身之所。

第二天一早，今觉唤醒大家，赶到台北火车站，乘车到基隆月眉山灵泉寺，投奔善慧老和尚的道场，他的同学昙实清也在那里。这时，寺里已有二十多位老、中、青的法师挂单了。

走进灵泉寺时，已是下午1点多，里面的法师问："吃饭了吗?"今觉腼腆作答："不知您指的是哪一顿，从昨天中午到现在粒米未进、滴水未喝。"

同学昙实清见到了今觉，连忙说："赶快到厨房吃碗饭吧!"岂料话音刚落，就听另一个人说："老法师交代不准收留，我们自身难保，还是请他们另想办法好了。"这又是当头一棒。今觉心想，此处也非栖身之地，还是离开吧。同学昙实清心有不忍，一把拉住他，叫他们等一等，自己跑出去掏腰包买了米，煮了一锅稀饭。终于端上了饭碗，今觉两只手已经饿得发抖，差点没烫着。他一边吹，一边吸，呼噜呼噜，连嚼都没嚼，一碗稀饭就咽下去了。

饭罢，谢过同学，他们彼此商量：再去什么地方好呢？一群人商议半天，听说慈航法师到了中坜的圆光寺，在那里办台湾佛学院，慈航法师是院长，正缺少教师，说不定可以容身。于是从八堵坐火车到中坜，又从中坜步行走了几十里黄土路，到达了圆光寺。

被抓捕关了23天

一进圆光寺，迎面遇到的是一位比丘尼，她慈眉善目，见到他们一行人，便双手合十，主动打招呼，声音温柔动听。

今觉心头一热，就像在冰冷的雪地里走了很久很久，突然遇到一堆篝火。他们一群人穿得破破烂烂，狼狈不堪，一路上找人问路都没人搭理，不是遭人白眼，就是被大声呵斥，台湾的比丘尼怎么会那么好呢？他觉得这么温柔、庄重的比丘尼，就像观音菩萨一样慈悲。

接下来，又见到一位比丘尼。一见面，她就问："哪位是今觉法师？"

今觉上前道："是我。"

"法师，我在《怒涛》杂志上读过你的文章，你的文章在我们佛学院里都能看到，我叫老和尚出来和你见面。"

今觉吃了一惊，没想到自己的文章比他本人还先到台湾。不一会，比丘尼带着一位老法师出来："这是妙果老和尚。"

人与人之间的缘分难以解释，妙果老和尚与今觉一见如故，彼此非常投缘。奇怪的是，妙果老和尚讲的客家话，他一听就懂了。老和尚私下悄悄地跟他说："佛学院就要举行毕业典礼了，所有学生都要离开，大陆僧人随慈航法师到新竹青草湖，继续未完成的学业，本省的年轻人将各自回寺院。不过，我希望你留下来。"

今觉正是走投无路之际，一路流离，衣单不全，听到老和尚要留自己，真是正中下怀。他心想："即使你叫我走，我也没有地方去，当然要留下来！"他当场就答应了。此外，还有10名僧人也留在了圆光寺。

今觉终于有了安身之处。为了感谢妙果老和尚的收留之恩，他甘愿付出一切。妙果老和尚请今觉在佛学院当老师，今觉自认不合适，婉言谢绝，提出自己先当学生，妙果老和尚只好答应了他。当时，妙果老和尚担任苗栗、桃园、新竹三个县的佛教会理事长，忙不过来，今觉就帮他代看、代批文书。除此之外，寺里什么活他都干，每天天不亮就起床，步行十几里地到市场买菜。菜贩子还在睡梦中，他就把菜贩子一一叫起来：“买菜了，买菜了！”每天从深不见底的井里打出600桶水，才够全寺庙80人洗漱和食用。每天把寺院的房前屋后打扫得清清爽爽，厕所冲洗得干干净净。他还学说客家语，广结善缘。渐渐的，他的勤劳和诚意，赢得了寺里众人的信任和赞扬，妙果老和尚对他更加器重，带他外出弘法，台湾佛教界许多长老都知道有了一个叫今觉的年轻和尚。

这般平安顺遂的日子过了3个月。有一天，今觉正在圆光寺里忙着，突然一群警察闯进来，把他们抓走了。今觉和一群外省籍的法师被关进一间大仓库里，日夜罚站、被捆绑、听训斥，连躺在地上休息一下都不行，甚至眼睁睁地看着有人被拉出去枪毙。

过了几天，他们才弄明白，原来这次行动，是整个台湾岛统一部署抓捕出家人。当时，有人在街上贴政治标语，国民党的情报机构说是“大陆来的和尚”干的，还说中共派了几百个出家人来台湾当间谍，所以出家人必须统统抓起来。于是，德高望重的慈航法师，甚至连当过国民党中将、来台湾后才出家的黄胪初（律航法师），都被抓起来了。

关了一阵子，情况似乎好了点。有一位警察班长，对出家人有好感，对佛教也有兴趣，每天和他们谈佛法，谈着谈着，就把他自己给教化了。有一天，他偷偷地告诉今觉：“你们很快就可以出去了，出去的时候，我也跟着你们出家。”今觉以为这警察班长心善，是在安慰他们，没想到没过多久，他们真的被放出来了，这警察班长也真的出家了，他就是后来有名的书法家广元法师。

今觉数了数，他们总共被关了 23 天，广元也不知道他们为何能放出来。后来，今觉才知道，原来兜兜转转一大圈，又是托那位孙立人将军的福。

孙立人和师父志开上人是挚友，他的夫人孙张清扬更是和志开上人同一法脉。孙张清扬出生于湖南，毕业于南京汇文女中，出落得美丽大方，平素最爱两件事，一是读书，一是念佛诵经。后来，她皈依了今觉的师祖、志开上人受法的师父卓尘长老。今觉在栖霞寺时，就经常看到孙张清扬女士来参加法会。得知今觉等人被捕，孙张清扬当然要营救。有了孙立人将军的夫人出面担保，再加上省政府主席吴国桢的父亲吴经熊居士、“立法委员”董正之、“监察委员”丁俊生数十人的协助，今觉等人才得以无罪释放。

报户口　叫星云

今觉回到中坜圆光寺，一如既往不停地忙碌着。然而，还是有人不放过他。有一天，他出去办事，发现有人跟踪。原来，有人向警察局报告，诬陷他“白天收听‘共匪’广播，晚上换上便服，在外面散发反政府传单及亲共标语”。于是，警方日夜派人监视他。今觉心想，反正我没做那些事，你们爱怎么监视就怎么监视，我该做什么就做什么。警方跟踪了一段时间，发现一无所获，也就不了了之。反倒是跟踪今觉的警察，每日听今觉讲经弘法，不知不觉间竟被感化了，皈依成佛门弟子。

此事过后，周围的人劝今觉："赶快去报台湾户口吧！"那时候，凡是没有台湾户口的人，都容易被怀疑和审查。可是，台湾的户口也不是随便可以上的，得要证明证件。今觉想，幸好，当初离开大陆时，所有的行李和衣物都放弃了，唯独保留了一张身份证。不过，这张身份证上的名字不是今觉，是"星云"。那时抗战胜利，大陆开始办身份证，他也办了一个。他正在学习查王云五的四角号码字典，那日正巧见到字典里有"星云团"一词，印象深刻："星云——浩瀚无比。"于是他想，不妨就用这"星云"二字作为身份证的名字。

名字不同，倒也好说。问题是，光有这张大陆的身份证还不行，报台湾户口必须有入台证，这他可没有。怎么办呢？正在他发愁时，寺里一位关心大陆僧人的智道法师对他说："中坜圆光寺有一位信徒总代表，叫吴鸿麟，如果你能找到他，也许就能报得成户口了。"

这吴鸿麟不是旁人，正是后来大名鼎鼎的国民党主席吴伯雄的父亲。他是客家人，一身医学知识，仁心仁术，惠及病患，是一位大名医，做了中坜医院的院长，又当着警民协会的会长，还是"县议员"。

今觉听了吴鸿麟这番来头，顿时气馁："这般名门望族，我哪里能高攀得上，还能找他办户口？"

智道法师说："没关系，我找个时间带你到他家门口，去拜访拜访看看。"

没想到还真是有缘。这天，正当今觉在吴家门口徘徊时，吴鸿麟要外出，今觉赶快上前自我介绍："吴先生，我是大陆来台的出家人，现在正挂单于中坜圆光寺，我有身份证，想拜托您帮我报个户口。"

吴鸿麟先是一愣，然后盯着他看了足足两分钟。眼前这个出家人穿着整洁，举止端庄，目光坦荡，也不是个随随便便的人，吴鸿麟点点头说："好！你跟我来。"

吴家不远处就是中坜警察分局，今觉跟在他后面走进去。警察们一看到吴鸿麟，立刻起立向他敬礼。吴鸿麟便交代说："替这个师父报个户口。"就这么一句话，那些警察立即恭敬配合，也没人向他要入台证，上来就给他填表办手续。

"姓名？"

今觉按照大陆身份证上的名字答道："星云。"

"籍贯？"

"江苏扬州。"

……

就这样，成千上万的台湾户口里有了星云这个人。1951年，他写了一首诗，名字就叫《星云》：

夜晚，我爱天空点点的明星，

白天，我爱天空飘飘的白云；

无论什么夜晚，天空总会出现了星；

无论什么白天，天空总会飘浮着云。

星不怕黑暗，云不怕天阴；

点点的星，能扩大了人生。

片片的云，能象征着自由。

花儿虽好，但不能常开；

月儿虽美，但不能常圆。

唯有星呀！则娇姿常艳，万古长新；

蓝天虽青，但不会长现，

太阳虽暖，但不能自由。

唯有云呀！则万山不能阻隔，任意飘游，

夜晚，有美丽的星星，

白天，有飘动的白云。

从此，星云可以安住在宝岛台湾这片土地上。而“星云”这个名字，随着时间的推移，慢慢从法师变成了大师，变成了台湾乃至世界各地所共知的一代高僧。由此，他也跟吴家保持了几十年的交往，吴家几代人都跟他有了不解之缘。

用笔“走”出深山

安居下来之后，星云被妙果老和尚派到苗栗的法云寺看守山林。那几个月，他待在山上，开始思考自己的未来——要在台湾和世界各地弘法，把一生奉献给佛教。“不出发就不能达到”，现在就开始吧！可是，在山林中如何弘法呢？他想了想，对，可以利用自己的写作特长！文字的传播力很强，这里又这么安静，不正是写作的好时机？

他说做就做。看守山林，要四处巡视，就边走边想，有了思路立马记下来；没有桌椅，他就趴在草地上写。在台湾颠沛流离的经历，让他发现，很多人对佛教并不了解，他要让人们了解佛教最基本的东西，而且还要让人们读来有趣。于是，他把佛教中日常所见到的法物与非法物，用散文的体裁和各物自语的口气写成文章。

有的用讲故事的方式自我介绍，比如写木鱼——“我的身体本是高山上的常绿乔木，后来给人砍伐下来，送进佛具店，命运在工匠的手里进行了安排，我一变而成了佛教诵经用的‘木鱼’。不几天，来了一个穿着方袍圆领的和尚师父，交给店主人不知几个大洋就把我带走了，从此我进了一个巍峨堂皇的大雄宝殿，和我的那些老兄老弟引磬、钟鼓等做了伴侣。我终年常醒不睡，先天赐予我的声音非常洪亮，独独的音声像扬子江的流水，又像太平洋的怒涛。我夹杂在很多出家师父们悠扬而宛转的经声和佛号中，显得经声肃穆，佛号庄严。”

有的是读诗猜谜。比如，唐朝李白的诗云：“翩翩舞广袖，似鸟海东来。”这是指哪种法器？

有的采取对比方式。比如，大钟、蒲团、纸箔等，各自有何功用？

他从“物语之一”“物语之二”一口气写下来，一篇篇投稿，在刊物上连载。

很多人看了这些文章后，开始认识和了解佛教，甚至信仰佛教。文章发表到第十四篇的时候，喜事天上来，慈航法师托人带给他一笔款子，老人家在信中说："你的'物语'还要继续写吗？我先送给你一些钱把它赶快出版吧！"

星云压根儿没想到要出集子，他只觉自己是一个两袖清风的青年僧人，岂能有出书的妄想。然而，慈航老人的好意，他又不好辜负，于是在发表了20篇之后，集结出了一本书，名叫《无声息的歌唱》。

这是他到台湾后出的第一本书，并且产生了不小的影响。

没过多久，善导寺的大醒法师在青草湖边的灵隐寺办了台湾佛教讲习会，邀请他到讲习会当主任秘书（教务主任）。那一年，他24岁。

在灵隐寺佛学院担任教务主任的两年里，星云带出了许多学生，有的很有作为。然而叫星云惊诧的是，在校时，他们师生感情很好，有的学生对他很崇拜，甚至处处效仿他；毕业后，却不肯承认是他的学生。起初，他以为台湾的师生关系就是如此，不像在大陆的焦山佛学院，讲究"一日为师，终身为父"的传统。慢慢的，他发现并非如此，而是因为有的学生觉得自己也要当老师，一旦承认是别人的学生，自己就渺小了；还有的学生认为他是个"外省师父"，尊外省人为师，他们说不出口。

星云担忧起来。佛教本是宽广开明的宗教，众生平等，释迦牟尼佛还是印度人呢，信佛怎能分这里人和那里人?！如何打破这种思想上的界限和省籍情结？思来想去，只有一个办法，就是深入台湾社会，让佛法普传在这片土地上。

更何况，他还发现不少人受日本佛教的影响太深，学会了日本那套僧俗不分、出家人娶妻吃荤、不重经典与戒律的做派。他觉得，不仅自己要努力弘法，还必须培养无数当地法师，才能为汉传佛教正本清源。

无论如何，他必须改变僧人只待在寺庙里自己修行的做法，他要走出深山，走出丛林，到民众中去，推动“人间佛教”。

当日他蜷缩在善导寺大钟下苦苦思索的问题，终于有了答案。

第三章

宜兰佛歌

星云四处打听宜兰在哪里。
越是不让他去，他就越好奇；
人人都说偏僻，他却觉得甚好：
偏僻落后的山那边，有寺庙，
有人学佛，不是一个很值得去的地方吗？

“你去过宜兰吗?”

“你问这个干什么?宜兰在山那边，要穿过几十个山洞，是个很落后、很偏僻的地方。”

“听说有些法师去宜兰弘法。那里有没有寺庙?信佛的人多吗?”

“哎呀，有是有，就是太偏僻了，没什么好去的。”

这是1952年的元旦，星云四处打听宜兰在哪里。越是不让他去，他就越好奇；人人都说偏僻，他却觉得甚好：偏僻落后的山那边，有寺庙，有人学佛，不是一个很值得去的地方吗?

1953年1月，星云参加“中国佛教会”的会议，遇到一位来自宜兰的居士。他比星云年长许多，一见到星云，却首先合十礼拜：“可不可以请师父到我们宜兰去讲经?”

星云见他举止虔诚，便听他说下去。这居士名叫李决和，为了请一位能长期到宜兰讲经的法师，已经跑了很多地方，寻觅了很久。虽然也曾请到一些法师，可是，只要他们去过宜兰一次，就不肯再去第二次。那时，星云在台湾佛教界已经小有名气，李决和总能从旁人那里听到星云的名字，说他讲经讲得很好，便特意赶来出席这次会议，与星云谋面，专程请他去宜兰。

星云听到这番曲折与不易，心下感动，自问不能辜负如此诚意、如此盛情，当即表示："请放心，我一定、一定去宜兰！"

宜兰，在台湾的东北部，是一个三角冲积扇，东临太平洋，西面有山，阻碍了与西北平原的交通，自古以来生活环境比较闭塞，但民风淳朴、执着。

星云永远也不会忘记去宜兰的第一天。

那是一个晴朗的春天的早晨，天空湛蓝湛蓝的，红红的太阳刚刚露出半个脑袋，树上的鸟儿用歌声为他送行。踏着霞光，他早早来到公共汽车站。8 点整，开往宜兰的客车上了路，他拉开玻璃窗，晨风轻轻拂过他的脸。他目视前方，对宜兰和未来充满憧憬。可是没驶出几分钟，"哐当"一声，石子在车轮底下横飞乱跳，整个人被甩到了椅背上，窗外腾起滚滚尘烟。被颠得东倒西歪的星云，赶紧伸手关上窗户。越往后，路况越差，九曲十八弯，险象环生，星云紧紧抓住前座的椅背，暗自鼓励自己，做任何事情都不可能一帆风顺，这一路虽然颠簸，但比当初在台北冒雨蹚水、掉进水沟不知要好多少倍。

11 点 30 分左右，汽车驶进宜兰站。车窗外，整个宜兰就像一幅悠长的画卷，秀丽而自在，望之而脱俗。星云来不及细细观赏眼前的风景，匆匆走向宜兰市北门口的雷音寺。此庙不大，但历史悠久，始建于清朝道光年间，原先是一个私人三合院，叫启昌堂。进入小小的大殿后，里面没有人。星云在里面转悠了一会儿，突然看到一位老尼师，她走过来问："您是来讲经的吗？"星云忙说："是，是。"

老尼师问过后，便离开了。星云想，她是为我安排什么去了？便继续在大殿里转悠等候。等了半天，再没人出来，偏偏小肚子发胀，内急。厕所在哪儿？找不着。人有三急，刻不容缓，他突然想到刚才在车站看到厕所，赶快返回。可再急，也是出家人，要注重形象，讲究威仪。内急，面不能急，还是要憋着一步步走。

20 分钟的路程，他 10 多分钟就到了。上完厕所，再走回雷音寺，路上挥汗如雨，从头到脚都湿透了。

寺庙里究竟有没有厕所呢？要讲经传法，指引众生，这可是必须解决的问题。星云一边询问，一边四处寻找，结果发现庙中一角有个炊烟袅袅的炭炉，厕所就在炉子后面。要如厕，须把炉子搬走。如厕后，再把炉子搬回原地。星云有点儿明白了，为什么那些法师不愿意来第二趟。此地条件差不说，就说进了这寺院，如个厕，都不那么容易！

虽然开头不易，第一天讲经却非常顺利。星云讲的是《观世音菩萨普门品》，雷音寺大殿和门外的广场上挤满了人，水泄不通。宜兰信众“求法若渴”的热情使星云大受鼓舞。为了增加听众对佛法的兴趣，他在讲完经文后，“插播”了一段《玉琳国师》的故事，故事里有和尚被富家女相中求嫁的曲折爱情，年轻人很喜欢听。讲完一段后，他就说：“欲知后事如何，请听明天分解。”

就这样，演讲一天比一天热烈，听众一天比一天人多，一连讲了 20 天，轰动了整个宜兰。

吸引人，不仅是因为他讲得好，还因为他长得帅。那时星云刚刚 26 岁，个头超过 1.8 米，既英俊潇洒，充满活力，又慈眉善目，彬彬有礼。在宜兰男女老少心目中，这个“外来的和尚”何止会念经，简直是魅力十足。每当他从雷音寺出来去车站上厕所，一路上都有年轻女子投来热情好奇的目光：“看，那个外省来的帅和尚又出来了！”临街商铺里的女店员甚至放下手中的工作，目不转睛地看着他，一直把他目送到看不见为止。

有时候，因为投稿要和编辑交流，他得去电信局打电话。每次一进电信局，就吸引了那里的女工作人员。有一次，一位女青年看他来了，通报伙伴们说：“帅和尚来了！”结果里面 20 多个当班的女电话接线员“呼啦”一下全跑出来看，一时间电话全都无人接转。那时电话收费按每三分钟计算一次，结果也没人给他计时，只顾着看他了。后来，宜兰电信局自局长以下，80%的员工都成了他的皈依弟子。

星云就住在雷音寺里。庙不大，除了大殿，一边的厢房住着女众，另一边的厢房住着军人家庭，他只能住在大殿后面的一间小屋子里。这间屋子原本不是卧室，里面没有床，只有一架破旧的老式缝纫机。他白天在缝纫机上写文章，晚上席地而睡。后来，信徒们看不下去，凑了30块钱，给他买了一张监狱犯人生产的竹床和一把竹椅子，这是当时宜兰能买到的最便宜的家具。虽然一翻身吱吱作响，但总算有了安顿的地方。

每当夜幕降临，周围一片漆黑，只大殿留着一盏小灯。星云本想在自己的小屋里也安个电灯，一打听，供电局收电费是按灯头算，不是按用电量算，一个电灯每月收12块钱。他舍不得。于是，夜里要读书写作时，他就把大殿的灯拉到自己的房间，可是线不够长，只能挂在门口。他就坐在门口，趴在缝纫机上，读经写作。夏天的蚊虫，冬天的寒风，常常陪伴他到深夜。

保守派、警察和基督教的围攻

到宜兰没多久，星云就发现，此地固然民风强悍，不易度化，但人们只要信佛之后，就会坚信不疑，成为忠贞的佛弟子。如果能把这些“铁杆”组织起来，他就能一步步践行“人间佛教”的理想了。

他想到了办念佛会。

上世纪50年代初，在台湾边远地区的民众里，文盲比例还相当高。念佛，是引导他们识文断句最方便的办法，星云开始组织那些善男信女一起念佛听经。如此一来，粗识文墨的人渐渐学到了文化知识，不识字的人也能跟着别人一起念下去。

参加念佛会的人越来越多，星云决心在雷音寺加盖一座讲堂。经过数年募集筹备，1956 年，宜兰念佛会讲堂落成，多方高僧大德前来祝贺，当地佛教弟子深感荣耀。

自从有了念佛会，讲经活动更加频繁。每次要讲经时，由两位信徒抬着一块木板，上面写着“请听佛经”四个大字，还有一位信徒跟在后面，打着手鼓，边走边喊，沿路召唤大家。这几乎成了宜兰一景。

念佛会虽然办得热火朝天，但并非一帆风顺。宜兰地处深山，思想保守，虽有“外来的和尚会念经”的一面，也有排外的一面。尤其是 1947 年的“二二八事件”，国民党军警殴打商贩，误杀路人，酿成全台暴动，而后国民党从上海调兵登岛，大举镇压。从此，台湾本地人对外省人的反感难以消弭。

宜兰的外省人本来就少，突然出现了一个广受欢迎、一呼百应的外省年轻和尚，保守派自然无法接受，非要给星云一点颜色看看。于是“闹场子”的事时有发生。星云在大殿里讲经，这些人聚集在殿外，故意大声喧哗，百般干扰。星云也不出面制止，只是突然把大殿里的灯关掉，一言不发，讲经的声音戛然而止，骤然安静下来，把外面大呼小叫的人吓了一跳，怎么回事？他们也就安静了下来。这时星云再继续开讲。

还有一件奇怪的事，雷音寺厢房里住着一户军人家庭，户主是位少校。每次念佛会开始念佛，他就穿着一件汗衫、一条短裤，搬来一张藤椅，坐在广场中间，摇着扇子，抽着香烟。念佛会的人只好绕着他上香念佛。这么多人绕着他，他一语不发，也不为所动，等到念佛结束，他的香烟才抽完，搬着藤椅回房。

念佛会的人觉得碍事。“师父，他真讨厌，当众衣衫不整、叼着香烟，还当着佛的面，太不像话了，我们请他走吧！”

星云摇头：“你们随他便吧，把他当成佛来念，总有一天会感化他的。”

可是，一直到这顽固少校搬走，星云也没能感化他。

寺庙里还住着一家军眷，男人已经阵亡，寡妇还很年轻，不到 30 岁，长发披肩，眉目清秀，风韵犹存。她每天在寺庙里看星云讲经，对他渐生爱慕之意。加上她膝下无子，整日寂寞，便想入非非。有天晚上，星云讲完经刚回到小屋里，忽然听到窗外有动静，原来这寡妇正隔着窗户窥视他。星云没理会，该干什么还干什么。突然“嗖”的一下，从窗外飞来一个纸团，正砸在床上。打开一看，字条上写着：“请出来一下，我有话跟你说。”星云知道，她别有心思，本要直接拒绝，又怕得罪她，毕竟是抬头不见低头见的邻居。怎么办呢？他想了想，如果到大殿，在佛的面前，任何人都不可能有其他想法了，便对窗外的寡妇说：“有事就到大殿里说吧，黑灯瞎火的在外面不合适。”

那寡妇也是个聪明人，明白了星云的心思，再也不对他作何幻想了。好在这层窗户纸没有被捅破，后来在寺庙里常常见面，一笑而过，也没什么别扭。

这些干扰，只是投入池塘里的小石子，虽然泛起涟漪，但惊不起风浪。真正对星云在宜兰的弘法形成压力的，一是警方，二是其他宗教。

警方的意图显而易见。20世纪50年代的台湾处于“戒严时期”，哪里的警察都不愿看到自己的辖区里有大规模集会。深更半夜，星云经常被警察的敲门声惊醒，“查户口啦！你的户口？”盘问之下，警察一旦得知他要去哪里弘法，就会找出各种理由，提前占用会场。实在不行，就对弘法集会进行强行阻止。

1954年的一天，星云去宜兰一个名叫龙潭的村庄弘法。他找来一些汽油桶，在上面铺上两块木板，算是讲台。正在讲法时，警察突然来到讲台边，对星云喊道：“下来！下来！”星云低头一看，是位制服穿戴整齐的警察，心里立刻料到，这是要赶走他，不让他在这里弘法。如果他不下讲台，恐怕警察会以所谓的“妨碍公务”为由，对他不客气；可是如果下了讲台，又怎么对台下的听众交代呢？没办法，他叫在一旁的吴素真小姐，也就是后来的慈容法师，先上来给大家唱首歌，安抚一下信众，他下去跟警察交涉。

“你叫我下来做什么？”

警察说：“不可以集众！现在是戒严期间，你违反戒严法！”

“这是一种社会教育，也是民间娱乐，对社会是有帮助的。”

警察却说：“不行，你赶快上去，叫大家解散！”

星云看他很蛮横，知道跟他讲道理可能行不通，只好灵机一动："若要解散，就请你上去宣布吧！"

警察一听，指责道："我怎么可以上去宣布解散？当然是由你上去宣布！"

星云说："那怎么行？是我叫他们来听我说法的，我怎么能叫他们解散呢？如果你不上去宣布，那就只好请你让我继续讲，讲完以后，自然就解散了。"

警察当然不敢冒险强行解散这么多人，也想不出别的办法，就狠狠地丢下一句话："出了问题你负责！"然后扬长而去。

望着警察的背影，星云暗自叹息。哪会出什么问题，不过是警方不想让他弘法，每次都用所谓的"戒严令"来威胁他。其实，当时基督教在台湾可以随意打鼓吹号，牧师传教也可以随处拉路人听讲，从不会遭到警方任何为难。唯独对佛教活动，警方多加阻拦。星云明白，这与宋美龄等人信奉基督教有关。

宋美龄自幼留学美国，生活西化，早就信仰了基督教。1927年，她答应与蒋介石结婚时，条件之一就是蒋介石必须受洗信奉基督。那场世纪婚礼，也是遵照基督教的礼仪进行的。婚后，蒋介石从一个三民主义者变成一个彻底的基督徒，每逢国家大事、战场凶险，他都会虔诚祷告。在宋美龄的影响下，蒋经国也是一卷《圣经》常伴左右。

蒋宋一家的信仰，直接带来了基督教在台湾的盛行。年轻的星云和他日渐盛大的念佛会，自然引起其他宗教势力的不满，一些蓄意捣乱、“砸场子”的事件时有发生。

有一天，星云在宜兰夜市弘法，此地是7条道路的交会中心，听众云集，盛况空前。不料活动正进行得如火如荼时，有人从不同方向朝台上扔石头。事后查出，是基督教某长老会的信徒所为。这些基督徒对星云“羡慕嫉妒恨”，不惜暴力破坏。

然而，佛教自汉代传入华夏以来，已经充分中国化，成为中国人最熟悉、最亲近的宗教。千百年来，“儒、释、道”三家并举，佛教已经渗入中国传统文化和民间生活之中。有了这种根深蒂固的积淀和天然优势，宜兰佛教的延续和发展不是警察和基督徒所能阻止的。

通过这些事，星云觉得，要让佛教在宜兰站稳脚跟，传播得更广，更深入人心，还是要靠年轻人。于是，他把年轻的男女组织起来，用年轻人的活力和爱好去弘法。他知道年轻人爱唱歌、爱交朋友，就成立了台湾第一支佛教歌咏队。他自己写歌词，请宜兰中学的杨勇溥作曲。年轻的朋友来了，他亲自搬凳子，烧茶倒水，热情接待，然后一起练歌，好不热闹。歌咏队把那些只爱唱歌、不爱念佛的年轻人也吸引了过来，渐渐的，他们追随星云一起弘法。

歌咏队办起来了，星云自己却不会唱歌，他说他五音不全，总是鼓励大家唱。休息的时候，他和年轻人聊天，幽默风趣，大家都很欢喜听他讲话。他还鼓励年轻人在弘法时上台去演讲。后来，这些年轻人不仅会唱歌，还会演讲，演讲时还配有幻灯片，生动有趣，台下的人更喜欢了。歌咏队里，个个年轻人都有成就感，干劲更大了。

那时候，歌咏队经常在傍晚下班时分，骑着自行车，迎着落日和晚霞，一路歌声，飞到各乡镇弘法，所到之处欢声笑语，其乐融融，足迹踏遍兰阳平原。歌咏队每到一个地方，早就有人在街头巷尾贴上海报，敲着大锣，提醒乡亲们来听："我们的佛教来啦！"他们到达时，还有专人来开道迎接。有一次，在小小的花莲玉里镇，竟然吸引了5000人来听法。大树下、晒谷场到处站满了人。星云领着30多位男女青年，架起麦克风，用国语和台语演讲，气氛热烈，极受欢迎。

每逢此时，星云的眼前就会浮现佛陀的影子。他鼓励这支年轻的弘法队伍："如果我们回到佛陀在世的时候，会发现佛陀有时在皇宫官邸向国王大臣说法；有时到乡村陋巷托钵，化导布衣百姓。佛陀告诉玉耶女要孝养公婆、敬顺丈夫；告诉善生要如何支配收入、事上待下；教育阿阇世王富国利民、安居乐业之道；劝导波斯匿王多食淡味和强健体魄的方法……佛陀用平易可亲的人间性格，解决大众生活的问题，并在解决问题时把佛法的喜悦传播给大家，因此，佛陀所到之处，常常万人空巷、人人欣喜。我们今天所到之处的弘法，佛陀都会看到的，他会为我们感到高兴的。"

所以，每次弘法结束，虽然已是满天星斗，但大家都满怀喜悦。走过阡陌田野，穿过密林山洞，忍不住又开始放歌。嘹亮的歌声在夜幕中荡漾，大家的心就像天空的皓月一样明亮，身就像掠过的微风般轻盈，边走边聊，畅想明天。星云看着归途上这一幕，心中一动，诗兴大发，回到小屋里就作了一首诗，然后请人作曲。

这就是后来他们在归途中高吟的《弘法者之歌》：

银河挂高空，明月照心灵；四野虫唧唧，众生心朦胧。
救主佛陀庇佑我，为教为人乐融融。
尊者富楼那，布教遇蛮凶，牺牲生命都不惜，
只望佛法可兴隆。
我教友！齐努力，为教作先锋；
不畏魔难强，不惧障碍多，
个人快乐非所愿，只为圣教建勋功。

佛歌入云霄，法音惊迷梦；周围风习习，众生苦无穷。
救主佛陀庇佑我，宣扬真理喜盈盈。
尊者目犍连，为法遭贼凶，粉身碎骨心无怨，
只望佛法可兴隆。
我教友！齐努力，为教作先锋；
赴汤蹈火去，献身殉教来，
个人幸福非所愿，只为圣教争光荣。

唱歌、演讲、弘法，一批年轻人越来越投入，越来越喜欢佛教，也越来越敬佩星云，其中不少人拜星云为师，成为他早期的弟子。到现在仍一直跟随在他身边的慈庄、慈惠、慈容、萧碧霞，都是那时加入的。

1957年，宜兰慈爱幼儿园教师及念佛会青年于圆明寺前合影

前排左起：黄惠加、朱静花、吴素芬、林美如、萧碧霞。

后排左起：张慈莲、吴素真、杨慈满、星云、黄小姐、范秀香、张优理、黄幸子等。

与李决和一家的缘分

慈庄法师俗名叫李新桃，1931 年出生，台湾宜兰人。她的父亲不是别人，正是当年邀请星云来宜兰的李决和。李决和是个大商人，开过大安百货公司，在宜兰相当有名望。对佛教的虔诚，使得他辞谢了商业职务，一心在佛门做义工。星云来到宜兰后，他自然而然地成了念佛会的总务主任，帮星云打理诸多事务。李决和的国语很好，这在宜兰当地人中非常少见。星云在宜兰的演讲，都是由他现场译成台语。他虽然没有出家，也和出家人差不多，一有空就去寺庙，跟着星云四处奔忙。在外面忙了一天，回家吃过晚饭，饭碗一推，嘴一抹，就又走了，直到晚上 10 点多钟才从寺庙回来。

李决和的夫人李张壹，也对佛教非常热衷。否则，丈夫每天去寺庙，不顾家，两人肯定吵翻。夫人每天在家里，给孩子们做完吃的，也跟丈夫一起去寺庙。李新桃是他们的二女儿，当时 20 岁，在兰阳女子中学教务处任职。她看到父母整天往寺庙跑，心中十分不解：寺庙哪来那么大的魅力？后来，父亲劝说女儿，让她也去听星云讲经。

起初，李新桃不感兴趣，只是为了顺从父母之意。然而听得多了，觉得确实有道理。按照念佛会的规矩，每次听完经，大家还得参加考试，她每次都考第一名。念佛会里，很多人要皈依，她就帮那些文化程度低的人填皈依表格，自己却从没提过皈依。星云也不问她，只每每夸奖她："决和的女儿，字写得不错啊!”后来，李新桃看了念佛会的文艺节目，参加了歌咏队，才真正对佛教有了兴趣。每天晚上，要去唱歌，她比妈妈去得还早。

在歌咏队里，她参加唱歌，跟着大家去演讲，还帮着刻钢板、写歌词，越来越投入。有一次，又要帮别人填写皈依表，她突然生出一个念头:“我也该皈依了。”皈依后，法名慈庄。

此后，有十几年时间，慈庄随星云创办佛教文化服务处、寿山佛学院，任劳任怨、全心奉献。后来，星云致力于培养青年僧人，慈庄决心献身弘法，于 1965 年毅然出家，成为日后佛光教团比丘尼众的首座。

出家后的慈庄，为佛光山开拓出一条国际化的道路。最广为人知的是，她只带 2 万美元，落脚全然陌生的美国，完成了建立“西半球第一大寺”西来寺的传奇。她总是只身一人，手上挽着布袋飞来飞去，到世界各地辅导佛光山的海外分院。她用一甲子的岁月，为弘法利生而奔忙，用慈悲与和平，画出佛教国际化的版图，把佛教甘露遍洒西方世界，所到之处，遍地莲花朵朵开。星云称赞她真正做到了无私奉献，是学佛青年的模范。

后来，她的大哥、彰化银行的经理，他的弟弟、石门水库的工程师，都皈依了星云；佛光山建成后，她的父亲、她的两个外甥，也上山出家，法名慧和、慧龙、慧传。当年，李决和一念之间邀请星云来宜兰，却让一家人与星云结下了如此缘分。

找到了“台语代言人”

慈惠法师，俗名张优理，1934 年出生，也是宜兰人。把她领进佛门的，同样是她的父亲。当初，力主邀请星云来宜兰的，除了李决和，还有她的父亲张辉水。他去雷音寺，总会带自己的宝贝女儿一起。年方二十的张优理，已是宜兰税务局的公务员，对佛教毫无兴趣。为了应付父亲，她每次都去雷音寺念佛听经，只不过听到一半，就偷偷溜掉，跑去电影院看电影。回家后，父亲考她，她很会取巧，把前面听的说给父亲听，父亲点头，很是高兴。

后来，有了歌咏队，有一大批年轻人一起唱歌、表演，她才开始感兴趣，觉得好玩，便融入进去。她穿着时髦，总是一身利落的旗袍，一双发亮的高跟鞋，气质十分优雅。1954 年，念佛会在佛诞节那天演了一场话剧，名叫《莲花女的觉悟》，就是由她和慈庄分别担任两个女主角的。演出非常成功，轰动了整个宜兰，吸引了更多年轻人来参加念佛会的活动。

不过，最让她感兴趣的，还是星云办的国文班。歌咏队搞了一段时间后，星云发现，光靠唱歌，还是很难留住人。星云察觉出台湾年轻人的一大特点，在学校里学理科的多，学文科的少，普遍国文底子薄。他想，要吸引年轻人，还得让年轻人在他身边有所收获，学到真本事。他决定利用自己的优势，教年轻人学国文，于是开设了国文班。星云的国文功底扎实，修改文章认真准确，深受年轻学子的喜爱，不少年轻人在学习国文的过程中，受到星云潜移默化的影响，慢慢成为学佛之人，进而成为佛门弟子。

张优理在国文班收获最大："那时候，师父指导我们学习写作。每天清晨，我们把写好的文章放在雷音寺佛堂中的供桌抽屉里。第二天放入第二篇，同时取回昨天的作业。在修改过的作业上，有许多红色的圈点，有鼓励、赞美和指点的批语。拿到手里，我们就迫不及待地互相传阅，欢喜雀跃。隔一段日子，师父会集合我们，当面讲解各种写作技巧，指出每个人文章的得失。在年轻人参与的一系列活动中，师父高雅的谈吐、睿智的思想、广博的学识，给我无限的震撼。我们把他当作老师、导师，忘记了他是和我们有隔阂的方外人，也忘记了自己心中曾经有过的对佛教的成见和拒绝。"

她的中文和写作水平进步很快，尤其是国语，讲得很标准，加上她有语言天赋，星云便让她给自己做翻译。她有惊人的记忆力，大家给她取了个绰号叫"录音机"。不管星云讲什么，她都能一字不落地完整翻译。星云说她就是自己的"台语代言人"，"若不是她，我没有办法在台湾弘法。她的翻译，不只是翻译我的语言、意义，而且把我的想法、韵味、精神上的微妙变化都能准确地传达出来，让人分享。常常要上台了，她连题目、讲演内容都不知道，甚至是临时才通知，而她总能掌握我讲话的精髓，在不需要记录的情况下，能将我的意思转达发挥得淋漓尽致"。

在给星云翻译的过程中，她对佛法的理解越来越深刻。但星云的眼光更远，他想让她去教育孩童们，为佛教的兴盛播下火种："你去办幼儿园好不好？"

"可我不懂幼儿教育呀！"

"没关系，我送你去学习幼儿教育。"

她为难了。她在税务局工作，是非常好的职位，要去学幼儿教育，就必须辞职。她的同事都舍不得让她走，主管甚至问她："你说，我对你不好吗？你为什么要走？"家里也反对，好好的工作，干吗要辞掉呢？她思来想去，觉得星云身上好像有魔力：他要让你去干一件事，就一定值得干，不仅对大家有好处，自己也会有前途。于是，她毅然辞掉了工作，和吴素真一起去读了幼儿教育。结业回来，星云已把幼儿园的房子盖好了，她被任命为第一任园长。

再后来，星云又让她去参与管理佛学院，当训导主任，管束学生的生活。佛学院招的学生都是出家人，可她还没有出家，她怕学生们说："老师是在家人，却要管我们出家人。"于是在家里躲了半个月，直到佛学院开学了，她想应该已经找到其他人当训导主任了，才回去看看。哪知道一回去，刚好碰到一群学生，星云说："你们的老师回来了。"学生们呼啦一下围过来。这下，她可逃不了了，只能硬着头皮干下去。

那时，她很年轻，喜欢打扮，时常洗头发、做头发。可是她觉得弄得那么漂亮，对那些出家的孩子不好，会刺激他们，使他们动凡心。她心中又生出罪恶感来。

这时，做教务的李新桃要出家，问她要不要一起参加仪式，如果出家，两个人可以一起去量衣服。她想，为了免除罪恶感，干脆出家算了。可转念一想，出家后每天要起大早，这多可怕。犹豫了好些天，到了剃度那日，她自己都不知道为什么，突然勇敢起来，毫不犹豫地把满头秀发一削而尽，从此成为“佛教界才女”慈惠法师。

送爱书人去日本读书

俗名吴素真的慈容法师，就是那位在警察要求星云解散集会时，勇敢地走上台唱了一首歌，替星云解围的姑娘。她出生于1936年，家离雷音寺很近，同在一条中山路上。小时候，她就随父母信佛，常去雷音寺烧香。1954年，18岁的吴素真听见雷音寺里飞出歌声，十分好奇，就进去看了看，发现里面有个歌咏队。那时她刚中学毕业，喜欢热闹，很想参加，又觉得不认识这些人，不好意思打招呼，便总是在一旁看。

正巧，星云那时要出一本书，叫《释迦牟尼传》，听说她是中学毕业，就问她能不能来帮忙。她家兄弟姐妹11个，上面有三个姐姐，一个哥哥，下面又有两个弟弟，四个妹妹。父母是旧思想，觉得女孩子没必要读那么多的书，没让她上大学，她便在一家药厂上班了，心里却希望做一份文字工作。所以，一听到星云的邀请，她就开心地接受了。在帮忙出书的同时，也参加了歌咏队。她生性活泼，人缘又好，经常带自己的同学和同事参加歌咏活动。

慢慢地，她想剃度出家。可是，星云不愿意这些年轻人太早出家，只同意她皈依。从皈依到剃度，由于种种原因，她经历了漫长的等待。

皈依后，星云让她也去台中师范学院学习幼儿教育，回来就开始办幼儿园。后来入园的孩子增加得很快，又办了分院。这剃度的事就一直耽搁了下来。

此时，父母虽然信佛，却不愿意女儿出家，只希望她结婚生子，过正常的家庭生活。她当时是个妙龄少女，长得端庄漂亮，“窈窕淑女，君子好逑”是免不了的。但她觉得，那时的宜兰，风气保守，女子一旦结婚，再好的工作都得辞掉，只能在家里相夫教子，然而她已经在佛教里有太多的工作，这些工作的意义远远超过一个家庭主妇，她不愿放弃。父母只好让步：“你不结婚也没关系，但好歹也是一个幼儿园老师了，哪有当老师的还去出家？”

“正因为没有，所以我才要这样做。”

父母还是不同意，她也不放弃，就这样僵持着，一直等到父亲过世，她又向母亲提出出家的事。悲伤中的母亲问她：“你要拜佛，我弄一个佛堂给你在家拜，为什么一定要去出家呢？你四肢健全，条件也很好，做什么都会很有前途的。”

她还是坚持，母亲实在拧不过她，只好甩下一句话：“你既然要出家，以后就不要回来了！”

她剃度后，妹妹来看她，回去跟母亲说：“姐姐剃完头看上去好像比以前胖了一点。”母亲心软了：“让她受过戒就回来。”可怜天下父母心，母亲怕她受苦。后来，母亲知道她在寺庙里生活得非常好，也就放心了。她回忆说：“后来我被派到台北普门寺做住持，哥哥、姐姐都住在台北，可妈妈每次从宜兰到台北，都不住到哥哥那里，也不住到姐姐那里，而是住到普门寺，她还对我说：‘我看你们几个姐妹里面，还是你最好。’”在她的影响下，妹妹也追随她出了家，就是现在的依来法师。

慈容出家后，又被星云送到日本去念书。她不仅是佛光山人际网络的枢纽，也是整合人力资源的高手。她思虑缜密，不但能掌握各项活动细节，也能筹划全局，将自己负责的国际佛光会工作有系统、有效率地全面推动开来。佛光山多年来对佛教人才的储训、组织、统御、指挥、分工、协调，都仰赖于她的运筹帷幄。她说：“我一向最喜欢和信徒有关的工作。”由此可见，和信徒广结善缘的亲和力，使她成为佛光山幕僚中的灵魂人物。

“局花”住进雷音寺

早期跟随星云的还有萧碧霞女士。虽然她一直都没能剃度，但她对佛教事业的贡献，绝不亚于星云的重要弟子。

萧碧霞出生于 1941 年。她第一次见到星云时才 12 岁，还是台湾初中一年级的学生。那天，家住宜兰县头城镇的她去当地一个寺庙拜佛，碰巧，星云也去那里组织念佛会的活动。年幼的萧碧霞见到星云，向他合十一拜，就走了。可是，仅这一眼，就给她留下了深刻印象：唉，这个师父，怎么这么年轻就当和尚了？

数年后，她中学毕业，在母亲的鼓励下，才十五六岁就以优异的成绩考到宜兰电信局工作。之后，因为工作表现积极，获得“全台模范劳工”的殊荣。

电信局和雷音寺在一条街上，相距不远。萧碧霞的一位同事是雷音寺的信徒。有一天，那个同事要带她去雷音寺拜佛。萧碧霞说：“我们头城镇里也有庙拜，为什么一定要去雷音寺呢？”同事说：“去吧去吧，如果你不去，师父就会说我没有人缘。”于是，五六个姑娘说说笑笑一起去了雷音寺。

当时雷音寺里没有客厅，大家都站在那里讲话，星云也随众站着。忽然，有人指着端庄大方、容貌俏丽的萧碧霞对星云说：“这个漂亮的女生应该去参加选美比赛。”星云顺手一看，只觉非常眼熟，便问道：“我们好像在哪见过？”

萧碧霞微笑着说：“那次见到您，已经是三四年前的事了，您还记得。”两人便聊了起来。拜完佛后，电信局的几个女孩子觉得这里很温暖，又继续谈天说地，不愿离去，星云便叫人煮面请她们吃。临走时，星云问萧碧霞住哪里。萧碧霞说：“住头城。”

星云说：“头城太远了，来这拜佛要走好长时间。”

“没有办法，只能这样。”

“那你来就住这里好了。”

“好呀！”

萧碧霞后来回忆说，没想到这一句话就定了她一生。

雷音寺本来不大，萧碧霞住的房间很小，只能放三张床。三个女孩一起住，非常拥挤，条件也差，但萧碧霞并不嫌弃。

她觉得住在这里，就不是来享受的，而是来帮忙做义工的。她看雷音寺每天接待那么多人，出家人却少，星云是主角，里里外外都靠他自己拳打脚踢——布置讲堂是他，煮斋饭是他，行堂打菜是他，敲法器的还是他。当时雷音寺为了吸引小朋友，还养了一只猴子，这家伙很调皮，经常添乱，趁主人忙着，往往突然溜走。于是有人就喊："师父，猴子跑了，赶快捉猴子哦！"星云就得放下手中的活，追猴子去。

萧碧霞住进寺庙里，确实帮了大忙，她利用工余时间，帮着记账、招待客人、干杂务。遇到寺庙特别忙的时候，她就调班，晚上到电信局上班，白天在寺庙里干活。

自打住进雷音寺后，萧碧霞就没有回过镇上的家。家里虽然有哥哥弟弟，但她可是萧家三代唯一的女孩儿，担任邮电局局长的父亲把她看作掌上明珠，非常宠爱。女儿长期不回家住，老两口十分想念，好在他们也认识星云，觉得女孩儿住在寺里，倒也叫人放心。当然，只要家里有事，萧碧霞还是会尽快赶回去。逢年过节，还要回老家礁溪看看。

住得久了，帮寺里工作久了，萧碧霞就想辞去电信局的工作。电信局的人，从上到下都舍不得让她走。当时的她一头短发，活泼利索，圆脸杏眸，美丽动人，不仅是电信局的"局花"，更是一把业务好手，不少小伙子都争相向她献殷勤，有位局长也公开追求她。可她一心向佛，天天在寺庙里忙，根本不把这些放在心上。电信局为了挽留她，提出让她停薪留职，她想什么时候回来工作，就什么时候回来工作。然而，萧碧霞不为所动，她跟星云说："师父，让我出家，收我为徒吧！"

星云没有答应她。“只要心中有佛，不在乎出不出家，‘在家’也可以为佛教服务。”

星云此言，自有一番考虑。当初雷音寺扩建，有人举报这是违章建筑，宜兰政府派拆除大队到现场，准备拆除房子。幸亏有萧碧霞在，她和同事因在电信局工作，经常和当地政府、警局打交道，关系密切。由于她的周旋，维护了寺庙，拆除大队撤了回去。星云对萧碧霞感慨道：“你看，佛门始终有些事要和社会上的人打交道，你不是出家人，可更方便为佛门办事。”

于是，萧碧霞不再提出家的事，只是辞去了公职。从此，她跟随星云走南闯北，保驾护航，大家称她“萧师姑”。

第一个男弟子

有人会问，在宜兰，为什么跟随星云的有这么多比丘尼？

其实，这与当时台湾的社会状况有深切的关系。20 世纪五六十年代，台湾风气保守，恪守传统，仍然把女性视为家庭角色，而不是和男性平等的社会角色。尤其在宜兰一带，许多年轻女性虽然有一份工作，但结婚之后，就要回归家庭，服侍夫家。一些受过教育的女性不愿意一生就过这样的日子，相比之下，把自己的才华和学识奉献给佛教，服务众生，更有意义。

那么，除了比丘尼，跟随星云的就没有比丘吗？当然有。

心平和尚，俗名叫吴天赐，1938 年出生。他与星云的缘分始于 1959 年。当时，慈庄、慈惠、慈容等在台北三重埔开设“佛教文化服务处”，时常要邮寄佛教书籍、刊物等。因为印刷品很重，星云看女孩子做起来实在吃力，免不了感叹道：“假如能有一位男众来帮忙，就非常圆满了。”

此话一出，慈庄、慈惠、慈容不约而同地说：“我们宜兰有一位青年叫吴天赐，家里是开印刷厂的。他每天都会到雷音寺来，师父如果肯叫他来协助，他一定会愿意。”

旁边的人听到了，也说：“吴天赐早就想跟师父出家，只是他不敢说。如果师父叫他来帮忙，他肯定会跟你出家。”

于是，星云当即从台北给吴天赐打了个电话。几个小时后，吴天赐从宜兰赶来了。星云跟他说：“现在佛教文化服务处的印书、包书、搬装、邮寄，特别需要一个有力气的男众来帮忙。”他毫不犹豫地答应下来，从此投身到星云的门下。按理说，慈庄等人在星云门下的资历、年龄都超过吴天赐，但是因为他是第二代中的第一个男弟子，她们不好意思称呼他师弟，就叫他师兄。

吴天赐生性忠厚老实，寡言少语，在佛教文化服务处的两三年里，从不随便说话攀谈，工作从不推辞，更不投机取巧，本分而踏实。大家都认为他有条件出家，可他不敢提出，怕星云拒绝。于是，大家给他鼓劲，萧碧霞说：“师兄，你如果跟师父说你要出家，所有衣单，都由我供养。”在大家的鼓动下，他觉得非得跟星云请求出家不可，星云也觉得非要收他做徒弟不可。就这样，吴天赐终于剃度出家，法名心平。

心平出家后，备受星云器重。他先是帮助星云开发佛光山，后来又担任了佛光山第四任、第五任住持，被称作“平和尚”。

对于这个称呼，星云解释道：“佛教有个传统的规矩，丛林（寺庙）里只能有一个人称为‘大和尚’、‘和尚’或者‘老和尚’，其他的人都不能称作和尚，只能称为某某法师、某某当家师，或者以各种职务来称呼他为某某师父，比如香灯师父、知客师父、堂主师父等。和尚，是‘亲教师’的意思，应该等同于学校的校长。”心平既然做了住持，就相当于佛光山的“校长”，才能称作“平和尚”。

有了心平，后来又有了心定、心培、心保，以及慧开、慧传、慧宽等人，师徒传承，延绵不断，此是后话。

注：“慈”是星云大师早期在宜兰弘法时，为青年皈依者取的字号，心平和尚为“慈均”。大师是属于临济宗第48代传人。临济宗僧人的字号有一定的排序，依《临济宗法脉偈语》所说，分别是“湛然法界，方广严宏，弥满本觉，了悟心宗，惟灵廓彻，体用周隆，闻思修学，止观常融，传持妙理，继古贤公，信解行证，月朗天中”。这就如普通人的族谱一样，从僧人的字号就可以看出彼此的辈分关系。星云大师的师父志开上人，内号叫“了然”。到了星云大师，依序而下，取名“悟彻”。而星云大师收的弟子，内号都是“心”字辈，如“心平”“心定”，女弟子也各有内号，如“心慈”“心霈”“心愚”等。

第四章

佛光山

一念既生，一念既定，
星云立刻匆匆下楼，
对等候在那里的地主说：
『对不起，今天不签约了，
这块地我们不买了。』

“师父，你的梦想是什么？”

“师父，你会一直留在宜兰吗？”

“师父，你要去更远的地方吗？”

“师父，你能带我们一起去吗？”

“师父，你的梦想有多远呢？”

……

在宜兰的日子里，青年男女唱着歌，骑着车，迎着晚霞，叽叽喳喳地问星云。

星云比他们大不了多少，十来岁的年龄差，像朋友，像兄长，也像导师。

他总是微笑地看着他们，看他们迎风飞扬的年少，看他们专心求佛的青春。他当然有一个很远、很远的梦想，他还在他们这个年龄的时候，听着栖霞寺的晚钟，枕着大觉寺的“怒涛”，就有了这个梦想。只不过，宜兰的岁月，让他第一次发觉，有了这群心思纯粹、一心追随的年轻人，这梦想可以付诸行动了。

他的梦想是：仿照大陆丛林寺院的规模、体制，在台湾设立一个兼具教育、文化、弘法功能的现代化道场。

他开始尝试。26 岁那年，他应邀到台湾南部的高雄讲经，每次都受到信众的热烈欢迎。在当地人的一再要求下，他在高雄建立了一个佛教文化服务处，又在寿山公园建立了寿山寺，寺内设了佛学院，招收了 20 多名学员。这个小小的佛学院办到第三届时，校舍就已经容纳不下学生。高雄的尝试，成了他宏大棋盘中的第一枚子。

弟子和信徒们知道了他的宏大梦想后，热烈响应，四处奔波，看到哪个地方合适建丛林寺庙，就回来向他报告。经过反复比较，都觉得高雄县鸟松乡澄清湖旁边的那块地不错。澄清湖是高雄第一大湖，人称“台湾西湖”，是台湾南部著名的观光地区之一，每年能吸引百万游客。湖边的这块地，面积约两公顷，环境幽静，视线所及之处，风物宜人，非常适合建个寺院。为了买下这块地，星云不得不卖掉位于高雄市中山路的佛教文化服务处的房子，得款 150 万元新台币。

奇怪的是，也许因缘未到，也许是星云的性格使然，就在准备签约时，星云在楼上偶然听到楼下两个弟子聊天。弟子依严说：“太好了，澄清湖是旅游观光胜地，我们的寺庙建在澄清湖畔，应该沾光不少，游客一定会顺道来参观、拜佛，蒋‘总统’来澄清湖，说不定还会到我们这里来呢!”

听到这话，星云心里“咯噔”一下：“我们辛辛苦苦建寺庙，是为了修行，是为了千百年的基业，不是让政治人物一时兴起顺道观光。蒋‘总统’顺道来我们寺庙参观，我们有什么光荣自豪的？应该是他专程到寺庙来，然后回去说‘我今天到星云法师的寺庙，身心都收获不小’，这才是寺庙的价值。”刹那间，他想起了自己出家的栖霞寺。当年，栖霞居士不就是多次拒绝南朝皇帝的邀请，毅然归隐于深山之中，由高僧大德讲经、住持，才有了千古一座栖霞寺吗？“不行！我应该建一座寺庙，让大家专程来参访。”

一念既生，一念既定，星云立刻匆匆下楼，对等候在那里的地主说：“对不起，今天不签约了，这块地我们不买了。”后来，那片地盖起了著名的圆山饭店。

澄清湖畔建寺项目叫停之后，有一片山地闯入星云的视野。1967 年，一对越南华侨夫妇借钱跟人合伙，买下了高雄县大树乡麻竹园的一片山坡，面积约有 100 多亩，欲建一所海事专科学校。后因双方意见不合，计划夭折。这对越南华侨夫妇急于还债，便四处求售此山。然而，那里土壤贫瘠，高低不平，无人愿意接手，那华侨一家顿时陷入绝境。几经辗转，他们找到星云，求他买下这块地：“师父，如果这块地卖不出去，我们还不了钱，也只有一死了之了。”

听闻此言，星云慈悲为怀，打算救救他们。他也在寻思，自古以来，佛教的名刹古寺大多建在山上，可谓“天下名山僧占多”。不过，著名的佛教圣地峨眉山、五台山、普陀山、九华山等，都在中国大陆，台湾地区还没有类似的佛教名山，何不将此山开拓成一个佛教圣地呢？这个圣地将让佛光普照高雄、台南、整个台湾岛，甚至照到更远更大的地方，直至全世界，它应该叫“佛光山”！

心意已定，他打算先去山上看看。那天，他租了一辆大巴，带着弟子和信徒直奔那片荒山。此山尚无名，只因山上长满了麻竹，人们便叫它“麻竹园”。

从高雄到麻竹园，也没有像样的马路，大巴乱晃，尘烟滚滚，一路颠簸，不长的路竟开了一个多小时。抵达山下，近处荆棘荒草，凌乱无章，无处插足；远处麻竹刺竹，杂木野树，漫山遍野。

似这般完全没有开垦的荒山野林，在台湾南部是非常可怕的，里面不仅隐藏着各种毒蛇，还有蚊虫、蚋、马蜂、蚂蚁等蜇人的虫子。

此情此景，让大家都愣在了那儿，哑口无言。许久，没有一个人愿意随星云下车。有几个心直口快的，干脆说出了大家的心思：“师父呀，我们还是另找地方吧。这样偏僻荒凉的地方，谁愿意跑来拜佛啊？鬼也不会来！”

星云头也不回：“好，好，不要紧，鬼不来，佛来就好了！你们不肯上山，那我一个人去也好。”说罢，他手持竹杖，独自一人消失在密林中。

大师毕竟是大师，他所看到的和所有人不一样：走进那片山，他就仿佛看见了一个开阔的世界，看见了整好的山地上，如何盖起庙宇；看见蜿蜒的河水，如何流过麻竹；看见密林深处最高的地方，站着一座接引众生的大佛……整个佛光山的雏形，历历勾勒在眼前。他越走越深，到了山坡高处，放眼望去，憧憬着这里的美好未来。

怀揣这样的蓝图，他满心欢喜，面带微笑在山里漫行，不知不觉走了一个多小时。当他高大的身影终于从丛林中出现时，车里等候着的弟子和信徒们总算松了口气："师父可回来了！"纷纷下车迎接。只见他衣襟沾满草屑和泥土，全身大汗淋漓，脸上却挂着神秘的微笑，不知他是捡到了什么宝贝，还是发现了什么新大陆。

"对不起！对不起！让你们久等了！"他一面用手帕擦拭着满脸的汗珠，一面忙不迭地向大家道歉。

弟子和信徒们不知道，若以佛教"因果同时"的观点来看，此刻星云脸上神秘的微笑已然告诉大家，佛光山已经在他的心中完成了。接下来的工作，只是把他心中的佛光山一块一块在山林中拼接起来。

水泥和着血，建好一座佛光山

在回来的路上，星云把佛光山的建设蓝图和盘托出，弟子和信徒们听得既兴奋，又为难。只怕，为难还比兴奋多。因为，那块荒坡上要啥没啥，他们人力财力都非常缺乏，如何能建山？

星云并不担心，他说："有佛法，就有办法。"

他的办法就是自己动手，身先士卒。1967 年 5 月 16 日，奠基仪式过后，不惑之年的星云第一个拿起铁锹，铲土平地，披荆斩棘，开山拓土。弟子和信徒们看师父一马当先，自然争先恐后，人人上阵，土法上马，锹镐锄头全用，每天起早贪黑，身上不是泥土就是伤痕。

为了能加快平整速度，大家省吃俭用，把省下来的钱用来租挖土机。可是山上没有路，挖土机上不来，佛学院的学生全体上阵，硬是把笨重的挖土机推到了山上，慢慢推出一条路。挖土机工作时，心平和尚就在一边眼睁睁地盯着，因为每挖一小时的工钱是300元新台币，他一分钱都不能浪费。

“师父，第一栋楼，我们盖什么呢？”

“怀恩堂，一个可以上课、吃饭、办公的地方。”星云斩钉截铁地说。可是手头的钱还不太够，他只好交代工人，就建一层，9尺高，矮点，省钱。9尺高的墙砌好了，窗户也建好了，正要封顶时，一位叫吴大海的先生忽然捐献了10万元新台币。这下好了，赶紧把9尺高的怀恩堂加高到14尺。

可是窗户已经做好了，怎么办呢？星云说：“那有什么关系？就在现有的窗户上面，再加一层窗户，不就可以了！”所以，现在佛光山的怀恩堂，一层楼，两层窗，这在建筑学上，也算是个奇迹。后来，吴大海先生又捐赠了供应全山用水的水塔，为了感谢吴大海先生，星云把水塔取名为“大海之水”。

沉默而勤恳的心平和尚不让师父过度操劳，从修建怀恩堂开始，他就一个人住在山上的一间草棚里，夜里没水没电，蛇虫相伴，到山涧挑一担水就要走半个小时。他白天整日工作，晚上巡山，一边走，一边寻思，怎么才能以最快的速度把山地弄平整。

水泥工出身的萧顶顺，从修建高雄的寿山寺时就跟随星云。在佛光山的开山建设过程中，他深受信任。星云知道，萧顶顺虽然没读过什么书，但为人实在，又很细心，做事牢靠。开山初期，萧顶顺常常骑摩托车，载着星云到麻竹园，山上没有路，两人下车步行两小时，绕过三个山头，才能到达最早动工的地方。

没有建筑设计师，萧顶顺和星云就在山里自己勘察地形搞规划，走到哪里观察好了，就折根竹枝在地上画个草图，这里高的地方要推平，那里低的地方要填高，还有那儿平整土地时要尽量迁就自然风貌……星云说："佛光山的每一栋建筑，都是萧顶顺和我比手画脚设计盖成的。像萧顶顺这样的人，他不单是最好的水泥工，也是最杰出的建筑师，一般建筑师懂得不会比他多，做得也不会比他好！"

按照他俩的规划，佛光山各项建筑有序而行。第一期工程是东方佛学院、大悲殿、观音放生池、龙亭、弥勒佛像；第二期工程是大慈育幼院、朝山会馆、接引大佛、佛光精舍、大觉寺；第三期工程是大雄宝殿、净土洞窟、普门中学、万寿园、佛教文物陈列馆；第四期是麻竹园、地藏殿、峨眉金顶普贤殿、大慈庵及信徒服务中心；之后还有很多很多。

如今，看到气势恢宏的佛光山，总有人问星云："你没学过建筑，怎么会设计建造房子呢？"

"不错，我是没学过建筑，但是我从大陆到台湾，又从台湾到国外，我走过很多路，见过很多房子，每次我都仔细观察，并想：如果我是建筑师，这幢房子应该如何设计？或者这块地应该如何规划？一旦机缘成熟，不论兴建道场，还是筹办学校，一切早已成竹在胸。”对星云来说，佛光山的规划和设计，不知在他的脑子里反复思考过多少次，图纸也不知在心中画了多少遍，模拟了多少回。这是他的梦想，他一定要努力达到完美。

不过，规划虽好，钱却跟不上，巧妇难为无米之炊，有时工程进行到一半突然没钱了，不得不暂停，等有钱了再接着盖。

施工中，每一栋建筑都凝聚着每个佛光人的心血和汗水。那段日子留下的记忆实在太深刻了，以至于任何时候，星云只要谈起数十年前的建山经历，仿佛就在昨天：“那时，南部的夏天经常大雨倾盆，我们经常和豪雨搏斗。当洪水暴发，依恒总是率先领众搬沙包，甚至拿棉被堵，以减少水势汹涌冲刷的力量。往往一场奋战结束，洪水被控制了，起床的打板声也响了。这时，看到依恒远远走过来，全身上下都湿透了，脸上还挂着笑容，我都感动不已。”

“佛光山的地质特殊，干旱时坚硬如铁，遇到雨水就成泥浆，随水而流。因而，每次大雨，刚走到东山填土，那边观音放生池畔又在求援了。尤其是到了夜晚，大地漆黑一片，头上电闪雷鸣，仿佛世界末日到了。有时抢救成功，损失较小；有时虽然竭尽全力，堤防水坝还是土崩瓦解，眼睁睁看着来之不易的建设成果被洪水冲毁，好不心痛。等到天晴，又得从头来过。”

"龙亭工程在加盖屋顶时，已经黄昏。工人们都已经下班，但是水泥灌浆不能终止，否则将有屋裂漏雨之虞。全山的徒众接下工人的工作，用两辆摩托车发电照明，继续施工。依严爬到屋顶上砌水泥，可屋顶过于陡峭，水泥粘不住，一直往下流，她只好用双手涂平。结果等屋顶灌浆完毕，依严的双手早被水泥浸蚀得皮破血流，但她没叫过一句苦和痛。我常对徒众说，龙亭的屋顶是拌着依严的血盖成的，特别坚固呀！"

"为了省钱，我们时常把发包的工程，又包回来自己做。'灵山胜境'的水泥地、'佛教陈列馆'的屋顶、'净土洞窟'佛陀说法台背后暗沟的大水坝、'大雄宝殿'前面成佛大道的水泥砖、'佛教历史公园'周围的防水墙，都是山上徒众动手完成的，真是一寸建设一寸血，一步道路一脚印。"

终于，当荒山成圣地，当平地起佛堂，佛教历史在星云的手中翻开了新的一页。回首青灯古卷上的记载，漫长的岁月里，一代代高僧大德筚路蓝缕、开辟洪荒——那是迦叶摩腾和竺法兰，用白马载着佛像来到洛阳，拜见汉明帝，修建白马寺，从此佛教在中国落地生根；那是大唐的玄奘风尘仆仆，从印度的那烂陀寺取来真经，回到长安，澄清了佛教在华夏大地传播600年来生出的歧义；那是在深山里砍柴的慧能，徒步千里，求佛辩经，让禅宗成了汉传佛教的一大特色；那是星云的同乡鉴真，踏着惊涛骇浪，一叶扁舟，东渡扶桑，把中华大乘佛教带到东方的日本；后来，从宋到元再到明，佛教的盛世渐渐过去，直到清朝，江南的名僧走进了皇帝的大殿，披上了顺治赐予的紫衣；还有星云敬重的近代高僧太虚，在军阀割据、日寇入侵的战火中行色匆匆，为佛门重振和民族兴亡而奔走……这么多高僧大德薪火相传，才有一部可歌可泣的佛教历史。如今，在宝岛，在一座无名的荒山里，星云接过了佛教的火种。他，禅门临济宗第 48 代弟子星云，不管走到哪里，台湾也好，更遥远的地方也好，他都要把佛教之光带到哪里。这，就是佛光山。这，就是他的使命。

做一个现代佛教徒，有何不可？

开山之苦，不过是皮肉之苦，肌肤之痛，这对星云一行人而言，并不算什么；即便是资金短缺，捉襟见肘，也难不倒他们。

真正让他们无法忍受的，是来自佛教界内部的打压和阻挠。

星云从不是一个抱残守缺、死背教条的人，从大觉寺创办《怒涛》开始，他就想点燃佛教创新、变革的星星之火。然而，怒涛虽大，要冲破坚固的堤岸，谈何容易。当他在宜兰组织“佛教歌咏队”、带领男女青年到寺庙参访、郊游时，台湾佛教界就已经有了非议之声。

及至星云在佛光山破土动工，修建第一座正式建筑东方佛学院时，反对声浪终于汇流了。台湾的“中国佛教会”竭力阻挠，不许他建。为此，还专门开了一次特别会议，主题就是“如何消灭东方佛学院”。会上，大部分与会者都表示，“不能让这个佛学院搞成了”。

幸好有一位理事仗义执言：“天主教、基督教办了那么多大学、书院，大家从没讲过要消灭它们，我们佛教自己办个佛学院是好事，为什么反而要消灭它呢？”其他人哑口无言，只得悻悻然散会了。

“佛教会”的阻挠，让星云感到难以言喻的悲哀。他悲哀的不是自己的佛学院，因为无论“佛教会”怎么施压，他都会不顾一切地把佛学院建起来，让它成为佛光山的龙头。他悲哀的是佛教界那种“见不得别人好”“希望同归于尽”的酸葡萄心态，那种“千年不变的做法才是对的”“不能胡乱搞新花样”的守旧氛围。

他们越是打压、阻挠，越激发了星云的志气和力量，这些阻拦成了星云最好的逆增上缘。他加快建设东方佛学院，落成后，邀请了很多人来参加典礼，加上很多信众争着一睹佛光山的新貌，那一天的人数超过了 5 万人。

接下来，大雄宝殿、大悲殿、大智殿、普贤殿……一座座建筑出现在佛光山的青山翠竹中，它们和其他寺庙幽暗的风格截然不同，都是敞亮的、高大的、现代的。星云认为，佛堂要让人一进来就觉得拜佛有希望、有光明的前景，而不是幽暗的、昏黑的，让人觉得压抑。

这种现代化的道场，却招致许多诽谤和指责。比如，寺庙里铺了瓷砖地板，佛教界就有人指责：“又不是舞厅，铺什么地板？！”僧房里安装了抽水马桶，佛教界又有人批评：“出家还这么享福，奢侈浪费！”

有一天，星云的老同学煮云法师跑到佛光山来找他，一进山就直接冲进星云的方丈室。因为他早已听说星云的房间多么豪华、床多么大、铺了多么高级的地毯、打了多么耀眼的灯光……他听得耳朵都快起茧了，怎么也不愿相信，决意亲自跑来查证。煮云一阵风似的冲进来四下张望之后，忍不住哈哈大笑，对星云说："我现在知道了，那些造谣诽谤的人根本没有一个来过你这佛光山。"

星云也不觉莞尔："我虽然主张寺庙要现代化，但不是追求奢华，出家人还是要一切从简、朴素大方。"

这些守旧之人不仅自己没来过佛光山，还阻止别人来。那些年，只要有海外的佛教团体到访台湾，要求参观佛光山，"佛教会"的人就会对他们说："你们去佛光山干吗？佛光山很小的，你们去了，他们连茶杯都不够！"

有一次，"世界佛教僧伽大会"在台湾举行，有一项活动是参观寺庙，主办单位"佛教会"带领与会者来到高雄，但就是不安排参观佛光山。那些外国和尚好生奇怪："听说高雄的佛光山是很大的佛教道场，为什么不带我们去参观一下？"

"佛教会"的人怫然不悦："不可以！那佛光山是星云的！"

与会的开证法师问："为什么不可以？这次大会星云捐了200万元新台币，佛光山也是台湾南部最好的道场，参观一下有何不可？"

"佛教会"的人拗不过去，就说："可以是可以，但时间来不及。我们吃饭、参观总共只有两小时的时间。"

第二天，星云知道此事后，不愿放弃这个机会："两小时也有两小时的办法。"他带领16个会英语、日语、韩语的出家弟子下了佛光山，亲自到高雄圆山饭店，把500位各国出家人接到佛光山。每辆游览车都安排了一个导游，沿路向他们介绍。下车后，先参观了大雄宝殿，然后用斋饭。他以最隆重的佛教礼仪招待各国出家人，给他们留下了难忘的印象。

"佛教会"的人万分懊恼："我们花了那么多的人力财力办'世界佛教僧伽大会'，结果好像是专门为星云办的，光彩都被他占尽了！"

星云闻听此言，不以为意："我只知道为佛教做事，只要真心为佛教，别人中伤我也是在成就我。"

台湾当时的"中国佛教会"为什么总是跟星云过不去呢？最根本的原因是，两者在观念和追求上一直相左。星云一生追求民主，反对权威；追求现代化，反对保守；追求国际化，反对僵化。在星云看来，这个"佛教会"完全是个要权威、保守、僵化的社会团体。

这种对立，到了最后，凡是反对星云的人，就可以当"佛教会"的理事；凡是认同星云的人，就被"佛教会"排挤。有一次，星云在中山纪念馆讲经，某法师来参加，致辞时为星云讲了句好话，他的常务理事一职马上被"佛教会"解除了。会性法师和祥云法师在公开场合为星云说了几句公道话，理事职务也被撤掉，而且"永不录用"。相反，如果某个法师公开骂星云，他很快就可以当"佛教会"的理事。

当时，台湾当局规定，僧侣要出境，必须先得到"佛教会”的准许，然后才能报送“内政部”办理。星云为了培养弟子，要送他们出去留学。慈庄、慈惠、慈容、依空等人的出境材料送到“佛教会”后，被放在抽屉里一年都没动静。星云跑去和他们理论，他们也不理。后来，星云跑到国民党中央党部去抗议，由国民党当局出面过问，“佛教会”才勉强把公文送上去。

依空去日本留学一事，就因此拖延了一年多才办。留学期间，她的父亲过世，回来奔丧，要再次出去，“佛教会”又不肯批。幸好，此时台湾开放观光旅游，当局政策松动，僧侣出境不再需要“佛教会”批准，依空才得以再度前往日本，只不过是以观光旅游的名义出去的。

凡此种种，星云从不妥协，而是据理力争。这让他不断突破重围，也使得那些打压他的人对他敬畏三分。星云回忆说，后来他在“佛教会”开会，每次都站起来发言，每当他发言，会场都鸦雀无声，大家都屏息听他说话，想知道他说什么。他坚持一条，不管说什么、做什么，都没有私心，只为佛教。“我现在很感谢‘佛教会’和其他压制佛光山的人，因为他们的无理，才成就了我们。”

星云与“世界佛教徒友谊会”的感情，就是因阻挠而生，历久弥坚。这个世界性组织在举行第二届大会时，就邀请了星云出席。然而公函送到台湾的“佛教会”后，星云的名字被删除了。以后届届邀请函都遭受了如此命运。到了第十四届，星云在国际佛教界已闻名遐迩，“世界佛教徒友谊会”特意注明，邀请他为“贵宾”，台湾“佛教会”照样阻止。直到1988

年的第十六届大会，星云通过个人关系，使会议在美国洛杉矶他亲手创建的西来寺里主办，促成了该组织第一次在亚洲以外的地区召开大会，从此，他与“世界佛教徒友谊会”结下了深厚的缘分。后来，他又邀请该组织在佛光山召开了第十八届大会，在澳大利亚的佛光山南天寺召开了第二十届大会，最终被“世界佛教徒友谊会”推举为“永久荣誉会长”。

星云在佛教界形成了自己的风格，威信越来越高。他对弱者的慈悲、对弟子的关爱、对女性的平等相待、对大众推行“人间佛教”，种种做法，吸引很多人到佛光山来拜他为师。不知不觉中，他的弟子已经达到1300多人。他们当中，不管是比丘还是比丘尼，都是青年才俊，相当一部分是大学生，更有硕士生、博士生，还包括在海外留学的台湾学生和大陆学生。每一个弟子的经历都是一段传奇。

从军营到佛堂

早在佛光山开山之时，就有不少人慕名而来，要跟随星云出家。比如心定和尚，他原来姓石，云林县人，就是开山初期出家的弟子。由于台湾的成年男子必须服兵役，当时20岁的他，随部队派驻东沙，岛上没有人烟，荒凉、枯燥，他发现自己的老连长每天都看一本佛经，早晚烧香拜佛。有时，他借老连长的经书来看，看着看着，就深受书中佛慈广大、因果报应的道理启发，对佛教心生好感。刚巧，部队调回高雄左营，他经常就近到佛教堂、寿山寺走动，有缘听闻星云讲经，喜欢上了佛教，更萌生要跟星云出家的念头。

后来他发现星云在麻竹园开山。只要部队一有假期，他就上山帮忙。他能吃苦，凡打水泥、搬石头、砌砖墙等粗重活，他都主动承担。

佛光山的第一栋主体建筑东方佛学院建成后，他脱去军装，穿上僧服，法号心定，不仅成了星云的弟子，还成了佛学院的学员。毕业后，他一直跟随星云。从 1995 年开始，他接棒师兄心平和尚，担任佛光山第六任和第七任住持。

佛光山开山后，要拜星云为师的人很多，但星云有所考虑。其中很重要的一条，就是依据佛制，出家首先要得到家长、亲人的同意。当然，出自对佛教的信仰，也有人会用点小计谋，先斩后奏。

女弟子的誓死跟随

依空法师就是其中一位。为了成为星云的弟子，任凭兄长拿刀子威胁，她也不回头。因为在幼年时，星云便在她心中播撒了菩提种子。

当年，星云在宜兰弘法，不仅影响了许多年轻人，也影响了少年儿童。他认为，小孩子没有什么信仰，是一张白纸，你在上面画什么，就会是什么。于是，他针对学龄前儿童和小学生，创办了幼儿园和儿童班。为了不影响孩子们平时上课，还

1967年，佛光山开山奠基典礼

星云把佛光山的建设蓝图和盘托出，弟子和信徒们听得既兴奋，又为难。只怕，为难还比兴奋多。因为，那荒山上要啥没啥，而他们人力财力都非常缺乏，如何能建山？星云并不担心，他说："有佛法，就有办法。"他的办法就是自己动手，身先士卒。1967年5月16日的奠基仪式之后，不惑之年的星云第一个拿起铁锹，铲土平地，披荆斩棘，开山拓土。

办了“星期天学校”，利用休息日辅导孩子们绘画、书法、写作。这些内容往往与佛教有一定关系，就这样，菩提种子在孩子们的心灵中扎根、发芽。

依空四五岁时，就跟着两个姐姐出入宜兰的雷音寺，上了那里的“儿童班”。最初并不懂什么是佛，可每次去了之后，都会得到一个结缘品——小包子或者寿桃、沙琪玛、面粉做的“佛手”。在那个没有零食的年代，为了这些好看又好吃的小玩意儿，活泼好动的小丫头竟然能乖乖地跟着大人念佛上香。她记得，星云常常拿着一块点心，对孩子们说：“谁给佛磕个头，上炷香，这个点心就归谁了。”孩子们抢着去磕头上香，久而久之，“从吃一个小点心就开始亲近佛祖了”。

从小学到大学，菩提种子在她心中生根，不断成长，大学毕业刚参加工作，她就决定要跟星云出家。

当时，她在一所学校当老师。得知她有出家之念，举家反对，尤其是父亲最为激烈：“除非我百年之后，看不见了，那时你要出家，我才不会阻拦。”

这话说得决绝。依空心想：等您活到一百岁，我岂不是要七老八十才出家吗？可是，她总不能为了早出家，就对爸爸妈妈说，你们早一点往生吧？

怎么办呢？既然父母肯定不会同意，那干脆先出家再说。反正，出家也不是做坏事，不是杀人放火，而是行善，是做一件对自己、对社会有益的事。所以，赶上个仪式，她就在佛光山剃度了。她安慰自已：“释迦牟尼佛出家时，也没跟父亲报告呀，如果报告了，他身为王子，绝对出不了家。”

世上没有不透风的墙。没过多久，家里人就知道了。母亲托人传话给她，谎称她舅舅病重，要她赶快回去看看。依空心想，正好母亲的生日也快到了，便买了一个大蛋糕，下了山。

那时，回宜兰得经过台北转车。依空有两个哥哥，二哥博士毕业后，在台北一所大学当教授，他也坚决反对依空出家。“妹妹，你好不容易完成了大学教育，不仅自己付出了心血，父母也付出很多，现在要出家，不是浪费社会资源吗？”依空不语。二哥又问：“妹妹，你是不是爱情不如意，还是有别的什么原因？”依空哭笑不得。

可毕竟是兄妹，她这趟路过台北，还是要告诉二哥一声。到台北火车站，见去宜兰的火车还有十多分钟就要开了，她才给二哥打电话，知道他要赶来也来不及了。

打完电话，依空上了火车，想象二哥气急败坏的样子，觉得很开心。

火车上并排有两个座位，她的边上是一位男士。火车缓缓移动，依空拿起一本书看起来。这时，她听到一个熟悉的声音对旁边的男士说：“先生，我可以跟你换一个位置吗？”她大吃一惊，抬头一看，怎么是二哥？她没问他是怎么赶过来的，这已经不重要了。两兄妹就在火车上开始了谈判。

二哥：“你不想结婚也没有关系，我会把我的小儿子过继给你。”

依空：“干吗那么累赘？我没有能力养儿防老吗？根本就不是那么回事，你压根儿就不了解我出家的理念。”

二哥：“你现在做了这件事，伤了父母的心。”

依空："我是成年人了，受过高等教育，我做的事，我自己负责，我会跟父母解释。"

"父母能接受吗？你太伤人了。"

依空心中生气：你做什么事征求过我同意吗？我出家是我自己的事，为什么要征求你同意？话到嘴边，她想到了师父星云讲过的一句话，"过头的饭可以吃，过头的话不能讲"，因为过头的话一说出口，可能会一刀斩断兄妹之情。于是她忍了忍，咽了下去，只答了一句："反正我就这样了，你看着办吧！"

见她油盐不进、朽木不可雕也的态度，二哥异常气愤。他从旅行包里面拿出一把刀，在她面前晃了晃："难道你真的死不悔改？"

依空说："你不用杀我，我自己也准备了。"她腿上的绑带里，也藏有一个剃头用的刀，那是日本出产的小刀片。她早就想过，要是这次回家还有人反对她，她宁肯去死也不妥协。她伸手从绑带里取出刀片，情急之中，把自己的手给划破了，殷红的血流了出来。

二哥见她流血，赶紧放下自己手中的刀，一把抓住她的手："怎么回事？"他明白了，依空随身带着刀，她根本不怕死，看来出家是死心塌地，无可挽回了。他失望地收起刀，再也没说什么，人各有志，随她去吧！

火车到达宜兰，一下火车，大哥、大姐、二姐、五姐，兄弟姐妹全围上来，老鹰抓小鸡一般，把依空连推带拉，塞进了一辆三轮车，生怕她跑了。

回到家，兄弟姐妹轮番责骂她："爸爸听说你出家了，本来就有病，一着急，一口气憋在心里，一张口'哇'的一声吐出血来，都是因为你！"

"你自作主张，父母为了你命都快丢了！"

"你这样做，对得起父母吗？"

依空默默地承受着。待兄弟姐妹说完，她直奔父亲房间。父亲躺在那儿，昏睡着。

依空喊："爸爸，您看谁回来了？"

父亲睁开眼睛，看到依空，泪水顺着眼角滚下来："你这孩子，总算回来了。"兄弟姐妹们看到父亲哭了，也跟着哭起来，全家人哭得稀里哗啦。依空尽量控制着自己，让自己不要心乱，不要动摇，心中一直默念："观世音菩萨，观世音菩萨……希望能改变他们的心态，希望他们能对我多一份理解。"

一片哭声过后，又是苦口婆心的劝说。依空不怪他们，因为他们不理解出家的意义，而且这也不是一时半会儿能解释清楚的。她回到自己的房间里，盘腿而坐，觉得真是秀才遇到兵，有理说不清，不知如何是好。如此冥思苦想了三天三夜，竟然没吃没喝。

父亲就躺在那儿，一直盯着她的房门。最终一声长叹："她不止是三天三夜没吃没喝，而且连厕所也没去。"

兄弟姐妹怕她这样下去会出人命，又来劝她吃饭，给她准备了很多好吃的，还不敢给她送荤的，全是素的。即便如此，大家仍希望她放弃出家，有人还专门给她买了一顶假发，想让她戴上。

她很无助，心想：师父啊，难道我就只能出家几个月？难道只有下辈子再做出家人？

她再次拿出小刀片，看看手腕，上面有三根青筋，割哪一条会快一点结束生命？就要下手时，她突然悲从中来，“哇”的一声大哭起来。

家里人不知道她怎么了，跑过来抱着她，跟着哭起来，哭成一片。

过了一会儿，她镇定下来，告诉大家她要以身殉道：“我心已决，难道你们不想让我好好地活下去吗？”

父亲已经坐起来，静静地看着她；两个哥哥站在父亲身后，也默默地看着她，所有人都不再说话了。

这一夜，她总算睡了一觉。第二天早上，她起来后，大哥和二哥突然对她说：“你走吧，回去吧，以后你的事，我们统统不管了。”

依空愣住了。原来，父亲已经看明白了，他跟其他儿女们讲：“你们看她，出家的决心有多大！她是成年人，受过高等教育，做过老师，这条路是她自己选择的，我们怎么阻拦她？她自己的路让她自己走吧！”

就这样，她高高兴兴地走出了家门。多年后，她拿到文学博士学位，在佛光山的弘法事业中大放异彩，穿梭于各大学，化育学生。每当回想起这段往事，她都特别感谢父亲和二哥，是他们让她经受了一次重大的考验，让她体会到自己出家的决心有多坚定。她的选择就像射出去的箭，不可能回头。

捍卫僧袍的“富二代”

慧宽法师跟随星云出家的故事也很传奇。这个“富二代”是彰化员林人，父亲赖义明是富豪，家里很有钱，别墅、网球场一应俱全。不过，赖家全家都信佛，赖义明是个居士，更是佛光山的功德主。

因为父亲与佛光山的渊源，慧宽15岁就认识了星云。小时候，他经常到佛光山参加夏令营，还曾两次在佛光山短期出家。时间虽短，但他觉得出家人生活并不枯燥，反而丰富多彩，能帮助很多人。师父讲经也不古板，而是幽默风趣，他每次都听得入神。他边听边想，自己将来要能像师父那样到处给人讲课该多好啊！

18岁时，他虽然还在台中商学院读书，可出家的念头已日渐清晰。有天晚上，他在床上翻来覆去睡不着。“不行，今晚必须跟父母提出来，我现在就要出家。”于是，他一骨碌从床上爬起来，敲父母的房门。

父亲问：“这么晚了，都睡了，有事明天再说吧！”慧宽说：“不行，有急事，必须现在说！”父亲让他进去。他坐在父母的床边，认真地说：“我想了很久，决定要出家，希望你们恩准。”

他哪里知道，此话正合父亲心意。赖义明早就跟星云商量过，要把两个儿子都送到佛光山出家。星云觉得，赖家两个儿子都给他，有些不妥，他没那么贪心：“只送我一个就够了，另一个留在家里照顾你们老夫妻俩。”

赖义明不服气：“佛光山兄弟姐妹一起出家的例子很多，为什么我两个儿子不可以？”

星云只答了一句：“各有因缘。”

打那以后，赖义明就打算把大儿子留下，把小儿子——也就是后来的慧宽——送到佛光山出家。

此时，赖义明听了小儿子的话，喜在心里，却故作镇定：“你还在念书，为什么着急出家啊？”

“星云大师今年已经六十有三，我想跟大师出家应该越早越好，太晚了不知将来会怎么样，总之大师年纪越大我出家越晚，跟他学到的东西就越少。”

“出家可不是个小事，出家人一生清贫辛苦，你可是个公子哥，从小就没吃过苦。你要想清楚，出家了就不能再回头。凭我这张老脸，你可不能今天出家，明天反悔，那我以后可就无法见星云大师了！”父亲怕年轻人一时冲动，给他敲敲警钟。

“哪能呢?！出家是我自己的选择，您二老就放心吧，我不会给你们丢脸的！”慧宽第二天一早，就给星云写了封信：“师父，我想跟您出家……”

星云没说行，也没说不行，只是让他在周六、周日不上课的时候，到佛光山和僧团住在一起，先尝试一下。试验了一段时间，慧宽觉得不错，再次要求出家。两个月后，星云答应收他为徒，但让他继续读书，学费改由佛光山出，条件是必须完成好学业。

“请师父放心，我会好好读书的!”慧宽向星云保证。

“只要你安心，我就放心。”星云说，“你出家还不到3天，又没上过佛学院，没受过专门的训练就回到社会上，学校里男男女女，你长得又帅，活泼爱玩，一定要安心学习……”

就这样，慧宽穿着僧服回到校园。同学们都惊呆了，还以为他是在搞恶作剧呢！保守的校长更是跌破眼镜：课堂上怎么多了个僧人？这可是个正规的学校，他怎么进来的？老师跟校长解释：“他原来就是我们的学生，而且成绩非常好，门门第一。”

但校长还是看了别扭，让教官找他谈话。教官来到慧宽面前：“这位同学，你的成绩不错，但明天不可以再穿僧服进校门，要穿校服，知道吗？如果明天不穿校服，记大过一次；后天不穿校服，再记大过一次；第三天还不穿校服，退学!”

慧宽赶紧给依空打电话。他老家是由依空负责传教弘法的，他遇到什么事，都请教依空。

依空可是佛光山有名的要以身殉教的人，她毫不犹豫、斩钉截铁地告诉慧宽：“头可断，血可流，僧服不能丢!”

第二天，慧宽依然穿僧服上课，没有人来找他，也没有给他记大过。第三天，继续穿僧服，还是没有记大过。第四天，仍然没有。他觉得奇怪，是他们忘了吗？

后来，老师告诉他，所有教过他的老师，联名写信给校长。大意是：这么好的学生，成绩每次都是第一，为什么他出家了就一定要逼他退学？他在学校犯了什么错误吗？学校里那些抽烟的学生、考试作弊的学生，你们不去处理，而是要把一个大家都很喜欢的学生开除，我们不能接受。如果学校对他采取行动，我们就不上课了。

校长只好妥协，记过和退学的事就拖了下来，但有个条件：他不能参加毕业典礼。因为，成绩第一名的学生居然是个僧人，这也太让学校没面子了。

过了半年，慧宽毕业了。毕业前，有不少公司到学校来调档案，提前录用毕业生。他成绩好，品德优，被一家在台的日本公司看上了。公司人力资源部的人到学校来考察，碰巧他不在，就向其他同学打听。同学们反问：你们公司要录用他啊？他是不可能去你们那里上班的。

“为什么？他不喜欢日本企业？”

“不是。外企挺好的，工资肯定不会低。”

“那是怎么回事？他精神方面有问题？有问题也不可能有这么好的成绩单啊！”

“哈哈，他非常正常。”

日企人力资源部的人更奇怪了，一定要等着见见此人的真面目。结果一见面，发现是个僧人，眼睛都瞪圆了。很快，他们像明白了什么似的：“法师，你有没有可能脱下这僧服，到我们公司？我们会给你很高的待遇。”

“谢谢你们看中我，这不可能，我已经有工作了，单位在佛光山。”慧宽笑着说。

“你这样的人才，怎么能出家？你不觉得可惜吗？”

“人各有志，我既然踏入佛门，就不可能再还俗。实在对不起二位，让你们费心了，我请你们吃个饭吧。”慧宽说完，带他们在附近吃了个自助餐。

三人边吃边聊，慧宽解释自己为什么要出家以及出家的经过，两位日企人力资源部的人听得津津有味。后来，这两人竟然都皈依了星云。

毕业离校前，要照合影。校长说：“慧宽不能进来照，集体照里面怎么能有个出家人呢？”

“那好。”同学们说，“等校长他们照完了，我们自己再重新照。”所以，慧宽现在珍藏的毕业照，一张是有他、没有校长的。还有一张是有校长的，而他的头像是PS上去的，比别人的还要大，而且就放在校长脑袋的后上方。

毕业后，慧宽高高兴兴地回到佛光山，向星云报告：“师父，我学完回来了。”

“回来就好，你没有被‘老虎’吃掉就好。”星云所指的“老虎”，是学校里的女生。在台湾，往往把女人比喻成老虎。星云借此跟慧宽开了个玩笑。

慧宽回到佛光山后，按星云的要求，到处弘法，特别是到校园里演讲。他结合古德法语（以古代高僧大德在修行佛法中所领悟萃取的智慧写下的精华文句）与流行歌曲，以轻松活泼的方式讲述佛经，深受学生和家长的欢迎。他在台湾的初中、高中及大专院校讲了700多场，声名鹊起。终于有一天，母校的新校长找到他：“你到处讲经弘法，为何从来不到母校讲？我们决定选你做荣誉校友，邀请你回母校演讲。”慧宽听后，真是再高兴不过了。

慧宽不仅演讲有一套，管理也很有方。他思路清晰，妙用佛法，深得星云信任。这位“佛光山年轻一辈的表率”，在一千多徒众中脱颖而出，20多岁就当选为佛光山最高领导机构——宗委会的委员。星云后来在为慧宽的书《自在——人生必修的七堂课》作序时写道：“慧宽出家17年来，果然不负我望，不仅成为佛光山最年轻的宗务委员，也是最年轻的都监院院长，负责处理协调佛光山总部的各项弘法活动和全世界两百多个道场的行政总策划，就任三年多的时间里，慧宽任劳任怨，很称职地完成了这项任务。”

慧宽的父亲赖义明，看到儿子如此擅长讲经传教，干脆拿出钱来，在佛光山建了一座讲堂，还提供了一栋三层楼的房子给佛光山做书局。星云对赖义明笑道：“你就像嫁女儿一样，孩子出家，还有‘陪嫁’。”

没过多久，赖义明觉得，这个讲堂还不够用，又把自家隔壁的土地也捐了出来，建了一栋更大、更庄严的道场，叫员林讲堂。他告诉星云：“我学佛以后，赚钱生活已是小事，现在的人生目标，就是要赚钱供师父弘法建寺。我要把这笔钱作为专用基金。”此后，这笔基金对佛光山创办大学、办报纸、办电视台等，都起到了很大作用。

赖义明夫妇在佛光山极受欢迎，他们不论走到哪里，大家都热情地喊他们“宽爸爸”“宽妈妈”。每每此时，他们都非常欣慰：“我们送一个儿子出家，却换来一千多个儿女，值了！”

佛门“亲家”

星云的弟子中，还有一个非常奇妙的现象，那就是不少人往往来自同一个家庭，或是一个家族的亲戚。这种“裙带关系”相当普遍。走在佛光山，你看着看着，会发现这儿是一家三代，那儿有一家两代，有的是兄弟一起出家，有的是姐妹同时出家，甚至兄弟姐妹都出家的也大有人在——

佛光山现任都监院院长慧传法师，他的外公李决和晚年跟随星云出家，他的姨母是慈庄法师，他的哥哥是慧龙法师；

曾在台南科技大学教书的觉元法师，与妹妹妙兆法师两人，也是双双入道，后来分别担任佛光山台南别院和新竹法宝寺住持；

曾在香港中文大学教书，现任上海星云文教馆住持的满莲法师和她的两个妹妹满醒法师、妙文法师，才华横溢的三姐妹都在佛光山出家；

……

当然，也有因为孩子出家，与星云闹得不愉快的家长。来自台东的孔祥玲和孔祥珍是一对姐妹花，两人大学毕业后，双双追随星云到佛光山出家。她们的母亲是个居士，倒是乐观其成。然而父亲孔健却坚决反对。孔健是孔子第七十代孙，服务于教育界，是一位标准的儒家学者。在他眼里，两个女儿出家全是星云的“罪过”，不但写信恐吓星云，甚至扬言要杀掉他。

其实，孔家两个女儿出家后，星云经常鼓励她们回家探望父亲，给予宽慰。没想到不久孔太太过世，孤独的孔老先生觉得失去了太太，女儿又等于“白养”，悲愤交加，把怨恨统统撒到星云身上。星云体谅他的心情，听说他喜好石头，特地购买了一些奇石赠送给他。终于有一天感动了他，使他回心转意，开始以女儿为荣。

两个女儿出家后还继续深造，一个进了四川大学博士班，另一个进了武汉大学博士班。孔老先生经常到大陆探视两个女儿，因而在大陆认识了一位情投意合的女士，后结为伴侣。两个女儿感谢继母对爸爸的照顾，对继母孝顺有加。孔老先生收获了如此奇缘，更加感谢星云。

其实，星云对出家人的父母都很尊重，称他们为“亲家”。这也是从他的师父志开上人那里传承下来的。他清楚地记得，在他出家不久时，志开上人为了感谢他母亲，写了一封信给她，开头就是“亲家大人慧眼”。由此，他才知道，原来出家儿女的父母跟佛门的师长还可以成为“亲家”。

如今，星云回想起来不胜感慨：“数十年前，我开创佛光山之后，一些年轻男女陆续到佛光山学佛出家，忝为师长的我，有千余名入道弟子，所以‘亲家’也有千余户之多。这么多佛门‘亲家’，他们护持佛光山，不仅把子弟送入佛门，而且还随着儿女在佛光山担任义工，奉献心力，真是让人感动不已。”

为密切与“亲家”们的关系，星云定期在佛光山举办“亲属联谊会”。每逢此时，弟子们的父母和亲属都会赶到佛光山。有些地方的“亲家”比较多，还会一起包机来。利用这个机会，星云向“亲家”们报告孩子们的状况。平时，星云也要求弟子们必须对自己的父母孝顺，允许他们回家探亲。每当哪位弟子的父母过生日，他都事先准备好钱，或准备一个礼物，让弟子带回去。这些做法，一反过去出家人少与亲人来往的习惯，让“亲家”们觉得很放心。

星云对“亲家”们的关心，也促使弟子们对自己的父母更孝顺。

“以前我们在家里会经常和父母顶嘴，但是很奇怪，出家以后，却会常常打电话回家问候他们，对父母更孝顺了。有什么好东西，总想着要孝敬父母。”一位法师说。

生离死别的眼泪

对那些未能如愿出家的在家弟子，星云同样和他们保持密切关系，对他们充满关爱。赵翠慧一家三代与星云的缘分，就是一个典型的例子。

1969 年，佛光山举办第一届大专佛学夏令营。有一位活泼、漂亮的姑娘跑到星云面前，说：“师公，外婆、爸妈叫我来问候您！”

星云一看，只觉这姑娘十分面善，可一时想不起她是谁的女儿，便问她叫什么名字。姑娘答道：“我是中兴医院院长赵寰村的女儿，叫赵翠慧。”

星云恍然大悟。20 年前，他初到台湾，挂单在中坜圆光寺。有一天，一位老妇人携女儿来到寺里。女儿在一所小学担任老师，但一心要剃度出家。当时的住持妙果老和尚就问寺里法师们的意见，大家都没出声，只有星云反对。他说："我不是反对出家，是认为这位小姐在学校教书，可以在学校、社会散播菩提种子，岂不更好？何况，眼下的寺院，青灯木鱼、打柴烧饭，还没有很多弘法利生的工作可做。"

说完，星云又转过头来，勉励这位女教师："心出家比身出家更重要。"并送了一串念珠给她，祝她未来佛缘不断。如此，这位女教师就随母亲离开寺庙回家了。

星云怎么也没想到，没出家的女教师，结婚后已经有了这样一个妙龄女儿。

想到这里，星云对赵翠慧开怀笑道："小姐啊，小姐！若没有我当初的一句话，你现在还在天上飘啊飘的，不会来到这世间呢！"

由于这段缘分，赵翠慧总觉得，自己的生命好像是星云给的。每次看到他，她心中都有说不出的亲近。一个月的夏令营生活结束后，赵翠慧不禁向星云请求"代母出家"，哪知星云又搬出一样的话："你是师范大学的学生，可以在学校好好培育学生，为社会众生做更多的事。你在家护法，也是很重要的啊！"

赵翠慧没想到，她穿的是自己的鞋，走的却是母亲的路。别了佛光山，她回到学校读书、教书、做人妻、为人母，举家移民加拿大……匆匆竟也 20 年。

那年她38岁了，任温哥华中文学校校长，在华人小区非常活跃。当时，佛光山的国际佛光会要在温哥华地区建立佛光协会，赵翠慧受托找一处学校大礼堂举办成立大会。参加筹备的人并不知道赵翠慧与星云的因缘，自然没有告诉星云托付的人是谁。但赵翠慧到机场接机时，星云与她20年不见，竟然一眼就认出她来。协会成立后，星云推荐她担任温哥华佛光协会会长。

此后，赵翠慧全力以赴。为了筹募佛光大学建校基金，协助策划“佛光缘书画义卖会”，发起路跑等活动；在温哥华的大学里举办数千人参加的佛学讲座；邀请加拿大篮球队到台湾地区，代表国际佛光会参加“琼斯杯”篮球锦标赛；为能更好地给佛光会成员授课，她努力学习，考取了佛光会檀讲师资格……正当她为佛光会竭尽全力时，却意外地发现自己患上了肺腺癌。

生病后，赵翠慧去温哥华北部的一座城市休息，星云正好路过，两人在那里相遇。星云看到她消瘦得弱不禁风，心里十分难过。他让身边的人退下，单独和赵翠慧说话。

“小慧，身体情况怎么样？”

“情况很不好。”

“怎么治疗？”

“医生已经不开什么药了，只能顺其自然。”

星云见赵翠慧的头发在化疗后变得枯干凋谢，便用手摸了摸，然后将目光移向远方，两行眼泪悄然而下。赵翠慧说：“师父，您不要哭，不要难过，我不孝，先走一步，您一定要保重!”

星云长长地叹了口气：“我当然会难过、会掉泪，我还是人哪!”

看着小慧的模样，星云仿佛看到了另一张和她相似的脸庞，见到了另一幕相似的情景。那就是赵翠慧的亲舅舅陈汝功。陈汝功十几岁时，因为姐姐出家未遂的插曲，常常到圆光寺找星云，两个人感情很好。星云经常教他抄经、学佛。18岁那年，有一天，他正在寺院里玩，突然间一只疯狗跑过来，狂咬在那里嬉戏的小孩子。陈汝功赶紧抱起两个孩子，自己的一只脚被狗咬到，得了狂犬病。

星云天天去医院看他。临终时，陈汝功要星云救他。星云抱着他，要他乘愿再来，和他“跑马拉松般”一起布教弘法。陈汝功答应了星云，含笑而终。

也许是“外甥像舅”的遗传，赵翠慧无论模样还是动作，都有些像她舅舅陈汝功。星云看着病中的赵翠慧，触景生情，不禁悲从中来。

1999年的一天晚上，赵翠慧的先生在家里给她“拔罐”时，她昏迷了，直到深夜一点多才醒过来。她的先生一夜没合眼，守护着她，到了第二天上午，她又昏迷过去，亲朋们都赶来了，围在她周围。她的瞳孔开始放大，直视远方——她看到一个很大的屏幕，闪着很亮很强的光，她迎着光往前走；她听到了音乐，非常美妙；她还看到了很多美丽的布料，在那里飘来飘去……她继续迎着强光往前走，突然，她停下了脚步，想：这里如此舒服，应该回去告诉大家……她恢复了知觉。

她的先生以为她是回光返照，赶紧拿起电话打给星云。星云吩咐大家帮她稳定情绪，并把话筒拿到她耳边。她听到了师父安慰的声音，她对那头说："师父，您不要担心我。"她觉得自己的声音很大，一字一句说得很清楚。可师父仍是不停地安慰她："小慧，不要怕，我马上就过来！"

当星云连续讲了三遍同样的话后，她才知道，师父根本没听到她在说话，她的声音微弱到没有人能听见。

庆幸的是，等星云赶到时，她已完全清醒。星云对她说："你不要害怕，因为你心无挂碍。当你心无挂碍，就没有恐怖。"勉励她放下牵挂，信念会帮助她康复。星云还说："菩萨让你重回人间必有旨意，康复后就去和大家说说你的生命体验吧。"

赵翠慧从此更加珍惜自己的生命，她牢记师父的话，到亚洲、美洲、欧洲和澳大利亚进行了近千场"濒死经验"的演讲，告诉大家"热爱生命、活着真好"。

这一番死而复生后，她对余生的事业更加坚定了。她借助到处演讲的机会，学习星云的做法，弘扬佛教。她担任了佛光会台湾北区协会的会长，一做就是 8 年，让分会发展到了 160 多个；她还是读书会的主持人，为推广"人间佛教"全力以赴。星云对她称赞有加，说她是他拣选的重要"佛光种子"之一。

"小慧很有人气，走到哪里，围着她说话的人总是越聚越多。她的专长是懂得广结善缘，不吝与人分享，以布施为乐，对别人的困难有求必应。也因她与人为善的个性，累积了四面八方的好人缘。我交给小慧的任务，她总能动用好人缘去完成。对我，她除了恭敬以外，更有一份熟稔，仿佛亲人一般。直到今天，她的两个孩子也长大成人了。她对佛光山的各项事务及活动，还是孜孜不倦地参与。”星云说。

赵翠慧的一双儿女也是虔诚的佛教徒，他们和母亲一样，对星云充满了爱戴，配合母亲做了很多佛事和善事。

所以，星云说，他的出家弟子和在家弟子，在他的弘法事业中同等重要。佛光会里数以万计的会员，都是他的在家弟子，他们对修行的自觉自愿，对佛教的虔诚，都不亚于那些出家弟子。

第五章

静静的革命

提到『革命』，一般人听了都会感到害怕。
星云说，他要进行的宁静革命，
是让大家在不知不觉中，
乐意接受佛教的改革，
以此来促进佛教的发展。

佛光山的开山，于台湾地区，于佛教界，都是一桩大事，一个标志。从建筑风格到日常生活，从举止言谈到弘法风气，佛光山的点点滴滴，由表及里，都与深山古刹、世外丛林不同。它是入世的，明亮的，有蓬勃的阳光气息。

为什么？

法师们说：“这与师父的佛教思想和所倡导的理念有关，他认为佛教要发展，必须与时俱进，推行‘人间佛教’，既要继承佛教的优良传统，又要对一些陋习进行‘宁静革命’。”

弟子们说：“师父的这些做法，实际上是他早期在祖庭大觉寺和南京华藏寺所推动的‘新佛教运动’的继续。”

星云自己说：“我这种思想和理念的形成，最初深受太虚大师的影响。”

一代宗师

时光回溯到清末。那是光绪十五年的年底，公元 1890 年的年初，在浙江海宁，有一户吕姓人家，诞下一个男婴，乳名淦森。没过多久，父死母嫁，男孩在外祖母的抚养下长大，随着舅父断断续续读了几年书，学名沛林。13 岁时，他开始做学徒为生。世间的疾苦，让年幼的他对晨钟暮鼓的出家生活心生向往。16 岁那年，他前往苏州小九华寺，披剃为僧，法名唯心。后来，师祖奘年非常喜欢他，给他起了一个表字“太虚”，并带着他到宁波的天童寺，随寄禅和尚受了具足戒。

年轻的太虚记忆超群，聪慧过人，寄禅和尚对他用心栽培。后来，太虚结识了一名华山法师，此人学过西学，而且有革命思想，他给太虚看康有为的《大同书》、梁启超的《新民说》、章太炎的《告佛弟子书》、严复的《天演论》等。这大大激发了太虚“以佛学救世”的理想。

不久，太虚又结识了革命僧人栖云。栖云加入过同盟会，曾与徐锡麟、秋瑾等人密谋革命。太虚深受栖云革命思想的影响，阅读了《民报》《新民丛报》及邹容的《革命军》等书刊，“中国的佛教亦须经过革命”的思想在他心中确立了。

1912 年元旦，辛亥革命成功，民国成立。1913 年，寄禅和尚圆寂。此时，佛教界积弊已深：太平天国宣扬的拜上帝教，几乎造成佛教文化的断层；数十年的内外战火，破坏了传统的僧人培养制度；生存的艰难，让不少寺庙忙于在白事丧事、神神鬼鬼上讨生活……于是，在寄禅和尚的追悼会上，太虚提出了“教理革命”“教制革命”“教产革命”的佛教三大革命。

教理革命，是要革除愚弄世人的鬼神迷信，积极倡导大乘佛教自利利他的精神，去改善国家和社会；教制革命，是要改革僧众的生活和组织制度，建立起适应时代需要的住持僧团；教产革命，是要把过去按法派继承寺产的旧规，改为十方僧众公有寺产，并作为供养有德长老，培养青年僧伽，兴办佛教事业之用。

这让佛教守旧派一片哗然，大加反对。太虚便在普陀山闭关三年，又云游日本和中国台湾地区。直到 1918 年回大陆，他的佛教改革运动才正式开始，“志在整兴佛教僧会，行在瑜伽菩萨戒本”。他认为，要从出家的僧人和在家的居士两方面来整顿佛教，相辅相行。并明确提出改革的方向是建设“人生佛教”，以大乘佛教“舍己利人”“饶益有情”的精神去改进社会和人类，建立完善的人格、僧格。

就在 1918 年，他与陈元白、章太炎、王一亭等名士在上海创设“觉社”，主编《觉社丛书》，第二年改名为《海潮音》月刊。这份月刊持续办了数十年，从未中辍，成为中国持续时间最长、影响最广的佛教刊物。

年少的星云正是这本刊物的忠实读者，他对太虚大师十分崇拜。“当初，我在焦山佛学院读书时，就从同学口中听说了太虚大师的名字，生起跟随之念。我想，只要能为佛教奉献，即使粉身碎骨，我也绝不懊悔。尤其是佛学院举办讲演比赛时，听同学们慷慨激昂地高呼‘愿为复兴佛教而奋斗’，我也跟着热血沸腾，恨不得冲向前去加入他们。可是，徒有热情还不够，复兴佛教的现实基地在哪里呢？我不知道。复兴佛教的领袖太虚大师在哪里呢？远在重庆，遥不可及。我们无法付诸行动，只是心里很清楚，‘复兴佛教’已经是我们不容逃避的课题，我们必须做好担负这份责任的准备。”

1945年，抗战胜利后，太虚大师从重庆回到南京，在焦山举办中国佛教会会务人员训练班。年轻的星云有幸参加了这个班，十分激动。“我知道佛教要革新，就应该从佛教会开始整顿。这时候，中国佛教整理委员会也预备在南京举行第一届大会，打算推选太虚大师担任会长。眼看就要有机会聆听太虚大师的教诲了，可是晴天霹雳，1947年，太虚大师竟在上海圆寂了！消息传来，我感到‘人天眼灭’，好像佛教的末法时代来临一般，顿觉整个世界暗淡无光。”

那段日子，星云失魂落魄。“我本来觉得，太虚大师有条件当领袖，我可以追随他，没想到一切都幻灭了。我茶不饮，饭不思，真是如丧考妣一般。后来觉得，佛教改革也不能只靠太虚大师一人，便把希望转寄到在斯里兰卡大学教书的法舫法师身上。”

法舫法师是太虚大师的入室弟子，出生于1904年，俗姓王，曾经留学印度，一生追随太虚大师。太虚大师圆寂后，法舫法师前往斯里兰卡等地讲学。此时，星云已经到了台湾地区，他虽不认识法舫法师，却凭着一腔热情，不断以函电催请其到台湾，希望他能担任“中国佛教会”的会长，由他来挽救佛教。“然而遗憾的是，不久就听说他死在教室的走廊上。那时，我人在中坜圆光寺，得知消息，再一次感到天崩地裂，3天粒米未进，躲在一个小房间里哭泣，因为我不知道，佛教今后还能靠谁来领导。”

星云环顾台湾佛教界：“除了慈航法师有新意、东初法师有理想之外，其他大多是佛教的保守派。尤其台湾的神道教盛行，很多人根本分不清神与佛，平时只知道拜妈祖，拜王爷，根本不知道佛是何名，教是何义！”

激愤之下，星云在中坜圆光寺里再次拿起笔，开始编辑《觉群》杂志——这本杂志原本由上海市佛教会发行，旨在宣扬太虚大师革新佛教的思想。后来，大同法师把它带到台湾，因一时无人编辑，星云便大胆上阵，担任主编。没想到，他才刚编了一期，就因是“大陆来的出家人”被台湾警察抓走，关了23天，杂志也就无疾而终了。

出狱后，星云“江山易改，本性难移”，继续写文章，投稿到各个报纸杂志和广播电台，宣扬革新佛教的思想和理念。他牢记太虚大师提出的“教理革命”“教制革命”“教产革命”，决定以“宁静革命”的方式开始他的实践。

“提到‘革命’，一般人听了都会感到害怕，以为要打倒别人，革人家的命。”星云说，他要进行的宁静革命，“是让大家在不知不觉中，乐意接受佛教的改革，以此来促进佛教的发展。”——的确，那些照耀了人类文明进程的宗教革命，往往都伴随着腥风血雨。在西方，从中世纪政教合一的天主教，到近代政教分离的新教，经历了绵延百年的宗教迫害和此起彼伏的宗教战争；在古代中国，佛教与道教，总是被卷入王朝的更迭、乱世的纷争，而后此消彼长；太虚大师主张对佛教进行三大革命，也是在国难深重时提出的。翻阅长长的青史，宗教的改革，鲜少能宁静地进行。而星云恰是在他主张的宁静革命中，逐步形成自己“人间佛教”的理念，并使之得以推行。

“教理革命”

我们问星云大师：“何为‘教理革命’？”

他深入浅出用具体事例解释道：“过去佛教一提到金钱，就说‘黄金是毒蛇’；一提到夫妻，就说‘不是冤家不聚头’；一提到儿女，就说是‘讨债鬼’。其实，佛教不是完全否定钱财，净财（来路正当的财富）也是弘法修道的资粮；佛教并非不重视伦理，而是积极倡导人伦道德；佛教不是批评家庭爱欲，而是提倡和谐净化的家庭关系。如果在家信众把黄金看成毒蛇、把夫妻视为冤家、把儿女看作讨债鬼，那么他还能拥有什么呢？这反而会使一般人吓得不敢亲近佛教。所以，我们要改良教理，让大家了解黄金不是毒蛇，所谓‘君子爱财，取之有道’，甚至‘用之有道’，就是功德善事。西方极乐世界不也因为黄金铺地，七宝楼阁，人们才欣然往生的吗？为什么佛教还要说财富是丑恶的、不好的呢？”

“对夫妻和孩子之间关系的看法也应该改变？”

"是的，夫妻相亲相爱，这是人伦之间重要的事情，就是佛陀也重视人伦关系，他不但为父担棺、为母说法，还特地开设方便法门，让姨母摩诃波阇波提夫人出家成为比丘尼。再说，佛教里有七众弟子，除了出家的比丘、比丘尼是独身，在家的优婆塞（男居士）、优婆夷（女居士）受持五戒、菩萨戒，是可以居家生活的。怎么到了现在，却演变成居士们一来到佛门挂单（住宿），马上就有人把先生带到东边去，把太太引导到西边去？佛门对于恩爱的夫妻，应该鼓励他们'有情人相聚'，而不是硬把人家拆散。难道夫妻人伦是丑恶的事吗？既然佛陀都允许在家信众受持五戒、菩萨戒了，为什么我们要更加严厉地对待他们，而不遵照佛陀重视家庭伦理的初衷呢？还有，儿童是未来的栋梁，佛经里也有许多讲述'四小不可轻'的事例，为什么我们还要将儿女说成讨债鬼呢？难道他们将来不能为国家社会担负起重大的任务吗？所以我觉得，为了佛教，应该大声疾呼：重视家庭人伦。"

星云大师是这么说的，也是这么做的。我们在佛光山住宿，夫妻都住在同一个房间。佛光山的法师们，非常孝敬自己的俗家父母。星云大师本人，更是对自己的母亲感恩深爱。

"在佛光山见到所有的法师都笑容满面，那种欢喜是发自内心的，与我们想象中的'苦行僧'完全不同，这是否也是'教理革命'的成果？"我们接着问星云大师。

"一般人以为，信仰了佛教以后，人生就是苦的。其实，佛教不完全是讲苦的，它更注重喜乐，佛经里不也讲极乐世界，讲欢喜地菩萨、喜乐地菩萨吗？甚至弥勒佛不也是主张

‘皆大欢喜’吗？为什么佛教还要一天到晚都讲苦呢？所以，我觉得佛教应该强调喜悦的生活、喜悦的心理、喜悦的人生。”

“佛教讲‘四大皆空’，喜悦人生是不是也是空欢喜？”

“‘四大皆空’，天也空，地也空，你也空，我也空，一切皆空，一般初学的信徒自然觉得这是可怕的事。但在我了解，佛法讲‘空’，是在建设我们的拥有。口袋不空，如何装钱？饭碗和茶杯不空，怎么能装入饭菜和茶水？没有空地，怎么能建房子？房屋不空，人怎么住进去？人的肠胃和五脏六腑没有空间，怎么能存活下去？因为‘空’，世间才有未来，生活才有希望，人体才能正常运转。我写‘一笔字’时，有时写到‘空’，旁边的徒弟就说，师父您不要老是写‘空’，人家不喜欢。我说‘空’是财富，怎么不喜欢？你不知道一坪的土地要几百万啊？空是很有价码，很高贵的！所以，把‘四大皆空’换为‘四大皆有’并没有违背佛意。有即是空，空即是有，何必一定把它说成‘空’，让人对‘空’有成见、有误解呢？不如从‘有’慢慢地知道‘空’。”

“那么，您又是怎么看佛教里讲的‘无常’呢？”

“佛教里讲起‘无常’来，都说世间无常、生死无常，也就让一般人闻虎色变，惧怕‘无常’。其实，‘无常’不是消极的，而是好可以会变坏，坏也能变好。例如：我愚笨，多读书就会变聪明；我贫穷，更勤劳自然可以致富。既然‘无常’具有积极的一面，可以让人生因为改变而充满希望，为什么我们还要恐怖于‘无常’呢？”

"佛教讲慈悲，很多人信佛后，经常去放生，您对放生有何看法？"

"佛教提倡放生，但是现在佛教徒让'放生'沦为'放生'的做法，实在叫人感慨。例如：某人要过寿了，他说：'你捕鱼来让我放生吧！'某人要结婚了，他说：'你捕鸟来让我放生吧！'结果，鱼在鱼篓里，还没来得及放生，就不知死了多少，这罪业该由谁来负担呢？你硬是把鸟儿捕来，拆散人家的家族，甚至让它在鸟笼里飞飞撞撞，还没放生就已经死亡，这罪业又该由谁来承担呢？放生者，应该重视生态，给予众生一个安全无虞的环境。不在溪河垂钓、不虐待动物，对生命不残杀、对生态不破坏，就是最好的放生。况且，佛教以人为本，在放生之上，更应该提倡'放人'，能够给人生路，给人因缘，能够帮助别人，让人获得幸福，才是最积极的放生。"

"佛光山所到之处，都能看到您提出的'做好事、说好话、存好心'的标语，这'三好'在您的'教理革命'中也有针对性吗？"

"有。因为很多人一听到贪、嗔、痴'三毒'就感到非常可怕，加上对佛教提出的解决办法戒、定、慧'三学'感到高不可攀，就觉得学佛也解决不了烦恼。我觉得，为什么不从积极的意义上去宣扬佛法，而要在消极的意义上打转呢？与其谈'三毒'，不如行'三好'，身做好事、口说好话、心存好念，自然就没有贪嗔痴了。"

"在皈依和受戒方面，您对佛教徒的一些做法有什么不同看法?”

“皈依佛、法、僧三宝是民主与平等，受持不杀生、不偷盗、不邪淫、不妄语、不饮酒的五戒是自由与尊重，意义非凡。可是，为什么现在佛教徒要把皈依三宝变成只有拜师父，把受持五戒变成消极的不杀、不偷、不淫、不语、不饮酒吸毒呢?其实，皈依三宝是表示本人信仰了佛教，愿以佛法作为人生指南，而不是拜某人为师父；受持五戒是做人的根本道德，其本质在于不侵犯而尊重别人。不杀生，是不侵犯别人的生命，更要积极地护生；不偷盗，是不侵犯别人的财富，更要尊重他人的财产；不邪淫，是不侵犯别人的身体，更要尊重他人的名节；不妄语，是不侵犯别人的名誉，更要宣扬他人的美德；不饮酒吸毒，是不损害自己的理智，从而不伤害别人，更要尊重他人的身心健康。

“对这些佛教的教理，历来解释错误、违背佛意的，还有不少。比如，批评人时常用一句话‘胡说八道’。八道，本是佛教的‘八正道’，八种修行之道。但佛教初传时，经过西域胡人聚居的地区，或许是因为胡人语言能力不够，对‘八道’理解的深度不够，无法清楚表达，在大家听不懂的情况下，也就姑且称之‘胡人说八道’了。后来变成了‘胡说八道’一词，就带有一点歧视的意味。其实，不仅是‘胡人说八道’，全世界有佛缘的人都在讲‘八道’。类似这样谬解佛理的情况常有，所以要对教理中存在的问题进行纠正。”

“我喜爱篮球等运动，在大陆佛学院就读时，没有体育课程，我曾经偷偷地自制篮球架，因而险些被院方开除。刚到台湾时，民风保守，我带着学生去打篮球，不料学生却一直躲避。我非常感慨，我做学生时，老师不准我打球；我做老师后，学生不敢打球。我只有徒呼奈何！近五十岁时，我才在佛光山东山顶上建了一座篮球场，可说是我一生中最欢喜的事了！”

“教制革命”

对于教制，星云主张要与时俱进，反对制度的僵化和不可改变。他首先从佛教的戒律谈起。

“佛家讲戒、定、慧，‘戒’放在首位。可惜当今有些人总爱引用‘佛已制戒，不可更改；佛未制戒，不可增加’这句话，把佛法牢牢地给定死了。其实，佛陀制戒是‘随遮随开’，是随着时代变化、生活习惯、文化风俗而改进的，如果坚持一成不变，使持戒和不持戒、反对和坚持之间造成太多的对立，佛教会灭亡在戒律之下啊！戒律不可更改，是千百年来守旧人士的固执。现今各国的宪法都要经常修正，戒律为什么不能予以修正呢？”

我们不禁问道：“在佛光山，比丘尼的数量要多于比丘；通过国际佛光会，我们又看到，出家人和在家人地位一样平等。这些，都是您对教制的一种改革吗？”

“对！这实际上是对四众不平等的纠正。当初，佛陀在菩提树下成道的时候发出宣言，‘大地众生皆有佛性’，并提出‘四姓出家，同为释子’‘是法平等，无有高下’，这就是在说明众生平等的道理——不但佛和佛平等，众生也都与佛平等。可是为什么在佛法流传开来之后，四众弟子之中，反而把比丘定于第一位，比丘尼不能与之同等？凡事只有出家人优先，在家众几乎没有给予护教弘法的立场和空间呢？其实，佛陀的出家弟子当中，比丘尼大阿罗汉也有数百人之多，但是在由比丘们结集的经典里，这些女众的名字却一概不提；1250位大阿罗汉中，也都没有提到一位女性罗汉。有鉴于此，为了彰显男女平等，佛光山在兴建佛陀纪念馆时，特地在菩提广场两旁的十八罗汉中塑了三尊女罗汉像。再说，把在家信众排斥在外，让人觉得佛教好像只是出家人的，不是信众的，这让佛教少了多少力量啊！几千年来，佛门里在家护法弟子虔诚信仰佛教，深入研究佛学，就算有很大的修为，也只能称作‘弟子’，而不能称作‘老师’，这实在有失公平，今日佛教应该还给他们一个公道。所以，国际佛光会有‘檀讲师’制度，让在家信众在世界各地弘扬‘人间佛教’。”

“实际上佛陀一直都是主张平等的？”

“是啊！佛陀也是人，不是神，他从来不标榜自己与别人不同，总是不断地重申‘我是众中之一’‘我在众中’。当初佛陀建立‘六和僧团’，也是这种平等精神的呈现。所谓‘六和’是：身和同住，是团体的共住；口和无诤，是语言的赞美；意和同悦，是心意的和谐；戒和同修，是法制的平等；见和同解，是思想的统一；利和同均，是经济的均衡。佛教里有这么好的思想，落实它，必然能增进弘法的力量。”

“所以在佛光山，您决不允许有性别歧视？”

“不错。比丘和比丘尼本来就应该平等，性别歧视的观念和思想必须纠正。我有一位信徒，本来是个空军军官，生养了5个孩子。早期军人收入低，他无法养活七口之家，最后连太太都离家出走，没有办法，他就把5个孩子送到佛光山育幼院，自己出家了。既然出家，就应该好好修道。但是有一天，他却向我投诉：‘佛光山没有规矩，慈惠法师、慈容法师见到我，都不向我礼拜，难道佛光山的比丘尼都不懂八敬法吗？’因为在八敬法里有一条规定，即使是80岁的比丘尼，见到年轻的比丘、沙弥也要顶礼。我一听，大为讶异：‘你真是不知道惭愧啊！你的儿女都是慈容法师、慈惠法师代为教养的，她们在佛教里都已经奉献了数十年，论资历、道行以及对佛教的贡献都在你之上，你凭什么要她们向你礼拜？’过去，有法师明确提出反对八敬法，结果遭到强烈反对。在佛光山，我根本不谈此事，反而静悄悄地成功了——如今佛光山的比丘尼和比丘地位完全相同。”

“对于传统戒法，您觉得其中有没有要改变的呢？”

“在沙弥戒里有十条戒法，除了不杀生、不偷盗、不邪淫、不妄语、不饮酒，还有不香花鬘（香味、气味芬芳）涂身、不歌舞观听、不睡高广大床、不非时食、不捉持金银宝物等。其中‘不睡高广大床’，沙弥年纪小，确实是应该简朴一点；‘不香花鬘涂身’，安于淡泊，老实修行，不标新立异，也确实是修行的正道。

“但是，时代走到今日，佛教需要以音乐来弘扬佛法，需要以舞蹈来接引大众，如果坚持‘不歌舞观听’，有些弘法活动就没办法举办，佛教渐渐地也就要随之没落了。过去，大迦叶尊者听闻琴音，心生欢喜，不自觉地就手舞足蹈起来，有人问平日严肃的大迦叶何以如此，他说：‘其实我早已对五欲六尘不起贪着，但是屯仑摩甄陀罗王的琴声是智慧之音，如同法音，一听就让人法喜充满，忍不住要踊跃起来。’可见，音乐、舞蹈也是一种度众的方法。

“另外，‘不捉持金银宝物’一戒，过去在印度不使用钱币。但是现代的社会，乘坐大众交通工具都要拿钱买票，不持金银又该怎么办呢？有的人或许会说事先备妥车票就好，但车票不也是有价票证，等同金银宝物吗？尤其现代佛教经常参与政府举办的社会救济活动，若是坚持这条戒法，如何救济众生？‘人间佛教’就是为了改善这样的情况而发展起来的。”

“人们都说僧人过午不食，可是在佛光山，我们看到你们三餐都有，这也是一种改革吗？”

“一直以来，许多人以为只要过午不食就会有很大的功德，所以从中午12点以后就不吃饭，等到第二天早上6点才吃早餐。过去寺庙里没有电，僧人天一黑就睡觉了，晚饭不吃没关系。现在，佛光山很晚都还在忙，不吃东西体力不支。我见过许多过午不食的人，他在中午必须要硬撑肚皮，连吃好几大碗或者一大盆的食物。其实，佛教讲究中道，饮食还是以适中为宜。常有寺院的住持方丈说：‘我过午不食，晚上只吃一碗面。’‘我过午不食，晚上只喝一杯果汁、一杯牛奶就好。’这许多自豪的说辞，往往造就了自己的虚假而不自知。其实，正常地吃，吃得清淡一点不就好了吗？有的寺院还因为过午不食的规定，本来一天只要花十块钱买菜就够的，却由于住众吃不饱，营养不足，而必须花上更多的钱买药来补助健康，造成寺院里的人都成了药罐子，实在是得不偿失。过去，鸠摩罗什门下四圣之一的道生大师就不拘泥于旧制，以一句‘白日丽天，天言始中，何得非中’并率先动筷进食，替宋文帝化解了设斋宴僧时开席时间超过午时，没有僧侣敢进食的窘境。”

“现在信仰佛教的人越来越多，各路人马以自己的师父为中心，甚至出现师徒之争，您怎么看这个问题？”

“确实，在佛门里，经常有徒弟喊出：‘这是我师父的！’‘那是你师父的！’心里只知道有师父，却不知道要护持佛教；也有师父说：‘这是我的徒弟！’‘那是我的徒弟！’把徒弟视为个人财产，而不把其还给佛教，‘教’与‘徒’分了家，也就削弱了佛教发展的力量。虽然也有人喊出‘三分师徒，七分道友’的口号，但佛门师徒之争仍然是佛教里为人诟病之处。我认为皈依不是拜师父，而是皈依佛法僧三宝，成为佛弟子。举行皈依典礼是为佛教增加信徒，而不是替个人收徒弟。为了避免教团的分裂，我主张‘所有出家人都是师父’。因此在佛光山，所有第二代僧众都是第三代的师父，没有师父、师伯、师叔之别，也就不会有分门别派的情形发生。”

“教产革命”

对于“教产革命”，星云大师认为，目前佛教界的确存在一些财产问题，亟须改革。

“具体有哪些问题呢？”

“一方面，佛教的财产是属于教会所有，寺院所有，还是各自所有，应该有个准则。有的寺产流为私有，甚至佛门净财为个人所有，没能用到弘法利生的事业上。佛光山的财产属于僧团寺院所有，不属于任何个人，这就是改革。另一方面，财产的使用由谁来决定，是教会决定，住持决定，还是会计决定，也应该明确。佛光山的财产使用由宗委会研究决定，这也是改革。再就是寺院里的‘油香’（供养的财物），也应该有个管理办法。普通的机关单位、公司团体都有会计出纳制度，现在的佛教也应该有财务管理，进行制度化管理。佛光山的制度是，管钱的人没权，有权的人不管钱。”

“您认为怎样才能用好寺院的净财？”

“佛教与世俗社会不同，寺庙一旦有了钱，就要把它用之于十方，广结善缘。钱用出去，没有了钱，大家才会一同想办法筹钱；钱多了，有所争执，就会增加麻烦。”

“寺院的经济来源主要靠什么？”

“在原始佛教时期，僧团并不重视收藏、储蓄，一切衣食用物都是建立在供养制度上，出家人以‘空’为荣。但是这在当时，也曾引起一些争端。例如：富楼那（释迦牟尼的十大弟子之一）主张今天吃不完的粮食可以留到明天，以防明天社会动乱或者闹饥荒、遭遇意外。但这主张却被大迦叶否决。所以后来，富楼那毅然出走，他说：‘你们听到佛陀怎么说，就怎么去落实；我听到佛陀这么说，我就这么去实践！’可以说，这就是教团为了财务问题而分裂的开始。佛教传到中国之后，最初寺院的经济来源都是依靠皇家赏赐田地，一赏就是几百亩、几千亩，甚至几万亩，寺院拥有了这些田地之后，瞬间成为大地主，渐渐地也就坐享其成，不肯劳动，反而阻碍了佛教的发展。好在后来中国禅门倡导‘农禅并重’，僧人自己植树、种茶、种菜，落实唐代高僧百丈禅师提倡的‘一日不作，一日不食’，寺院才又树立起教化社会的形象。到了近代，太虚大师也曾提倡‘农禅’，在社会从农业形态转为工业形态后，他又进一步提出‘工禅合一’。”

星云大师接着说：“现在，一般寺院的经济来源主要有几个方面：一是法会油香。寺院向来依靠香火来维持经济生活。二是经忏佛事。一般人信仰佛教，逢上喜丧婚庆，都希望能以佛教的仪礼来规范他的人生。三是四事供养。佛教初期的僧团多以衣服、饮食、卧具、汤药等四事供养为主，是僧团重要的经济来源。但少部分信徒不论法师的道行如何，全心全意给予供养，间接养成了一些出家人懒惰、攀缘的性格，甚至让道场成为某些施主的家庙。四是化缘。在人间，我给你一些缘分，你也给我一些缘分，缘分给来给去真是很美好的事情。有时候一些年轻出家人只管向信徒强行索取，硬叫人家出多少功德，这实在是化缘的缺陷。也有的出家人无所事事，拿个钵等在人家举行法会的门口，向往来的人士化缘。这就难怪有人要说‘寄佛偷生’了。其实，出家人把化缘的时间拿来用功，参禅念佛，有了道行之后，不必去化缘，信徒也会主动前来供养，那不是更好吗？五是出售书画艺术。一些清高的出家人，不过不劳而获的日子，发愤创造自己在书法、绘画上的成就，以出售字画的所得维持自己的生活。大名鼎鼎的弘一大师便曾如此。六是法物流通。寺院里一般都设有法物流通处，让佛教徒或社会人士获得各类佛教书籍、佛像法物以及佛教录像带、录音带等。七是弘法事业。寺院也可以创办电台、电视台，发行报纸，成立出版社，设立学校、美术馆等，以种种事业弘扬佛法，也能增加一些收入。八是观光朝圣。现今寺院大都设有接待信徒游客之所，这也能增加寺院一点净财收入。”

“太虚大师提出‘人生佛教’，您提倡‘人间佛教’，什么是‘人间佛教’？您怎么看？”

“‘人间佛教’不是哪一个人的佛教。不是因为六祖大师说过‘佛法在世间，不离世间觉’，就把‘人间佛教’归于六祖大师；也不是因为太虚大师有‘仰止唯佛陀，完成在人格’的思想，就把‘人间佛教’推给太虚大师；更不是因为慈航法师1946年在南洋创办《人间佛教》杂志，就说‘人间佛教’是慈航法师所发明。其他人就更不用说了。‘人间佛教’是佛陀的本怀，佛陀出生在人间，修行在人间，成道在人间，弘化在人间，佛陀所有的教言无一不是以人为对象，可以说‘人间佛教’就是佛陀本有的教化。在我看来，佛说的、人要的、净化的、善美的，凡是有助于幸福人生之增进的教法，都是‘人间佛教’。”

“有人说，太虚大师是‘人间佛教’的提倡者，您是‘人间佛教’的实践者，您是什么时候开始践行‘人间佛教’的？”

“‘人间佛教’其实就是我本来的性格。在我未出家之前，我就有与人为善、为人着想、给人欢喜、助人为乐、喜欢融合的性格。也许我的性格早已注定要成为一个‘人间佛教’的行者。”

“您推行‘人间佛教’的主旨是什么？”

“是要用佛陀的开示、教化，作为改善我们人生的准绳；用佛法来净化我们的思想，让佛法作为我们生活的依据，使我们的人生过得更有意义、更有价值。过去，佛教只是在寺院里，现在，佛教要普及到社会中，这就是‘人间佛教’所提倡的。‘人间佛教’就是要与生活结合，要利益大众，要能给人受用；佛教要走向社会，便要从事生产，所以我主张出家人要有三张执照，也就是至少要具备三种专长，包括策划、行政、说法、写作、建筑、驾驶、计算机等。总体来说，我这一生在佛教里，为了让佛教跟上社会的进步，在思想上，我无时无刻不在更新；在实践上，我经常不断地在做调整。虽然我知道佛教必须改革，但往往都不是一腔热血地去革新，而是‘宁静革命’，有进有退，有行有止。虽不能收立竿见影之效，然行之有恒，也会慢慢克服一切，达到彼岸。”

第六章

菩提种子

星云希望不再有孩子像他小时候那样没学上。
所以，无论走到哪里，
他都把育人放在第一位。

“以教育培养人才，以文化弘扬佛法，以慈善福利社会，以共修净化人心。”这是星云在开山之初，为佛光山立下的四大宗旨，第一条就是教育。所以，开山后建的第一幢正式建筑就是东方佛学院。

星云重视教育是出了名的，这缘于他从小的教育情结。

“我当初刚出家时，识字不多，又特别想读书。那时候，想找本书读是很不容易的。碰巧，由于日本侵华战争，栖霞寺佛学院附近一所师范学院的师生撤离这里，他们的图书散落到各处。这时，我们也顾不得寺院规矩如何，便四处去搜集图书，捡拾回来的图书有几大柜子，俨然一座小型的图书馆。

“在佛学院的同学们当中，我是年龄最小的一个，平时的寺务工作根本派不上大用场。于是，常住的大职事指派我去看守捡拾回来的图书。这可真是个好差事，我就成了这所‘图书馆’的管理员。而且，我那时还没有开始学佛法，正好可以在‘图书馆’里饱览群书。

“我至今都记得，自己看的第一本书是《精忠岳传》。其实，书中许多文字还看不懂，意思也不能全数了解，但对岳飞‘精忠报国’，他儿子岳云‘双锤大闹朱仙镇’，他女婿张宪与他一同被奸人所害等情节，印象极深。他们的英雄事迹，让我看得兴味盎然，情绪高涨。

“可惜，‘图书馆’中这类英雄事迹的书不多，我就接着挑一些民间通俗小说来看，如《七侠五义》《荡寇志》《封神榜》《隋唐演义》《儒林外史》《老残游记》等。久而久之，认识的字也就多了。一两年后，我已经能读懂《水浒传》《三国演义》《西游记》，以及《基督山伯爵》《少年维特之烦恼》《格林童话集》等中外名著。后来，‘图书馆’里的书，只要我看得懂的，全部看完了。

“那时候，真是到了废寝忘食的地步。这座简陋的‘图书馆’成了我的第一座知识宝库，书中人物的忠勇事迹，对我的一生影响巨大。”

星云希望不再有孩子像他小时候那样没学上。所以，无论走到哪里，他都把育人放在第一位。早在初到宜兰弘法时，他就察觉到当地民风虽然淳朴，但思想保守，现代教育尚未普及，尤其是缺乏完善的幼儿教育，于是他选派慈惠、慈容、慈嘉等弟子，到台中师范学院去学幼儿教育。她们毕业回来后，星云带领她们创办了宜兰慈爱幼儿园，这是台湾第一所佛教幼儿园，其教学、师资和设备均为宜兰幼儿教育之楷模，学生一度达到500人之多，后来还办了分园。

有了办幼儿园的经验，星云又陆续办起了小学和中学。高雄县冈山镇有一所普门中学，教学设施和质量欠佳。1977年，星云接办后，经过一番努力，很快把它提升为高级中学，并迁到佛光山，教学设施一流，规模不断扩大，学生数量剧增，现在在校生有1200多人，且90%的学生住校。

如今，星云不仅办了5所幼儿园，还办了好几所中小学。

台湾首批佛学士

真正的考验是创办高等学府。

1965年，星云在高雄创办了寿山佛学院，因地方狭小，只招收了26名学生。后来学生不断增多，寿山寺里容纳不下，星云便决意在佛光山新建东方佛学院。

听闻师父要建一座全新的校舍，寿山佛学院的全体师生立即卷起袖子，投入佛光山的建设中。他们挑砖搬石，满身泥土，却从不叫苦，反而兴高采烈。东方佛学院落成后，星云率领学生们在校园内栽种了18棵龙柏，以纪念寿山佛学院第一届学生中的18位出家众全始全终、同甘共苦的创校历史。

1968年1月7日，东方佛学院举行第一届学生毕业典礼，仪式很是隆重。第二天，台湾《中央日报》以“台湾首批佛学士”为题，在显著位置进行了报道。那时候，蒋宋夫妻极力扶持基督教，佛教在台湾还不是很普遍，这则新闻让整个台湾的佛教徒都为之振奋。

如今，东方佛学院已经走过了50个春秋，名声越过大洋，传向世界。2014年春节，东方佛学院院长永光法师陪同我们参观了校园。

校园坐落在山坳里，占地面积2万平方米。一进门，只觉得偌大的校园安静极了，似乎风都不会来打扰在此潜心修行的学子。校舍很简单，两栋乳白色的楼房，分为上下两层，下层是8间教室和一个专供上大课用的大讲堂；上层是寝室，住着来自16个国家和地区的180位在校生。学校不收他们任何学杂费，并免费提供食宿。连接两栋楼房的，则是一大片绿意盎然的草坪。

永光法师压低嗓音告诉我们："校园的后山还有一座大悲殿，当初建好了佛学院，为方便学生们做早晚课，所以赶快建了大悲殿。"

在如此安静的环境里，我们接下来的所有对话都如同耳语一般。

"这些学生是怎么招来的呢？"

"佛光山在世界各地有200多个道场，学生们通常是先接触到各地的道场，各道场会向佛学院推荐这些想学佛的青年；另一种情况是，学生们自己来佛光山参加夏令营等活动，觉得这里非常好，就来佛学院求学了；此外，就是一些慕名而来的青年。"

"佛学院招生有年龄限制吗？"

"有，18岁到35岁之间，未婚。"

1967年，寿山佛学院第一届毕业生与院长星云合影

第二排左起：真悟、依道、慈嘉、会钦等法师。

第三排左起：真芳、明实、道观、悟证等法师。

第四排左起：依严、慧润、绍莹、性光、普晖、慈怡等法师。

“他们要通过考试吗？”

“是的，要考试。”

“考什么呢？”

“都是佛教的基本常识。”

“分几个年级？”

“三个年级，一个年级 60 人。”

“毕业以后有多少人会留在佛光山？”

“其实，来佛学院读书的孩子，早就有出家的愿望，他们来佛学院学习，主要是想体验一下生活，看自己是否能适应出家人的生活。所以毕业后，大部分学生会要求留在佛光山出家，只有少部分学生会回到社会上。如果他们要求在佛光山出家，先提出申请，然后进行审核。为什么要审核呢？师父说，答应他们出家很容易，可是出家是一辈子的事，不能随便，必须要审核。所以，不是谁想在这里出家就可以被接收，审核通过后才可以。前几天，2 月 1 日，是师父的出家纪念日，学院就有一个剃度典礼，为那些通过审核的学生举办的。”

“佛学院女生多，还是男生多？”

“男生 30 多位，他们不在这里上课，在对面的山上。”

“这边只有女生？”

“是的。不过都归我这个院长统一管理。”永光法师笑道。

东方佛学院的第一任院长，自然是星云。开山之后，他以佛光山住持的身份，责无旁贷地兼任了佛学院院长，还亲自开讲授课。那时候，佛光山的建设还没有完成，星云非常忙，但他从不以院长和住持自居，吃饭、上课都和学生在一块儿。学生们在课余时间必须参加劳动，挑挖扛搬，什么都得做。他也和学生们一起干活，而且做得比谁都卖力，一个人扛起一包水泥就走，倒进池子里和沙石一起搅拌。那时还没有水泥搅拌机，全靠人工搅拌。搅拌好了，他又和大家一起进行浇灌。累了一天，收工下山后，他带头走进厨房，袖子一卷，抄起家伙，就领着学生们一起做饭。做完饭，把菜端到外面，大家围成一圈，蹲在地上一起吃，个个吃得很开心。

上课时，他非常认真，除了讲授，还布置作业，又让学生每周写一篇周记。学生们今天交给他，明天他就能批改完。这特殊的周记，也就成了他和学生们沟通的一个渠道，他由此了解学生的心声，也在批阅中给他们指导。

一边管工程建设，一边教学生，偶有闲暇时间，他就组织学生们一起打篮球。每年他过生日的时候，学生们就全体上场，组织一场热热闹闹的篮球比赛，当作给师父的生日礼物。

在这样创业艰难、师资紧缺、经济紧张的情况下，星云还是坚持把慈庄、慈惠、慈容三名法师送到日本留学，期望培养出第一批国际化、高水平的教师。

慈惠法师回忆说："20 世纪 60 年代末，我奉师父之命赴日本就读于佛教大学、大谷大学。当时的东方佛学院虽然初具雏形，但哪有现在这么大呀。我那时已经在佛学院带学生了，我说，师父，我走了，佛学院缺老师教呀。师父说，你不用想那么多，你走了，我也有办法教。结果，他一送就送走了 3 个人。那时的日本是高消费国家，什么都特别贵。佛教界就有人对我们说，你们家师父不懂得盘算，这么贵的地方，一送就送

3个，而且你们开山没有钱，多留一个徒弟在家里，念经、做佛事还能有收入，怎么送你们去读书？后来，我也问过师父，人手那么缺，又没有钱，您为什么坚持让我们去？他说，不方便是一时的，人才是永远的。说到底，他心中还是把教育放在第一位。”

辞别佛光山时，慈惠三人心中十分感动，她们觉得，这是师父拿金钱和时间在她们身上砸。到了日本后，她们拼命学习。慈惠以优异的成绩获得文学硕士学位后，又在日本国立京都大学担任研究员，从事佛教研究。她们三人学成返回佛光山后，都成了星云的得力助手和佛学院的教育专家，慈庄和慈惠还先后担任佛学院的院长兼教授，慈容又创办了台北女子佛学院。

她们回来后，才知道师父的“有办法”是什么办法。原来，星云一方面请其他寺庙有水平的长老、老和尚和其他佛学院的老师来上课，另一方面也请社会上一些大学的教授来讲课。因为佛学院的课程里，有1/3是中国传统文化和社会自然科学，比如老庄、中国哲学以及西方的逻辑学、高等数学等。

星云对请来的大学教授非常尊重。那时候，名牌大学的教授们来一趟佛光山很不容易，他们从台北坐火车到高雄，路上就要六七个小时，然后从高雄坐一两个小时的汽车到佛光山，常常到山上都已是夜里12点了。但是，只要有教授来，不管多晚，星云都会站在山门口等他们。那些教授一下车，见星云一身僧袍布鞋，披星戴月而立，都十分感动，只觉受到如此礼遇，再远再辛苦也值得。一传十，十传百，很多大学教授都愿意来佛光山讲课。

在蒋介石时期，台湾大学是当时学界言论最自由的一座高等学府，台大的教授们老是批评国民党，有些言论听起来就颇有共产党的调子。来佛光山上课的，就有不少这样的教授。他们在佛光山讲课，胆子比在台大更大，认为自己是学者，而且还是在寺庙里，可以放得开一些，什么都敢说。以至于那个时候，台湾社会私下里有这样的说法——“佛光山是共产党的大本营”。

星云对这些议论并不在乎。只要是有水平、讲得好的教授，他都请。当时，台大有位年轻的哲学系教授，思想特别激进，经常批评国民党政府，后来国民党要抓他，他就跑到北京大学去了。有一次，星云到北大去演讲，他还专程来见星云，几十年未谋面的老朋友见了面，聊得非常投机。

那时候，别说佛学界，就是教育界都非常羡慕佛光山，一个佛学院，怎么能请到那么多名校的教授？甚至还有军事院校的教官？其实，原因无他，爱才而已。早年，台湾陆军军官学校有的老师国文教得非常好，警官学校的老师水平也不错，星云广纳贤才，不管是军队的还是地方的，只要讲得好，他都请。

这个传统一直坚持到今天。现在，东方佛学院还会邀请大陆的教授和学者去讲课。2013 年，他们邀请了诺贝尔文学奖获得者莫言前来演讲，谈文学家的梦想。莫言的演讲大受学生们欢迎，而佛光山的风物人情也给莫言留下了深刻的印象。莫言吃了萧碧霞师姑做的斋饭后赞不绝口，在餐厅的记事板上留下小诗一首："畅游佛山沐佛光，步步莲花闻奇香，师姑捧出私房菜，诸佛笑看我跳墙。"下面一行小字写道："广东福建有名菜'佛跳墙'，反其意而用之。癸巳年八月十二日。"

让师生多睡 1 小时

请来的老师，多讲授社会文化课。佛学院最重要、最根本的课程，当然还是佛学，尤其是怎样做一个僧人，其中既有理论又有实践。

现在负责"人间佛教"读书会工作的觉培法师，曾在东方佛学院做过教师。她回忆说，当时她一腔热血，出家跟随星云，但星云却让她先到佛学院当老师。她觉得，自己的学历虽高，可从来没有读过佛学，这老师如何当下去？但渐渐的，她发现师父这招很高，正因为没受过佛学院的专业教育，她才必须比学生们做得更好，懂得更多，结果逼着她不得不"随时抱佛脚"，现学现卖，补好佛学这一课。

觉培最大的感触是，佛学院的生活教育比文化教育还难，因为生活教育最磨炼人的意志和耐力。

"比如说，作为一个僧人，首先要讲究威仪，这是必修课。所谓威仪指的是行、住、坐、卧四威仪。一个修行者的风姿，首先体现在举止言谈中。走路，要如风一样迅速无声，目不斜视，不能贼眉鼠眼，不能弯曲，要直走；坐下来时，要如钟一样平稳、庄严；站立的时候，要如松树般笔直。在住的方面，被子每天必须叠得方方正正，像豆腐块。脸盆、牙膏、牙刷和口杯，必须摆得整整齐齐，牙刷和牙膏在口杯中必须统一朝一个方向，不能横七竖八。这些看起来简单，做起来却很难，尤其是新来的学生，往往觉得没这个必要。”

她在佛学院当老师时就遇到一个这样的学生，那是刚从美国加州大学伯克利分校留学归来的硕士研究生，很会读书，习惯了西式教育，对佛学院的生活教育很不满意。有一天，她很生气地拿着脸盆和牙刷跑到觉培的办公室：“请问老师，牙刷直着摆和横着摆，与佛学有关系吗？”

觉培说：“当然有关系，这是一种修养，是威仪的一部分。你连一支牙刷都不能按要求摆好，还能修炼什么？另外，佛学院是培养服务和照顾别人的地方，如果你连一支牙刷和一条棉被都照顾不好，将来怎么照顾别人、照顾更多的人？”

这“海归”学生听了，觉得也有道理，就乖乖地回去了。觉培则考虑得更多：“我作为他们的老师，更得做好表率。我得把被子叠到最好。于是我把自己关在卧室，练了好久，最后叠出来的‘豆腐块’又标准又迅速。”

在佛学院当老师的日子是辛苦的，觉培记得，“那时候，学生晚上 10 点睡觉，我们要批改作业，还要查房，12 点多都睡不了。早上学生 4 点半起床，老师必须提前半小时起来。在学生们起床之前，我一定要站在门口看他们怎么做，盯着他们把东西放整齐，棉被叠得像豆腐块。算下来能睡几小时呢？我每天都睡眠不足，老实说，在佛学院工作时，似乎永远都睡不饱。”

就在她深感困扰时，星云一项作息时间的改革顿时让她轻松了不少。

有一天，星云突然召集全山开会，觉培带着学生匆忙赶过去。星云对大家说，他要进行一项改革。

改革什么？大家很纳闷。

星云徐徐道：“以后，起床时间从4点半改成5点半。”

此言一出，全场骚动。有人高兴，也有人反对。尤其是长老们都不接受：“这不行，这传出去太丢脸了！佛光山4点半起床已经算是很晚了，人家还有3点半起床的！”

“不行不行，起床不能太晚，5点半，人家会笑话我们很懒惰。”

“师父，您改什么都好，这个不能改！”

星云安安静静地听反对者说完，才开口道：“全佛光山没有一个人比我更知道丛林的清规，你们知道过去寺庙为什么3点半起床吗？因为古时候没有电，太阳下山后，不到8点就睡觉了。我算过，当时他们的睡眠时间远比我们多。人睡饱了才有力气，才能好好听课，读书才能下肚。现在的学生睡不饱，你4点半起床，搞到8点第一堂课，已经打瞌睡了。”

觉培高兴坏了，心里说：“师父，您太伟大了！”

星云宣布：“现在全山表决！”

最终，因为佛学院的师生人多票数多，赞成5点半起床的超过了半数，改革就这样通过了，佛光山从此变成5点半起床。佛学院的师生感激师父如此了解他们、关心他们，投入更多的精力努力学习。

多年后，星云提及此事时，跟大家解释道："戒法、戒律，要看它的根本，看它的精神实质。我们要的是精神实质，不是图表面。并不是说起得越早，就越有戒律，就越有修持。那是误读了戒律。真正的戒律不是这样的。我希望听课的学生也好，弘法的法师也好，首先要有足够的体力，只有这样才能把课上好，把法弘好，把该做的事情做好。"

觉培说，正是由于佛学院对学生的要求苛刻得像军人，又充满了锐意改革的精神，才有人把它称作"佛教界的黄埔军校"，一批又一批的毕业生也被称作"黄埔一期""黄埔二期"。还有人把它比喻为"佛教界的一个摇篮"，佛光山的僧众大多数都是这里"摇"出来的。而且台湾佛教界都知道，从东方佛学院走出来的法师，都有足够的能量，到哪里都能独当一面。

星云希望这样的"摇篮"越多越好，于是，更多的佛学院像雨后春笋一般，在各地生根开花。1983 年，台北女子佛学院在闹中取静的台北市区创立；紧接着，彰化福山佛学院、屏东佛学院先后建立；接下来，星云走向世界，1989 年之后相继创建了美国西来英文佛学院、圣地亚哥英文佛学院、印度佛学院、非洲佛学院、马来西亚东禅佛学院、澳大利亚南天佛学院、香港佛学院、巴西如来佛学院等。如今，星云在五大洲一共建起了 16 所佛学院。借由这些"摇篮"，"摇"出了一批又一批立志弘法、普度众生的佛弟子。

“伸手可以捧到珍珠”

星云胸怀远大，他并不满足于仅仅培养佛教人才的佛学院，想办更多的社会大学，生源通过当地统一高考录取，学历受到当地教育部门承认，从而造福于当地所有进取向上的青年。为此，他先后办了 5 所大学，分别是佛光大学、南华大学、西来大学、南天大学和光明大学。

佛光大学诞生在他弘法的根据地宜兰，这也是宜兰第一所正规的民间大学。顾名思义，它是佛光山建的大学，也是广结佛缘、由大众共同捐款而建的大学。

这座大学在星云心中的分量很重。听说我们要慕名去佛光大学采访，他脸上露出兴奋的笑容：“那里非常美呀！晚上站在校舍的窗前，你们伸手就可以捧到珍珠！”

如此诗意的一句话，让我们别有一分好奇。

他又连忙告诉我们：“从台北去宜兰，一定要坐火车。坐汽车路上太堵，要多花很多时间。”

可见，他又是多么熟悉那儿的点点滴滴。若不是对佛光大学有十分深情，岂能知晓得如此详细？我们便按照他的指点，改变了路线，一路畅通，顺利到达目的地。

一见之下，果然倾心。佛光大学坐落在宜兰郊区的崇山峻岭之中，俯瞰浩瀚的太平洋。一栋栋布局合理的乳白色建筑，为绿树繁花簇拥。夕阳西下，余晖尽染，漫步校园，安静优雅，似世外桃源。夜幕降临后，垂目俯望，太平洋的港湾和岸边的水田尽收眼底。点点渔火和田埂上稠密的灯光，正像银河洒落的珍珠，在万里长空下仿佛近在咫尺，欲伸手捧一把揣在怀中。这时，我们才顿悟那份诗意，“伸手就可以捧到珍珠”。

佛光大学的老师告诉我们，这里的条件和环境虽然是学习研究的最佳场所，但来之不易，它花费了星云太多心血。

“当年，这里是荒山野岭，连路也没有，把它改造成这样，不仅费时，更是需要大量的财力。所以办这所大学时，首当其冲的就是资金问题。1993 年，大师为了解决办学资金问题，发起了包括佛光缘艺术精品拍卖会、园游会、行脚托钵等在内的各种募捐活动。尤其是佛光缘艺术拍卖会，把佛光山收藏多年的很多艺术精品都拿出来拍卖了。大师当然知道它们非常珍贵，而且收藏了那么多年，每一件背后都有缘分，有故事，有感情。但为了办学，他毫不犹豫地出手，将张大千、溥心畬、黄君璧、赵朴初、于右任、郎静山、董开章等人的作品都捐了出来，进行义卖。看到大师为办学如此不惜一切，许多国际知名书画家和收藏家也备受感动，拿出自己的艺术藏品，一起参与义卖活动，所有募到的资金全部用于建设这所大学。”

筹钱之外，从举行动工典礼到正式开建，又花了 7 年时间。这主要是因为山上地形复杂，前期的环境评估、土地平整和道路建设等基础工作，就耗费了大量的时间和人力物力。

眼看建校费用仍然吃紧，星云于 1996 年以众筹的方式发起“百万人兴学活动”，呼吁百万人以“大学委员”，也就是类似于校董的身份，每人每月捐资 100 元新台币，3 年为一期。捐资办学是件好事，而且钱也不算多，人们积极响应，很快筹集成功。其实，这个点子，最重要的不在于钱的多少，而在于凝聚了百万人的心力，联结了百万人的善缘，让建设佛光大学成了台湾众望所归的事。

现在看来，不得不佩服星云的“经营之道”。如今风靡一时的众筹模式，星云 20 年前就已经尝试了。

2000 年 9 月，佛光大学正式开学。与其他大学不同的是，它先设了 6 个研究所，招收硕士研究生，然后才设大学部，招收本科生。学校课程以人文社会学科为主，结合过去书院的传统做法，采取师徒式小班制，让学生有更多的时间与老师交流。而且，从开办之初，佛光大学就接受国际学生的报考。

如今，佛光大学的师生比例为 1 : 3，在校生近 3000 人，教师近千人，已经成为官方认可并给予经费支持的私立大学。它还积极开展两岸交流，近年来，已与大陆 20 多所大学建立了友好关系。

就在佛光大学开学的前一年，星云在嘉义大林创办的南华管理学院也升格为南华大学。它是台湾第一所免收学杂费的综合性私立大学，同样保持了中国古代书院的传统，重在弘扬人文精神，设有人文、社会和管理等学科。在校教师 200 人，学生 6000 多人，本科班、硕士班和博士班一应俱全。最特别的是，南华大学每年都以古礼为大一学生举行成人礼仪式，这在台湾大学中独树一帜。

美国的西来大学是星云在海外建立的第一所大学，1991 年创校初期，就设在西来寺内。随着学生的增多，星云觉得校舍太拥挤，于 1995 年搬到加利福尼亚州的柔似蜜（Rosemead）市。在占地约 60 亩的新校园内，7 栋大楼拔地而起，设施现代，环境优美。现任校长摩根先生是土生土长的美国白人，他告诉我们：“我接受星云大师的聘请，主要是被他的办学精神所感动。一个宗教人士对大众教育和人才培养如此重视，令我敬佩。”

据摩根校长介绍，目前西来大学有教职员近百人，学生数百人，其中攻读博士学位的有 45 人。在这里就读的除了本地学生外，有相当一部分是国际留学生，他们来自 30 多个国家和地区。学校所设学科有心理学、宗教学、商学、管理学等。2006 年，西来大学加入“美国西部学校及大学联盟 WASC”，学生所修学分及所获学位均获得美国各大学的承认。星云为了减轻学生的经济负担，所收学费较低，只相当于美国公立学校的一半，私立学校的 1/3。

星云在海外办的另外两所大学也很受欢迎。位于澳大利亚卧龙岗市的南天大学，是中国人在南半球创办的第一所大学；菲律宾光明大学，于 2014 年正式招生。

让成年人重拾书本

星云一生都在践行自己的诺言：以教育培养人才。但是后来，他觉得，光靠办学校还是不够，一是受资金、条件的限制，不可能办很多的学校；二是即便办再多的学校，也不可能让所有人都能上学。更何况，佛光山本身的能量是有限的。以他自己的经验，受教育、长知识、有学问，关键还是靠自己。他的许多知识和智慧，不就是从读书中悟出来的吗？

2001年底，星云在澳大利亚弘法时，突然有个灵感——应该提倡大家多读书，最好是能办“读书会”，可以利用国际佛光会，先在信众和在家居士中办起来，再推广到全社会。

主意已定，回到佛光山后，他就找来学历比较高、平时又很爱看书的觉培法师：“觉培啊，你去办读书会吧！”

读书会？觉培愣住了，她觉得读书是自己的事，干吗要跟别人一起读？这种组织她听都没听过。“我心想，师父有没有搞错？我跟你一起读书，你喜欢的书跟我喜欢的书能一样吗？”

但师父交代的事，她又不能不做。而且，这一年，国际佛光会在南非南华寺召开了第三届第一次理事会，专门讨论了办“‘人间佛教’读书会”的事，并制定了章程，发出了通知：各佛光协会、分会要依照“‘人间佛教’读书会章程”组织和举办读书会。她觉得压力极大，只能硬着头皮去筹备组建读书会，煞有介事地逢人就讲读书的好处，读书的重要性。

可是，会议开了，工作做了，结果却不理想。

原因是，2001年已经是网络的天下，人们离纸张越来越远了，很多人都不想读书。觉培跑到台北佛光分会去动员，台北的会员说：“我们平时忙得要死，哪有时间读书？”

她又到乡下去，乡下人说：“我们乡下人没有读书的习惯，也没有读过书，你叫我们来读书，斗大的字不识一箩，怎么读书？”

她又去找退休的老师：“老师，你们都很会读书，现在退休有时间了，我们来参加读书会好不好？”老师竟然跟她说：“法师，你找错人了，我们现在终于解脱不要再读书了，你怎么又来找我们去读书？”

她想，完蛋了，寻找了3个月，一事无成。于是沮丧地回去，如实跟星云汇报：“师父，办读书会不可能呀，现在人家都不愿意读书。”

星云平静地对她说：“觉培，两个事情你要听好。第一，读书会要和生活结合，读书的目的，在于读做一个人，读明一点理，读悟一点缘，读懂一颗心。第二，读书要让大家很欢喜，如果你能够让大家读得欢喜，你就成功了。”

觉培跟师父的沟通向来是直来直去，有什么说什么的。当年她拜星云为师，正是因为星云解答了埋在她内心多年的几千个疑问。那时候，她是留学法国、研究西方哲学的“富二代”高材生，她越研究哲学，对人生和社会越看不透。恰巧，星云在法国弘法，她一听之下，茅塞顿开，于是追随星云一月之久，天天提问，一共提了几千个问题。当她脑中的问号全部变成句号之后，她被星云折服了，干脆追随到佛光山，请求出家。

“读得欢喜”，是师父这一次给她的答案。她相信，按师父的话去摸索，一定会有办法。于是，她再度出发，跑到各个道场继续推进。道场的法师一看到她，个个精神紧张：“你怎么又来了？”

终于，有一位住持直言不讳地告诉她：“大家看到你来，就想到‘读书’两个字，压力很大，你最好换一个名字，哪怕叫联谊会都好一些。如果你说联谊会要组织外出旅游，随便一号召，就会来4部游览车。可是如果说让他们来读书，4个人都没有。”

觉培一听，对呀，自己怎么没想到这个变通的办法呢？“原来人们在生活里最喜欢的是游山玩水。师父不是告诉我，读书要与生活结合，要办得灵活，可以不拘泥于教室，可以走入山林水边阅读吗？那我们就先成立个‘山水读书会’吧！”

觉培马上组织一批人出去游山玩水，停下来休息时，她就给大家读一篇文章，让大家谈谈自己的看法，慢慢培养兴趣。接着，从读一篇文章，发展到读一本书、议一本书。这样，就有了第一个读书会。

可是，要发展读书会，光靠一种形式和一种办法是不行的，她还得想更多的办法。有一次，她问一位师姐：“工作之余你还喜欢做些什么？”

师姐想也不想就回答道：“当然是和大家喝喝下午茶，聊聊天。”

于是，觉培就搞个“下午茶读书会”。

后来，觉培碰到一群喜欢登山的人，又促成他们成立了“登山读书会”。

有了这几个读书会，她总算有些成绩跟星云汇报了。星云很高兴，又给了她第二个答案——推动读书会，光靠她自己的力量还不够，还是得依靠佛光会，先培养组织者和带头人。

读书会取代麻将会

觉培通过国际佛光会的所有协会和分会，办起了“读书会带领人培训班”，告诉大家如何引导别人读书。在这个培训班上，星云亲自登台，现身说法，讲述了自己的读书体会——

“在我看来，读书有四大好处：第一，读书能树立好的形象，一般人依靠化妆来装扮自己，或以名牌来炫耀自己。我则认为，大家应学习做个读书人，做个名牌人，以读书、写作来树立自己名牌的形象，重视人格的尊贵，超越富贵与名利。第二，读书能改变人的气质，令一个人具足修养。第三，读书能认识自己。人有两只眼睛，能看别人，却看不到自己，我们读书，因为书中有理，有婉转曲折的学问，读书能明心见性。读书犹如面对禅师，能认识自己，认识人生，认识你我他，认识世界。第四，读书能增广时空，让人扩大自己的世界。从读书中，可以知道上下古今数千年的历史，知道人类的进化，甚至知道未来的世界。历史是生命，在无限的时空里，读书让我们得到前车之鉴，也能遥望未来，使我们有限的生命得到延长，扩大我们的时空。”

……

星云娓娓道来，台下读书会的带领人听得入迷。经过这番培训，他们积极性大增，回去后，各种读书会果然纷纷成立。

星云在宜兰创建的佛光大学

佛光大学诞生在他弘法的根据地宜兰，这也是宜兰第一所正规的民间大学。顾名思义，它是佛光山建的大学，也是广结佛缘、由大众共同捐款而建的大学。这座大学在星云心中的分量很重。听说我们要慕名去佛光大学采访，他脸上荡漾着兴奋的笑容："那里非常美呀！晚上站在校舍的窗前，你们伸手就可以捧到珍珠！"

喜欢喝咖啡的人，聚集在浪漫的咖啡屋里，一边品尝咖啡，一边品味一本好书，享受书中乐趣；喜欢宁静的，聚集在寺院的一角，深思经典的智慧；高雄港口小区的老姐妹们，成立了“婆婆妈妈读书会”，读友平均年龄74岁，每周一聚一次，风雨无阻；其他小区的“好邻居读书会”代替了“麻将会”；连街头的美发店也成立了读书会。

看似五花八门，实则异曲同工，都是带领人发挥了关键作用。比如“好邻居读书会”，其带领人邱女士发现，自己所在的小区打麻将成风，尤其是男人们常聚在一起，抽烟、喝酒、侃大山，晚上很晚不睡觉，打麻将甚至通宵达旦，喧闹声不仅影响孩子们读书上学，还影响邻居休息。她想，佛光会要求办读书会真是太好了，她找左邻右舍的几个家庭主妇商量，要办个读书会，每家轮流坐庄主办，并希望她们把家里的男人也带上，以此代替“麻将会”。几位邻居太太都同意，她们也厌烦了先生每晚打麻将。有一位太太回家去做工作，她先生却将她一军：“如果你们能让邻居X先生同意首先到他家办读书会，并且让他把家里的咖啡拿出来给大家分享，我就跟你去读书。”

她先生之所以拿X先生来做挡箭牌，是因为他深知X先生是个刀枪不入的“铁公鸡”，平时虽然也和邻居一起聚会、打麻将，并在聊天时夸耀他的家装修得如何豪华、家具如何一流、地板如何一尘不染，但从来不邀请任何邻居到他家做客，而且跟大家聚会时，从来都是吃人家的、喝人家的，自己一毛不拔。

说白了，这位先生是想拿“铁公鸡 X 先生”给自己太太一个下马威。这位太太和邱女士心里也明白。为了攻破堡垒，她们只得硬着头皮，带着好几个漂亮太太，敲开了这个“铁公鸡 X 先生”的家门。她们先是坐下来闲聊，接着话锋一转，向他介绍一篇很好的文章，问他对办读书会有何看法。X 先生虽然吝啬，却是个很要面子的人，在这么多漂亮太太面前，他当然不能丢了自己的修养，连声说读书可以提升个人品位、气质，“办读书会这个想法很不错，我很赞同”。

听到这句话，邱女士进一步提出要求：“我们读书会的进行方式是轮流在会员家进行，第一次聚会想在你家，可以吗?”

没想到，X 先生也爽快地答应了。聊得开心了，太太们你一言我一语，夸他家东西样样都是进口的，“听说咖啡也是进口来的、最好喝的?”他一听，连忙热情地请太太们品尝了他的咖啡。

大功告成。第一次读书会就在“铁公鸡 X 先生”的家里顺利举行了。于是，那位拿 X 先生做挡箭牌的先生，也乖乖参加了读书会。其他几个和他经常泡在一起搓麻、聊天的人也就跟着参加进来。就这样，“麻友”变成了读友。

美发店和重刑犯都有了读书会

“美发店读书会”更有一番曲折。熙格造型沙龙美发店在台湾美发行业名声很大，在台北等地有13家连锁分店。2003年，熙格的老板洪明郁先生接受了"'人间佛教'读书会"带领人的训练，他深觉在自己美发店里办读书会很有必要："在我们这个行业里，我深切体会到，如果一个人学识不够，就会显得内涵不足。这个行业的从业人员，本来受教育的水平就不是很高，读书会应该可以提升他们的涵养和谈吐。"

可是，当洪老板把成立读书会的想法告诉员工们时，员工们却很抵触。不少员工毫不讳言："我们就是因为不爱读书，才来做美发的。"

洪老板只好先从骨干抓起，带领各家分店的店长和资深员工办起了"熙格读书会"。骨干是组织起来了，可也是参加得很勉强，每次读书会都是洪老板自己唱"独角戏"。唱着唱着，出席的人越来越少，不是这个说临时有事，就是那个说今天不舒服。

洪老板想了个办法：他不再唱独角戏，让每个分店店长轮流当带领人。他声明自己在读书会中，也只是个读友，不再是老板。这样一来，各分店店长有了任务，只好事先阅读、消化，做好准备，不再是消极地听老板讲。渐渐地，各分店店长真的读进去了，并在彼此分享中得到了收获，最后主动地把这个方法带回到自己的分店。于是，13个分店都有了自己的读书会。现在，熙格的每个分店，每周日上午8点10分同时进行读书共修，9点半再开始接待顾客。

熙格是名店，顾客之中不乏高学历、高档次的。他们渐渐发现，这些洗头、剪发的小工和师傅，谈吐开始变了，说的不再是言不及义的八卦，也不是热情洋溢的产品推销，而是可以聊聊人生百态了，甚至可以担负“心理辅导师”的角色了。诸如婆婆挑剔儿媳，太太嫌弃先生，妈妈对儿子叛逆伤脑筋……美发师们多半先倾听，然后将读书会讨论过的一些观点、案例拿出来与顾客分享。也许他们不能直接说出什么道理，给予什么答案，但顾客一听，颇有启发，“哟，熙格美发店的员工素质就是和别的店不一样！”这种由读书会而形成的“熙格文化”备受顾客好评，由此，生意也越来越好。

就这样，读书会在带领人的带动下雨后春笋般出现。觉培说，读书会的发展，开始可能是师父逼出来的，但现在回想起来，师父也是被逼无奈，因为他当时已经发现，很多信徒不愿读书。他曾说：“佛教徒不读书，就是要把自己的事赖给佛祖，遇事就去拜佛祖，求佛祖对他好一点。佛教徒不读书，不去了解佛法的道理，不懂得因果，求佛有什么用呢？今天说‘我肚子疼，求佛祖保佑我’，明天说‘我起了烦恼，佛祖怎么都没有保佑我’。身体差、起烦恼，这都是你自作自受的，也都是你自己要去面对的。你没有足够的佛法，有佛法才有办法。我们不深入佛法，怎么会有办法来面对人生的困惑？只有深入经典，才能智慧如海。”

“由于参加我们读书会的主要是佛光会的信徒，因此我们首先引导读友以读佛教的书、大师的书和佛光山的书为主。”觉培说，因为这些书里面有佛法，有智慧。属于经典类的，是讲佛法的教义；属于生活类的，是教你如何处世做人，如《人间万事》《迷悟之间》等等，就像人生百科书一样，读进去就能获益。当然，还有很多可以选择的其他书籍，也都是教人向上、行善，给人提供正能量的，读来同样受益。

为了教化犯人，星云鼓励觉培把读书会办到监狱里去。但一番交涉后，监狱只允许在重刑犯里办读书会。一所监狱里有这么一个犯人，虽被判重刑，但仍无悔意，说只有绝顶聪明的人才会被关在这里。他自认为自己懂法律，每次在法庭上，都自我辩护，出言必跟法官称“根据法律第几条第几条”。自然，每次他都被法官轰回来，而且认定“态度恶劣”，被越判越重。

后来，他参加了“‘人间佛教’读书会”，读了星云的《迷悟之间》，才恍然大悟：“原来这一切好像都是我的错，问题出在自己身上。”他开始反省自己的态度、自己的行为。有一次上庭，他竟然不再跟法官辩论。他一开口，态度变得温和了，简直判若两人。法官有些惊奇，这人怎么回事？再问他几句认不认罪的话，他都说：“是，这是我自己的错。”法官一看，好啊，态度不错呀，可以减刑！

可是，减了刑，被关到轻刑犯的屋子里，他就必须离开读书会了。而此时的他，已经完全喜欢上了读书。他写了一封信给读书会的带领人，“我最遗憾的就是离开了重刑犯的牢房，从此没有了读书会。”

曾经，读书会治好了抑郁症病人，使其不仅爱上了读书会，还发展了读书会。此人叫宋琼娥，过去是个兢兢业业的中学教师，一直把所有精力都放在孩子们身上，学生就是她的精神寄托。退休后，她离开了教学，远离了活泼可爱的学生，再加上自己的孩子远在国外上学，丈夫还没退休，每天从早到晚在外面忙，她顿时感到异常孤独，生活失去了重心，整天没精打采。白天没人理她，她就昏昏欲睡，晚上却睡不能眠，睁眼到天明。第二年，先生带她去看医生，医生诊断她是抑郁症，开了许多抗抑郁的药，可她又觉得会有依赖性，吃药三天打鱼两天晒网，甚至自动减药，最后干脆停了药，以致病情不断加重。父母和先生十分担心，到处求神问卜，一度以为她是中了邪。

还是妹妹宋彩玉比较了解她，知道姐姐习惯了付出，习惯了与书本、孩子为伴的生活，退休后失去了这些，家里又没有人需要她继续付出，她自然无法适应。宋彩玉是佛光会会员，也是“美满读书会”的读友，便试着让姐姐参加进来。为了调动姐姐的积极性，还推荐她当读书会的带领人。

宋琼娥参加读书会后，有书读，又有听众，好像回到了从前，顿时焕发了生机。凭着自己的阅历和对文字的敏感，她对书的选择也非常宽泛，大家都喜欢她推荐的书。她还把书上一些有意思的故事改编成剧本，让读友们表演，到外面演出，颇有影响。而她接触到星云的书和佛经后，也改变了对人生的看法，精神豁然开朗，每天吃得香、睡得甜，对生活充满热爱，抑郁症早已被赶到九霄云外。

后来，宋琼娥不仅在“美满读书会”当了带领人，还义务到台北市立图书馆乐龄中心的“老人家读书会”当带领人。即使出门聚餐，她也随时带上一篇好文章、一本好书，与朋友讨论分享。她说：“参加读书会真好，让我找回了生命的原动力。”

如今，读书会不仅使读友对书本的兴趣大增，还激发了许多读友写作、创作的积极性，从读者变成了作者。比如，读书会的带领人之一赵翠慧女士，就根据自己的亲身经历，撰写了一本《周转爱的人》，内容真实感人，故事曲折传奇，阐述了她对生命的感悟。这本书在读书会、佛光会乃至台湾地区，都引起轰动，后来传至大陆和世界其他地区，也引起读者的极大兴趣。赵翠慧也因此书被邀请到世界各地演讲。

为推广读书会的不同经验，继续在更多的人群中发展读书风气，国际佛光会和“‘人间佛教’读书会”从 2003 年开始，每年举办一次“全民阅读博览会”，展示读书会的成果，各读书会代表发表演讲，然后分组讨论，并推选出“‘人间佛教’优良模范读书会”，向获选的团体和个人颁奖。

觉培说：“读书会的发展，不仅体现了师父的良苦用心，也充分证明他的眼光和远见。当初师父跟我讲要成立 500 个读书会，我心里想，能有 20 个就不错了。后来真的超过了 500 个，我已经很满意了，可师父说，我当时跟你讲 500 个，是在台湾，全世界至少要成立 2000 个才可以。后来真的达到了 2000 个，师父又说要 2 万个。根据目前的发展情势，2 万个读书会已为期不远了！”

第七章

妙笔写传奇

「铁石心肠，读之也要落泪。」
这是星云16岁那年一篇习作获得的评语。
那时，他已经学会了忍耐和平静，
唯有父亲在「南京大屠杀」中失踪一事，
依然是他心中沉痛的创伤。

“铁石心肠，读之也要落泪。”

这是星云16岁那年一篇习作获得的评语。那时，他出家已经4年，学会了忍耐和平静，唯有父亲在“南京大屠杀”中失踪一事，依然是他心中沉痛的创伤，幼年失怙的阴影一直笼罩着他。终于，他将思念父亲的心情写成作文《一封无法投递的信》。当时教授国文的圣璞法师阅毕，在评语栏上写下了这句话。第二天，在课堂上，圣璞法师花了两个小时，把这篇作文念给同学们听，满座动容。

那是星云第一次展露出写作的天赋。至今，他仍对老师的厚爱感激不尽。“更没有想到的是，过了半个月，老师神采飞扬地拿着一叠报纸给我看。原来，他把这篇文章誊写在稿纸上，亲自投寄到镇江的《新江苏报》，竟获连载数日。老师事先没有告诉我，是怕万一不被采用会伤害到我的自尊。”

从此，星云对自己的笔有了信心，他萌生了“以文弘法”的念头。

当初，他和同学创办的《怒涛》月刊，就是他“以文弘法”的第一块试验田。后来，他又为《徐报》主编“霞光副刊”，发表一些文章，阐述佛教的新思想。同时，还为《镇江报》撰写“新声”和“频伽”两个专栏。早在大陆学佛时期，星云就把自己的文学才华尽情发挥到弘法中。

多年以后，在开创佛光山时，星云定下的四大宗旨之一，就是要“以文化弘扬佛法”。

爱创作的年轻法师

到台湾以后，星云笔耕不辍。当时，台湾的佛教文章不多，有文学性、能读得进去的更少。星云以文学特长很快崭露头角，他在《觉生》杂志上发表的文章受到很多人的喜爱。

“有一次，我发表了一篇小说《茶花再开的时候》，中兴大学的钱江潮教授读了非常感动，特地与几位同事从台北到中坜来看我。现在交通便利，台北到中坜不算什么，可当时真是路途遥远；现在读佛教文章受感动也不算什么，可当时写这类文章不受重视，佛教常被看成迷信，高级知识分子读佛教文章少有受感动的。因此，当钱教授他们告诉我读了那篇小说很受启发时，我内心比他们更激动。”星云回忆说。

过了一段时间，星云又发表了一篇小说《真正的皈依处》，同样大受欢迎，尤其受到佛教界的赏识。常觉法师读后，特地从香港买了一支 K 金钢笔送给他，鼓励他继续写作。星云十分感激。“我心想，这么贵重的金笔，里面包含了多少浓情厚意啊！我发愿要加倍努力写作，不辜负大家的期望。”

在中坜，他即便被老和尚派到山上去看守山林，也坚持写作，一口气在刊物上连载了 20 篇介绍佛教常识的文章，最后集结成一本书，名叫《无声息的歌唱》。

到了宜兰，虽然条件艰苦，却是他创作最旺盛的时期。那段时间，他以每天一万字的速度，翻译了《观世音菩萨普门品讲话》，撰写了《玉琳国师》《释迦牟尼佛传》《十大弟子传》等。

《玉琳国师》最初只是一个口口相传的故事。当年，他和煮云法师在台湾中部的南投县弘法，晚上在鱼池乡靠山边的一户农家借宿。农家不可能有好的卫生设施，房间里放了个尿桶，臭气熏天，他俩被熏得无法入睡，干脆聊起天来。

“哎，煮云，你讲个故事来听吧！”

煮云法师满腹经纶，就怕没人听，当即大喜：“那么，我来给你讲个‘玉琳国师’的故事，怎么样？”

“好，好，我想听，快开始吧！”

“话说宜兴磬山崇恩寺，一大早刚开门，上上下下的师父们就忙得不亦乐乎。因为今天他们的大施主、当朝宰相王大人的千金小姐要来寺中进香，所有人都在忙着隆重接待相府小姐。唯独在大雄宝殿管香火的年轻香灯师玉琳无动于衷，他平时可是最勤快的了，每天早早就起来把大殿中央的蜡烛点得亮亮的，一片辉煌。可今天，直到日上三竿，他还没有把蜡烛点亮，香也没有插上，甚至连昨天的香灰都没有打扫。值日的纠察师来看了好几次，催他赶快做事，可他就是光答应不行动。”

“他和这位王小姐有过节？有仇？”

“那倒没有，见都没见过。这玉琳非常能干，为人也非常好，就是有个脾气，不愿意向有权有势的人低头。甚至连那些鞍前马后迎接权贵的人，他也非常鄙视。”

“后来怎么样了呢？”

“结果，先来打探的丫鬟回去如实禀报了王小姐。那王小姐也是个个性倔强的人，心想，这和尚竟敢怠慢我，一定要看看他是什么人！这一看不要紧，玉琳英俊潇洒，她芳心大乱，觉得他正是自己心中寻找已久的白马王子。回去后竟然害起了单相思，一病不起，非玉琳不嫁……”

两人聊着聊着，天已大亮。星云觉得这故事非常有趣，便记在心里。到宜兰后，他经常在讲经时拿它作为诱饵，吸引听众。很多听众还真是为了这个故事来听经的。后来，星云想，如果把它变成文字，让人传看，不是可以让更多的人接触佛教吗？于是，就在雷音寺的小屋里，他每天趴在破旧的缝纫机上，把故事编写成了小说。此书 1954 年 5 月初次出版就引起轰动，后来拍成了电影、电视剧，为布教弘法起到了很大作用。

1955 年，星云撰写出版的《释迦牟尼佛传》更是大受欢迎。此书通俗易懂，文字优美，可读性很强，让人们更容易读懂佛陀，使佛教更接地气。星云自己也从写作中受益良多。“每当我写到佛陀坚毅卓绝的修行，度化众生的良苦用心，往往会被感动得泪流满面、不能自已。常常写到深夜时分，我走到佛陀面前，顶礼膜拜，一方面希望仰赖加持的力量，能将诸佛菩萨的慈心悲愿广为宣扬；一方面立誓效法，唯愿自己也能生生世世来此娑婆，度化众生。”

为出杂志饿了两天

在那个没有网络、微博、微信，甚至连广播和电视都很少见的年代，报纸杂志是文化弘法的主要工具。可是，投稿给别人，往往不能随心所欲，每家报纸杂志总有自己的想法，或者删减，或者修改。星云想，要是自己能掌握编辑大权该多好。恰巧，台北的东初法师手头有一份《人生月刊》，正缺少人手。于是，星云主动去给东初法师帮忙，义务担任这本佛教刊物的总编辑。说是总编辑，手下并没什么兵，编稿、排版、下印厂、发行邮寄都得他自己操办。尽管很累很苦，但他满怀激情。每次印刷前，他都从位于台北大理街的杂志社赶到万华火车站附近的印刷厂。这一路路途遥远，他经常没钱坐车，只能靠两只脚步行，但他从来毫无怨言。

有一次，他一早起来，走到万华印刷厂去排版、校对。午饭时间到了，他身上没有钱，就忍着。忙到晚上七八点钟，杂志印出来了，为了尽快送给东初法师过目，他继续饿着肚子，拿着刚印出来的新杂志，小心翼翼地送往位于北投的东初法师精舍。途中突然下雨，他脱下长衫，把杂志包起来，自己淋成了落汤鸡，杂志还是干干净净的。东初老和尚看到新杂志，当然很开心，对星云说："现在很晚了，你留下住一夜吧。"

可是，东初老和尚没问他是否用过晚餐，他自己也不好意思说，只是遵命住下。第二天早上起来，仍然没人叫他吃饭，他就跟老和尚告辞："我该回去了。"

老和尚道："今天中午我请客，你留下来陪陪客人吧。"

星云不好推辞，又留了下来，帮忙准备接待工作。那时台北请客，约好 12 点，但下午 1 点，客人还不一定到齐。最后，来的人真不少。星云想，等一下可能会分成两桌，老和尚一桌，他坐另一桌帮忙陪客。可是，等大家准备入席吃饭时，老和尚却来了一句："你怎么不去厨房吃饭呀？"

星云一听，心全凉了：弄了半天，还不能在这里陪客人吃饭。他只好一边说"好好好"，一边往外走。走到厨房，里面几个人忙成一团，谁也没空理他，也压根儿不认识他。他想了想，一扭头，赶快回去！连着两天五顿饭没吃，他早就是前心贴后背，饥肠辘辘，下山时，他两腿发软，眼冒金星，差点没摔倒。但他没有怨恨，只在心里暗暗发愿：将来建了自己的寺院，一定要让所有来的人都有饭吃。

果然，后来他有了自己的第一个寺庙，就取名叫普门寺，意为普门大开，欢迎四方来者。并且规定：寺里每天中午至少备两桌饭，不管来者有没有提前打招呼，是不是认识，只要进了门就可以饱餐一顿。这个规矩，一直延续到佛光山和各处道场别院。

如今，这段往事已是笑谈。星云觉得，要说吃苦，这也不算什么，“以文化弘法”本就得做苦行僧。他写文章用过不少笔名，其中用得最多的就是“摩迦”。“摩迦”者，即摩诃迦叶，他是佛陀的大弟子，苦行第一。星云以此为笔名，是要提醒自己要效法摩诃迦叶的精神，以苦行为乐。他还有一个常用的笔名叫“脚夫”，意思是要替众生做马牛。

自己办起了报刊

1957 年，星云终于在台湾创办了自己的第一本刊物《觉世》旬刊。

那时，他身边已经有了两个擅长写作的弟子慈惠和慈庄，他把两人派到台北，办起了佛教文化服务处，主要就是搞好佛教书籍、报纸杂志的出版发行，第一个任务当然是办好《觉世》旬刊。

这份刊物有点像一份小型报纸，共四个版，每 10 天出版一次。星云每 10 天从宜兰到台北来一次，先由慈惠和慈庄把相关佛教界的新闻和内容收集准备好，星云来了就开始编辑。那时都是铅字排版，星云一个人既当文字编辑，又当美术编辑，从标题到内容、再到字体大小，他都标注得清清楚楚，而且计算得非常准确，上版后基本不用调整。正式出版前，慈庄和慈惠就泡在印厂，连续校对检查三到四遍。每次印刷出来后，都很受欢迎。

但星云并不满足，第二年，他又创办了《今日佛教》月刊。

此后，佛教文化服务处开始出版佛教书籍，这在当时的台北还是第一家。起初，主要印刷新版的佛经。星云发现，台湾的佛经没有标点符号，也没分段落，很多信众看不懂，他把这些佛经重新进行编辑，用新式标题，分好段落，标上标点符号，然后重新排版、印刷。佛教文化服务处每个月出一本佛经，叫"每月一经"。信徒们拿到新佛经后，发现能看懂了，而且字号又大，年纪大眼睛不好的人也能读，顿时十分喜欢。

接着，星云又动笔写了《十大弟子传》《八大人觉经十讲》《海天游踪》《觉世论丛》及其他一些佛学丛书。这些书的出版发行，使他的文化弘法达到了新高峰。

1967 年之后，星云虽然把主要精力用于佛光山的开创和建设，但仍不忘文化弘法。1979 年，他创办了《普门》杂志。在发行 20 余年后，又将其转型为《普门学报》论文双月刊。2000 年新世纪到来之前，他创办了台湾地区第一份佛教日报《人间福报》。他取的报名一语双关，冀望"人间有福报，福报满人间"，还用"四个代表"归纳了该报出版发行的意义：

一、代表净化美好的社会，希望每天早餐时间大家打开报纸，不要看到的都是贪嗔邪见的报道。社会虽有不好的一面，但是十步之内必有芳草，要报道正能量，歌颂善行美德；

二、代表智仁勇的人生，推广知性的报道，发掘仁义的善举，表扬英勇的行为，希望大家面对问题都能勇于负责、勇于担当，开创智仁勇的人生，奉行戒定慧的生活；

三、代表慈心桥的联系，这张报纸就是一座慈心桥，联系着每一颗心，共创祥和温馨的社会；

四、代表因缘果的报道，要让所有的报道，都能够对社会风气的改善、对人性的提升有所帮助，同时也能把艺术、旅游、医药、体育等信息，每天贡献给读者。

《人间福报》创办后，星云连续三年在头版开设《迷悟之间》的专栏，发表了 1124 篇文章，内容大到促进世界和平、提倡环境保护、关怀民生社稷，小到指导修身养性、协调人际关系，无所不谈，每每有独到看法。由于文章涉及面广，文字生动活泼，篇幅长短适中，而且紧跟时代潮流、切合实际，深受读者喜爱，后来结集成书。该书翻译成英文后，被美国亚利桑那州立大学、密执安州立大学、波士顿剑桥市政府教育中心选为授课教材。

眼障阻挡不了写作

后来，星云的视力出现障碍，但他仍然坚持写作、出书。有人对他这 10 多年来在视力障碍的情况下还能继续写作表示怀疑，但佛光山法堂书记室的法师们人人都说："千真万确，每一个字都是出自他的口述，我们只是把师父的话如实记录下来。况且，佛光山尽人皆知，师父历来文思敏捷，出口成章，即便当年眼睛好的时候，他也习惯于在心里打好腹稿，反复揣摩，完全思考成熟之后才动笔。”

星云说，这个本领也是他出家时练就的。“年幼参学时期，生活非常困窘，一张纸都要重复使用。第一遍用铅笔写，第二遍再用毛笔写；正面写满了，就写反面；两面都写尽了，在行与行之间再添字句。后来为了节省纸墨，干脆在心中打好腹稿，再直接写在本子上，连作文的草稿都免了。再加上当年过堂（用膳）、上殿都要排很久的队，就善用等待的时间打腹稿。这种习惯一直保持到今天。我可以随时思考文稿，写作题材经常在脑中组织盘旋，坐车、走路、等人，都可以思考布局。常常一次散步下来，一篇讲稿已经想好。文章由开头到结尾，常能倚马千言，一气呵成。归根结底，我并非天赋异禀，完全是为了克服匮乏的生活而激发出来的潜能。”

近十多年来，星云或口述，或开示、演讲，再由弟子们把他的话记录下来，就是很好的文章。每年春节的新年献词，他也是这么写的。2013 年出版发行的一套书——《百年佛缘》就完全是由他口述而成。这套书无论在大陆还是在台湾，甚至在世界其他地区都备受欢迎。

为了方便作品的出版，1978 年，星云将“文化服务处”更名为“佛光出版社”。出版的书籍既有星云本人写的，也有弟子们写的，还有很多是翻译的。这些书既有佛教典籍，也有人文社科类，涉猎广，种类多，仅丛书就有经典丛书、概论丛书、教理丛书、文选丛书、用世丛书、译文丛书、童话漫画丛书、工具丛书、外文丛书等。出版物由佛光山的两家文化事业公司发行、经营，并通过分布在世界各地的道场别院，举办国际书展，向海内外的大学、图书馆、学术单位等赠送，大大推动了文化弘法。

宋美龄的刺激

如今，佛光出版社与时俱进，还出版发行音像制品。星云很早就重视音像弘法，在宜兰时，他就充分利用广播和幻灯片。那时幻灯片是新鲜事物，进口幻灯片的价格很贵，但为了达到最佳的效果，他不惜成本从日本买来幻灯片播放。

20世纪60年代，台湾第一家电视台——台湾电视公司（简称台视）刚刚开播，星云就洞烛机先，对弟子们说，电视一定会带来巨大的影响。“我们平常讲经，了不起一两千人听。如果能在电视上讲经，一次就有几百万人听，即使把寺庙卖了，也要在电视台做节目。”

他找到当时的台视经理刘震慰，谈妥买下每周一个小时做佛教节目。没想到，临开播前，节目却被取消了。怎么会这样不讲信用？他跑到台视去抗议。台视的人也很无奈，说：“并不是我们要刁难你，是蒋夫人说佛教不准上电视，我们也没有办法。”

星云力争：“即使是蒋夫人，我们也要抗议。因为广告已经打出去了，我们怎么对信徒交代呀？！”

台视怕事情闹大，只好答应每周播一集《锦绣河山》，这是一部介绍大陆寺庙的电视片，里面也有许多介绍佛教的内容。节目完全免费，算是给星云一个补偿，也算是对信众有个交代。

回忆起这段往事，星云说："现在想起来，还真应该感谢蒋夫人，因为当初急着做佛教节目，没想到以我们那时的人才和能力，根本做不出什么像样的节目。《锦绣河山》拍得不错，又是免费，多好啊！"

虽然能够幽默自解，但做电视节目的心愿，星云没有放弃。台视节目无法播出，他只好再等因缘了。不久，中华电视台（简称华视）开播，星云又第一个跑去商谈。华视开出的价码很高，播出半小时要价 12 万元新台币。这在几十年前，可不是一笔小数目。

星云盘算了一下，30 分钟的节目，扣除 9 分钟广告，实际上只有 21 分钟。"电视台这么坑人，条件这么苛刻，但想到弘扬佛法，我也不惜一切。"

他策划了一个节目，叫《万家生佛》。结果因为里面有个"佛"字，被电视台否决了。他又改成《无尽灯》，还是通不过。最后改成《甘露》，准了，并敲定那个月的 25 日星期五播出。星云和弟子们高兴极了，发信件给各界人士，还刊登启事，提醒大家收看。可是，到了开播那一天，华视的人一大早打来电话，说播不了了。

"哎呀！那一天真是不知道怎么度过的。"星云回忆说，"我的面子、信誉全都扫地了！"

为了解决问题，他想到了蒋纬国，亲自登门求助。蒋纬国对他说："星云呀！电视里怎么由得你讲话呢？电视的影响太大了，大到不可想象。你一开讲，大家不都信佛了吗？”

星云说：“我是想提倡一些现代的宗教观念，比如说不杀生、拜佛时用鲜花四果等。”

经过种种努力，华视终于放行。可是播了3个月，又莫名其妙地停播了。星云再次奋力争取，总算又有了下文。可让他哭笑不得的是，播出时间改成半夜11点。“真是吃人啊！”星云说，“不过，即便如此，我还是有个念头，播总比不播好，不能小看电视的影响力。”

后来，他继续与各家电视台周旋，嘴皮都磨破了，心都操碎了，最后总算在台湾三家电视台都有节目播出。

经过这些折腾，星云暗暗决定——自己办电视台，要让佛教“电视化”。

这个心愿，一直等到30年后的1998年才实现。那一年，他创办了佛教界第一家独立直播的电视台——《佛光卫视》，也就是现在的《人间卫视》。

该卫视是台湾地区唯一一家没有商业广告的电视台。没有商业广告、没有官方资金支持，经费来源全部仰赖佛光山电视弘法基金会的募款。

《人间卫视》播出的节目，除了弘扬佛法，也播放人文公益、环保生态、对弱势群体的关怀等内容；同时还有适合青少年学习成长、正面健康的社会报道及海内外的佛教新闻。它是一个完全没有污染的、纯净的、正能量的电视频道，被称为“商业挂帅媒体环境中的一股清泉”。所以收视率一直增长，尤其受到北美、东南亚地区观众的欢迎。

为了解决《人间福报》和《人间卫视》的用稿问题，整合来自世界各地佛光人的新闻讯息，星云在2001年让依空法师筹备并建立了“全球佛光通讯社”，后改名为“人间通讯社”。

这家通讯社是全球佛光人统一的供稿窗口。为了培养人才，由国际佛光会、《人间福报》和《人间卫视》联合举办“佛光通讯员讲习会”，提升佛光人的新闻撰稿能力。如今，人间通讯社除了提供文字稿件，还提供照片、录像带，除了供给报纸和电视外，还提供给网站。

佛教文化的殿堂

星云强调：“佛光山不仅仅是寺庙，它是为佛教文化而存在的，文化是净财。”

我们在佛光山参访，在任何地方都能感受到浓烈的文化气息，尤其是佛陀纪念馆，更像是一座佛教文化的殿堂。

为了建成这座殿堂，星云付出了整整10年的心血。这其中，倾注了他对释迦牟尼的全部情感和心血。小时候，他根本不知道释迦牟尼是谁，当时外婆家里供奉的只有观音菩萨、土地公、城隍爷等。出家后，他才第一次见到释迦牟尼的佛像。道友们告诉他，那就是“咱们的教主”，他一脸茫然地听着，心想，既然是自己的教主，就必须去了解。于是，他读了大量与佛陀有关的书，《释迦如来成道记》《佛所行赞》《释迦谱》

《杂阿含经》以及日本人著的《佛传》等。读罢，他对佛陀的言行、精神、佛法，甚至他的生活、待人，都有了较深的了解。25 岁那年，他干脆自己动笔，撰写了一部通俗易懂的《释迦牟尼佛传》。

在研读和写作的过程中，他对释迦牟尼越来越崇拜，并在心里慢慢浮现出“佛陀的另一种形象”。他甚至感到，佛陀并不是出生在印度，而是出生在自己的身边；佛陀也不是出生在 2500 年前，而是出生在当下。为了寻找佛陀，他 6 次到印度，在佛陀走过的路上徘徊，在佛陀说法的地方膜拜，他沉思、默想……觉得佛陀永远是他的导师、慈父、偶像、朋友。他经常向佛陀倾诉：

“伟大的佛陀，为了找寻您，我曾经走遍全球。为了实践您的教言，我关心身边的大众。我希望忽然在人群中见到您，我盼望在小径上与您不期而遇。

“经过多年的朝思暮想，现在终于有了进展：我吃饭的时候，想象您就坐在我的上首；我走路的时候，想象您就走在我的前头；我睡觉的时候，您出现在我的床头。我渐渐感受到，您和我是生活在一起的呀！”

由此，他一直希望能在佛光山为佛祖建一个纪念馆，纪念佛陀的恩德。

10 多年前的一天，当一个获赠佛祖舍利的机缘来临时，虽然缺钱少物，但他毅然决然动工兴建一座佛陀纪念馆。他要让佛陀不但常住在里面，更能永远活在他和弟子们的心中。

为了让纪念馆能重现当年佛陀在恒河两岸说法、百万人在灵鹫山听法的盛况，他依地形，把纪念馆南边的小山规划成“灵鹫山”，北边的小河规划成“恒河”，把园林景观规划成佛陀说法的著名道场“祇园”。他要让所有建筑物和景点，都富有佛教文化的特色和内涵。

如今，走进纪念馆雄伟的大门，往西看，正面山坡的最高处，是一尊48米高的佛陀铜质坐像，连同其座下的12层佛光楼，总高度达到108米，这尊“佛光大佛”使用的铜就有1780吨，是世界上最高、最大的铜佛。从下面仰望，仿佛佛祖盘坐在蓝天祥云间，举着莲花手，慈祥地注视着芸芸众生。

坐像的前面，是四座仿造印度菩提伽耶正觉大塔的宝塔，分别立于纪念馆本馆房顶上东南西北四个角，代表“四圣谛”。塔身壁龛浮雕图案，塔内分别设了大悲观世音菩萨、大智文殊师利菩萨、大愿地藏王菩萨和大行普贤菩萨造像，象征佛教的苦集灭道、信解行证及四弘誓愿。

佛陀纪念馆的本馆楼里，地上三层，地下一层，共1.42万平方米。里面有很多殿堂：

玉佛殿——供奉着缅甸珍奇白玉雕成的卧佛，两旁有象征东方琉璃世界与西方极乐世界的彩色玉雕，左右墙面则为各种香木雕刻而成的宝塔。佛陀真身舍利亦供奉于内，供信众礼拜。尤其有意义的是，殿内准备了佛经和纸笔，供信众抄经，抄完后签上名，存放于顶层的“藏经阁”，那里将奉纳百万份由世界各地人士抄写的《心经》，以此表达供养心意。

金佛殿——供奉着泰国僧王所赠的东南亚最高的金佛坐像，象征南北传佛教的交流与融合。壁面龛内供奉6000多尊小佛像，四根柱子上有《金刚般若波罗蜜经》等经文。除可拜佛、点灯外，殿内左右两侧还设有“法语箱”，供人祈求抽取。

为了让人们轻松地了解佛陀，星云在纪念馆里还专门建了一座 4D 电影院，放映 4D 电影《佛陀的一生》，重现佛陀修行成道的经历。电影结束后，如果观众说“我是佛”，声控互动系统就会应声启动，观众身后就会自动呈现庄严的光环，祝福其未来成佛。

星云还让佛光山的乐团将《佛陀的一生》编排成音乐剧，在世界各地演出。

其实，星云不仅仅是要人们了解佛陀，最重要的是要知道佛的内涵，感悟真正的佛法，从而能努力让自己成佛。所以，佛陀纪念馆里，到处充满浓烈的佛教文化氛围——图书阅览室和书店里，人们安静地享受阅读；各种佛教艺术品展览厅里，无论摄影展还是书画展，吸引着你来我往的人群；在有 2000 个座位的大觉堂（大礼堂）里，国际佛光会正在举行“生活有书香”读书经验交流会，台上的嘉宾激情满怀地演说着，台下座无虚席，不时爆发出潮水般的掌声……

佛陀纪念馆本馆的地下一层，是一座地宫。它的入口处，模拟了西安法门寺的地宫门，里面展览了地宫石门、石函等 125 组件文物。有意思的是，星云很有远见，他设计了 48 个地宫密室，分别收藏各种文物，每年放进去一批东西，并且每次都举行存放仪式。

2014 年春节，我们就赶上了一次开宫存放仪式。那天上午，佛陀纪念馆本馆的门前，早早聚集了数千人，星云和佛光山各位长老亲自出席。仪式开始后，人们抬着各种佛教文物，鱼贯走入地宫，这些文物放好之后，地宫关闭。按照星云的计划，未来每100年，就开启一座地宫，取出旧文物，放入新文物，让人类的佛教文化生生不息，延绵传承。

从本馆出来，是长宽各100米的菩提广场，可供万人集会。广场前方有万人照相台，在这里与大佛坐像合影，位置最佳。照相台一共修了37层阶梯，象征着“三十七道品”，恰好可容纳万人拍照，而脸部互不遮挡。

万人照相台下面，是一条宽大笔直的成佛大道。道路两侧，是绿茵如盖的草坪。草坪的尽头，八座中式宝塔分立于两侧，象征“八正道”。塔名分别为：一教、二众、三好、四给、五和、六度、七诚、八道。塔的基座设有会客厅及简报室，供应茶水，并提供各种信息服务。基座的上面，各有“天宫”，珍藏各种佛教文物。五和塔内的“喜庆之家”厅，还设有佛化婚礼照相和礼服等服务专室。

经过八塔再往前走，是占地4600平方米的礼敬大厅。这是信众与游人进入佛陀纪念馆大门后的第一站，其门前有雕刻的石狮群，以示迎宾。一层大厅里设有招待、询问、寄存物品、摄影、美食、纪念品等各种服务。二层犹如古代城楼的阳台，站在那里，手扶栏杆，举目眺望，整个佛陀纪念馆在蓝天白云和树木花草的衬托下，既气势恢宏，又和谐完美。尤其是在春节的夜晚，灯火通明，人流涌动，礼花璀璨，五彩缤纷，站在这里欣赏，台下就像一个欢乐的海洋。

“佛陀纪念馆就像一座佛教大学，透过文化、艺术的呈现，达到净化人心、和谐社会的教育功能。”这就是星云对佛陀纪念馆的理解和定位。

亲自出马建成“三宝山”

现任佛陀纪念馆馆长如常法师告诉我们，2003 年，这里还是面积达 100 公顷的荒芜山地。“师父把建馆的任务交给我们五个弟子，大家开玩笑叫我们‘五人帮’。最初我们也请过建筑设计师，但他们往往和师父的意见相左，只好作罢。比如，在盖完本馆之后，大师就跟建筑师讲，前面要建八个同样的塔。建筑师对他说：‘你这样的设计是错误的，在建筑的机制里面，不应该盖重复的东西，那样没有特色。’大师坚持要建。建筑师不高兴了：‘我是国际知名的建筑师，如果我盖重复的八个塔，没有特色，人家会笑我的。’说完他扬长而去。”

如常五人自己动手，画了几百张图纸，可是那些图拿给星云看，他一个都不满意。“师父能看出我们没有经验，不过他说，没有关系，我盖过那么多房子，怕什么？你们跟着我，我告诉你们怎么做。他就干脆亲自出马了。”

星云要来八个汽水瓶子，往桌上一摆，一边四个：“八个塔就这样布局！”五个弟子在旁边看明白了。接着，他坐着轮椅，来到施工现场，吩咐弟子拿来三样东西：皮尺、竹竿和红色的线。

轮椅在地基上停下，他问：“从这里到门口多远？”

弟子们拿皮尺丈量后告诉他多远。他说：“帮我除以6，地基528平方米。妙瑜，你站那里；妙香，你站那里；妙广，你站那里；如常，你站那里。你们四个人在站的地方把竹竿插下去，拉起红线围起来。”弟子们就这样用红线，一个接一个，围成了八个塔。之后，用相机照下来。

相片洗出来后，交给新来的建筑师。他是刚从大学建筑系毕业的研究生。星云告诉他：“塔基528平方米，主层是7层，电梯在中央，下面分为两边，左边和右边，你帮我盖，屋檐是黄色的。第一层楼4米高，第二层往上每层3米8。你们去画图，就这样好了。”

没几天，图纸和效果图就出来了。大家一看，颜色比较灰。星云说：“不要灰色，整个建筑灰蒙蒙的，没有朝气，尤其是在乡下，灰色配周围的绿色不漂亮。改成黄色配绿色，加上蓝色的天空，比较漂亮。还有，塔顶尖尖的不好，因为后面有佛像，要改成圆顶。”

建筑师把图纸改完了，再拿来看，星云点点头：“好了，开始建吧！”就这样，八座塔就盖起来了。

经过八塔的建设后，如常五人开窍了，也学会了看图、绘图。“后面再盖其他建筑，只要有图，我们就知道怎么建了。”

八塔与菩提广场之间的万人照相台，也是星云亲临现场指挥设计的。他的要求是，所有人在这里照相，必须保证能照到大佛。当时这里正在施工，尘土滚滚，他坐在轮椅上：“拿相机来照我。”照完一张后，轮椅再往前推：“再照我!”如此在不同位置拍了许多张。负责摄影的慧延法师把照片洗出来，星云对比之后，选定了“万人照相台”的确切位置。设计师便据此画好图，开始施工。

万人照相台建成后，星云坐轮椅再次到现场检验，谁料到了台阶跟前，他的轮椅突然上不去了。原来，台阶两边忘了做斜坡。他立即吩咐：“把两边台阶打掉，做成斜坡。”

自从星云发现这个疏漏后，他每天让弟子推着他的轮椅，到处绕呀绕，车轮滚滚，踏遍整个佛陀纪念馆。凡是有障碍物的地方，统统整改——台阶改斜坡，水沟要搭桥，衔接处需平整。

整个佛陀纪念馆盖完后，要进行内部装修。星云又把监管任务交给了如常。刚刚学会了建筑的如常，又要面对一窍不通的装修，十分为难。“我就问师父，我怎么做内部装修呢？我不知道您要做什么啊!”

星云说：“我要一个佛教节庆馆，要一个介绍佛陀一生的电影院，要一个能唱歌、跳舞的歌剧院，要一个吸引小朋友的儿童馆，还要一个抄经堂。”

如常听了愁眉苦脸：“师父，您让我做这些东西很难。会装修佛堂的设计师，不会装修电影院。会装修电影院的，不会装修佛教节庆馆。我上哪里去找装修设计师呢？”

没料到，星云还是那句话：“没关系，我们自己做。你只要每天过来跟我交流就行了，你把我讲的话记录下来，然后去找人照着做。”

就这样，如常每天上午8点去见星云，星云从8点讲到10点，事无巨细交代清楚。然后再坐轮椅到现场，指导装修工程。

后来，如常实在忍不住了，就问星云："师父，我们自己做得这么费劲，您为什么不去找一个会的人来负责？再说，山上有很多人会盖房子、会装修，为什么一定要找我？"

星云严肃地看着她："如常，我要培养人才啊！如果我把这些钱全部给建筑事务所，那些建筑师也是跟你一样刚从大学出来的，他们也是什么都不懂。那我为什么要拿几个亿的钱，来培养外面的人呢？佛教不能没有人才呀，而且这是多好的机会！"

确实，佛陀纪念馆建完之后，弟子们什么都会做了。现在，纪念馆里哪儿水管坏了、灯泡坏了、马桶坏了，弟子们都能自己修，根本不需要找外面的修理工。修理工通常下午6点就下班了，但寺庙是没有休息的，很多信徒都是下班后才来寺庙，不可能等到第二天上班再修理这些生活设施。

如今，在佛陀纪念馆与本山之间，又增添了一座殿堂——藏经楼。其与众不同的是，所藏佛经涵盖了世界上的各种版本——贝叶经、韩国的高丽大藏经、日本的大正藏经、藏文的大藏经、南传北传藏经等等。不仅如此，这些历代藏经都进行过重新标点和注释，有了现代版的藏经、光碟版的藏经以及手机版的藏经。

这里还收藏了星云的各种著作，以及佛教界和专家学者对各种经典、弘法方式、人间佛教的研究论文。为使这些研究有

佛光山的佛陀纪念馆

佛陀纪念馆，更像是一座佛教文化的殿堂。为了建成这座殿堂，星云付出了整整10年的心血。这其中，倾注了他对释迦牟尼佛的全部情感。

可持续性，藏经楼里专门设了人间佛教研究院。研究人员中除了僧人，还有特聘的专家学者。

这两座殿堂，对佛光山都意义重大。如常说："佛陀纪念馆用于文化教育，是'佛宝'；藏经楼收集佛教经典，是'法宝'；而本山是僧人居住和弘法的地方，是'僧宝'。这样一来，佛法僧三宝都有，佛光山成了'三宝山'，十分圆满。"

注重艺术弘法

文化弘法最重要的当然是人才。星云为此对弟子的培养不遗余力，如常说她自已的成长过程就是一个典型的例子。

年少时，她的俗家与佛光山为邻。受其影响，她中学还没读完，就跑到佛光山，要跟星云出家。星云看看她，问她多大，她说 15 岁。星云说不行："你还未成年，这么小就来出家，你父母会告我诱拐未成年少女，你还是回去好好读书吧！"

她问："要等到什么时候？"

星云说："至少等你过完 18 岁。"

到了 18 岁，她又来找星云。星云问："你大学毕业了没有？"

"还没有。"

"那你把大学读完再来。"

大学一毕业，21 岁的她再次来找星云。星云说还是不行：

“得让你父亲写同意书，否则我和你父亲作为邻居会吵架的。假如有一天，你爸爸跑来说，我又没有把我的女儿送给你，你怎么把我的女儿给收了？我怎么回答？”

她再次被赶下山。她想，事不过三，第四次她就不再去找星云了，直接报考了佛光山的佛学院。这时的她，已经25岁，在一家出版社工作了3年，担任助理编辑。星云得知她辞职读佛学院，明白她决心之大，缘分已到，这才同意收她为徒，法名如常。

当时，星云正在编《佛光教科书》。如常当过出版社的编辑，星云给她的第一个任务是整理和编辑《佛光教科书》。如常聪慧，又肯吃苦，书很快编完出版了。

对这样一个忠于信仰，又有潜力的弟子，星云决定好好培养。有一天，星云问如常多大了，如常告诉他已经28了。星云笑道：“你这个人很有意思，都28岁了，才读到大学，现在社会上看重的是高学历，你去考艺术研究所的研究生吧！”

如常摇头：“我考不上，我大学读的是营养学，隔行如隔山，我根本就没学过艺术，也没学过美术，更没有学过表演，怎么考得上？”

星云却说：“没关系，你先保密，悄悄地复习准备，不让人知道，考不上就算了。”说完，偷偷塞给她5000元新台币，让她买书、买复习材料，出去打听考哪些内容。

准备了4个月，就要考试了。星云问她，这个专业录取几名。她说一共15名。“你只要排在第15就好了，考不上就算了。”星云像是鼓励，又像是安慰。

结果，如常考了第 11 名，顺利录取为艺术研究所的研究生。

直到此时，如常才明白师父的用意。“师父很会引导一个人走向他想要的方向，他鼓励我学艺术，还是为了文化弘法。我考上后，他告诉我，你不只要读书，还要做 3 件事：一是要编一套书，叫《世界佛教美术图书大辞典》，把全世界的佛教建筑、绘画、书法、雕刻都收进去；二是要与你的同学和教授广泛结缘，把他们变成你弘法的挚友；三是佛光山有很多美术馆，没有专业的人管理，你毕业之后要接管美术馆。我一听，这三件事，至少有两件很难。首先是编《世界佛教美术图书大辞典》，我当时一没有钱，二没有人，尤其还要读书，根本没时间。”

过了一个星期，星云突然把如常叫回山，塞给她一张支票。如常一看，吓了一跳：“天啊！上面写着 1000 万元新台币。我长这么大也没见过这么多钱！师父跟我讲：‘这可是我稿费的钱呀！’我越想越害怕：一怕钱用完了，书还没有编出来；二怕辜负师父的期望。我又想，师父为什么相信我，不怕我卷款而逃吗？”

她忍不住把这些困惑告诉星云。星云也不多说什么，只是告诉她具体该怎么做。于是，如常去了敦煌，去了美国，去了韩国，她求教各方学者。可所有的学者都跟她讲，这套书出不来。“你家师父每次都要做全世界的，请问：韩国的怎么翻译成中文？日本的怎么翻译成中文？印度尼西亚文怎么翻译成中文？泰文怎么翻译成中文？你一个人怎么完成？另外，你家师父选的题目也不对，把全世界佛教建筑、绘画、书法、雕刻都搞在一起，涉及面太大了！”一圈跑下来，星云的想法被统统否掉了。

如常回到佛光山，如实向星云汇报：“师父，这个《大辞典》看来编不了。”星云也没说什么，只是从此以后，他周游海外，不再像以前那样带些七零八碎的东西，而是大箱小箱带回世界各地佛教艺术的书，没几次就带回了3000多本。他让身边的弟子整理好，放在图书馆和书房里，供如常使用。这些无声的行动，对如常来说是鞭策，是动力。

有一次，星云到了山西云冈石窟，见到云冈石窟文物研究所所长，就问：“你们有没有云冈石窟的文物出版？”

所长说：“有呀！”

星云说：“我现在正编一套《世界佛教美术图书大辞典》，你能不能把版权给我？”

“没问题。”所长痛快地答应了。

后来，星云又打电话给越南、印度尼西亚的华文报社社长：“你们很多记者在跑佛教文化这条线，你们记者收集的数据、图片全部给我好吗？我要做一本《世界佛教美术图书大辞典》。”对方都表示没问题。

如常目睹了这一切。“到这时，我就再也不敢跟师父讲我不做了。我叫停师父，一切自己做，直至圆满成功。”她感慨道：“师父就是这样，他要做的事情，一定要做到，也一定能做到。而我们弟子只要按他的要求去做，也一定会成功！”

星云培养如常接管佛教美术馆，也是如此。在他看来，佛教与美术是紧密相连的。从印度的犍陀罗艺术、秣菟罗艺术、阿富汗的巴米扬石窟，到我国的敦煌莫高窟、云冈石窟、龙门石窟等，都是令世人叹为观止的艺术瑰宝。其外在表达的是艺术之美，内在却是对佛法的虔诚。佛教教义就藏在这些艺术创作中，一代代深入人心。

星云早年在大陆焦山佛学院求学时，看到“佛教文物展”能吸引数十万人参观，就知道“艺术也能弘法”的道理。到台湾后，他一直注重收集和展示佛教文物。从 1983 年开始，他先后建立了佛光山文物陈列馆（后改为佛光山宝藏馆）、佛光山文物展览馆等，并对外展出。10 年后，这两个馆合并改为“佛光缘美术馆”。后来，佛光山在世界各地的道场也建立了“佛光缘美术馆”，于是佛光山的美术馆就成了总馆，统领各地分馆。这个总馆长，星云想交给刚刚研究生毕业的如常。但是，如常能不能胜任呢？他想检验一下。

如常毕业那年是农历马年，星云让如常在佛光山大雄宝殿后面的展览馆里做一个关于马的展览。如常读书时从来没涉及过展览，但她很有人缘。“我的导师不是美术界、艺术界的大家，就是博物馆的馆长。我的同学有的是艺术家、舞蹈家、导演、舞台总监，有的是策展人，还有的是艺术记者。幸好我一直按照师父的要求，主动和他们交朋友，关系密切。当我把佛光山要在马年春节举办一个‘马到成功’艺术展的事告诉大家时，导师和同学们个个表示全力支持我。一位老师说，佛光山要做展览，当然要做世界级的。他去历史博物馆借来了唐三彩的马。有的同学帮助策展，有的同学帮着布展，还有的通过关系，把收藏家的古董文物借来，更有人把真正的活马拉来，准备开幕式上用，负责摄影的和负责写新闻稿的同学都有。”

一切准备就绪后，如常在台北开了一个新闻发布会，很多记者参加，做了大量报道。星云看到新闻，非常高兴，打电话问如常怎么搞出这么大的影响。如常告诉师父：“是因为您让我广结善缘。您培养了我一个，却结缘了一批艺术才俊。”

“马到成功”艺术展顺利完成，星云痛快地把美术馆的管理大权交给如常。十多年过去了，如常已将下属的美术馆从 9 家发展到了 23 家，“而且一毛钱都没从师父手上要”。

如今，佛光缘美术馆的一个重要任务是在世界各地巡回展出收藏的佛教文物和文化艺术品。文化艺术品中有书法、国画、油画和雕刻等，尤其是星云的“一笔字”书法作品，大受欢迎。

第八章

暗施慈悲与后人

每年春节，星云都亲自来给孩子们发压岁钱，

孩子都喊：『给师公拜年！』

『师公新年吉祥！』

就像普天下三代同堂的大家庭过年时一样，

这是孩子们最幸福的时刻。

慈悲，也许是汉语中最常用于佛教的一个词。在没来佛光山采访之前，我印象里的慈悲，是龙门石窟卢舍那佛对天下苍生、人间悲喜的微笑，是乐山大佛看江水奔流、世事变迁的双眼。

来佛光山之后，慈悲是山下人家的两段往事——

数年前，在佛光山附近的一个镇上，发生了一桩离奇的事情。有一户人家，一家三口，夫妇俩带着一个10岁的儿子。男主人的家族原来在外地开小工厂，家境还不错，后来企业倒闭了才举家迁移至此。眼看丈夫从小老板沦落为卡车司机，生活大不如前，家用捉襟见肘，妻子觉得十分委屈。两人经常为一点小钱争来吵去。终于有一天，妻子趁着丈夫出车、儿子上学、家中无人的机会，不辞而别，远走高飞。这丈夫跑了一天长途，晚上回来，一摸锅盖，冷冰冰的；四处寻找妻子，却百呼不应；问儿子，儿子说他放学回来就已找过一遍，始终没见妈妈踪影。无奈，他只得守着儿子，继续过下去。

日子一天天过去，这男子天天出车，回来倒头便睡；儿子每天上学放学，盒饭充饥。

有一天，邻居发现几天不见孩子的父亲出门，便问孩子怎么了。孩子说爸爸一直睡觉，好几天不吃不喝。邻居进门瞧瞧，想知道他是否生病，结果连叫数声，无人应答，掀开被子一看，发现人已僵硬。可怜这孩子，与父亲同住一起好几天，竟然什么都不知道。邻居赶快报警。警方查看后，发现此人是割腕自杀，死前留下血书一张："老婆离家出走，孩子无人照顾，拜托一定把他送到佛光山育幼院。"

佛光山育幼院很快就把孩子接了过来。为了抚平这孩子深痛的心灵创伤，专门给他安排了单间住房，派专人对他进行无微不至的照顾，上学有校车接送，放学不愁吃穿，还请心理医生对他进行安慰辅导。渐渐的，这孩子觉得，育幼院的生活比原来的家不知要幸福多少倍，心情变得开朗，终于找回他这个年龄应有的活泼和快乐。

再追溯到数十年前，有一个国民党老兵，早年从大陆撤退到台湾，后来年岁渐长，急于有个家。可一个穷当兵的，举目无亲，长得又不怎么样，谁瞧得上呢？最终凑凑合合，找了一个台湾山地的原住民女人，将就着过。若干年后，女人怀孕了，老兵高兴坏了，老来得子，一定要让这孩子好好地生下来。他对这女人百依百顺，好吃好喝伺候着，生怕她的肚子有一点不测。大半年过去了，瓜熟蒂落，孩子降生了，果然如愿是个小子，家里的香火从此可以在台湾延续。那天晚上，他备了丰盛的酒菜，请来亲朋好友，开怀畅饮，大举庆贺。酒罢，他隔海向着大陆方向一拜：“对岸的列祖列宗，你们的子孙在台湾岛上也生根开花了。”

可好景不长，没多久，那女人就离家出走了。老兵守着嗷嗷待哺的婴儿，既当爹又当娘，苦不堪言。更让他不知如何是好的是，孩子的户口一直没报，因为只有孩子他妈有台湾当地户口。女人一走，婴儿岂不成了“黑户”？无奈，他只好请朋友帮忙，让孩子变成朋友的儿子，上了朋友家的户口。事情是办妥了，可他变成了孩子的养父。他也认了：“说什么也比孩子上不了户口强吧！反正这孩子横竖是要自己养的，既然要养，叫养父也没错。”为了养这孩子，他在军中要求换了个轻松的岗位——养猪。不需要紧急集合，不需要出操训练，他就带着孩子在猪圈旁生活着。

好不容易拉扯着孩子上到小学三年级，老兵的脸色越来越黄，肚子越来越大，到医院一检查，肝癌晚期。他知道自己来日无多，于是带着孩子找到佛光山育幼院：“我死之后，希望你们能把这孩子抚养成人。”

当时负责佛光山育幼院的是慈容法师。她有些惊讶，台湾官方对军人的后代特别照顾，军中有孤儿院，条件非常好，为什么不去那儿呢？老兵摇头，只说不想去军中的孤儿院。慈容法师又劝道：“那也可以到省立孤儿院或高雄孤儿院，都是官办的，对孩子将来有好处。”老兵还是不肯：“师父，我实话告诉你吧，我就是要让孩子在佛祖的座下长大，别的地方再好也不去。你们要是不接收，我们就住在这儿不走了。”

慈容法师只好答应他：“既然你对我们这么信任，我们就收下这孩子。放心吧，我们一定会好好培养他的。”

这孩子刚进来一个星期，老兵就去世了。临终前，他把一生积蓄的 70 万元新台币捐给了佛光山。星云没有接受这 70 万，而是让慈容以这孩子的名字存在银行里。

匆匆数年，转眼间这孩子长大了，也当了兵，退役回来后，70 万已变成 130 万。慈容法师心想，如果把钱直接给他，他大手大脚花掉了怎么办？于是决定给他买个房子。可当时，这笔钱又买不到一个像样的房子。恰巧，没过几天，有人捐给佛光山一套房子，她就报请星云，同意把那套房子过户给这孩子。如今，他已在那套房子里成了家，过上了幸福美满的生活。老兵当年的托付，育幼院都完成了。

“小王子”和“小公主”

育幼院，其实就是孤儿院。1970 年，佛光山开山两年后，就创办了这所育幼院。为了让里面的孩子不自卑，星云特意把“孤儿”二字改成了“育幼”。这一改，其含义发生了很大变化，那些身世堪怜的孤儿到了这里，确实不再孤独，而是有人抚育，有人栽培，命运得以改写。

在佛光山大大小小的机构里，星云最常去的地方就是育幼院。只要一有时间，他就来看孩子们，称他们为佛光山的

“小王子”“小公主”，要求所有的佛光人都要关心他们。

法师们说，大家可宝贝这些孩子了。无论居住环境、生活条件，还是福利待遇，他们都比普通家庭的孩子要好得多。所以，周围方圆数百里，没有不知道佛光山育幼院的。

如今的育幼院院长是依来法师。2014 年大年初一的晚上，我们随她走进了“小王子”和“小公主”居住的地方。佛光山下一片树木花草中，有一栋 6 层高的楼房，使用面积共有 2000 多平方米，里面住着 56 个孩子，还有近 20 个工作人员。门口，还停放着一辆辆色彩缤纷的花车。

依来说：“瞧，孩子们刚刚从山上看焰火、参加花车游行回来，只怕这会儿衣服还没换，脸上的妆还没卸呢！”

我们才想起来，可不是吗，刚才热闹至极的花车游行中，站在花车上的孩子们，有的装扮成观音菩萨，有的装扮成唐僧，有的装扮成孙悟空、猪八戒。这会儿，他们像一群刚刚走下舞台的小明星，兴高采烈地从外面跑进来，看见院长和我们，便热情而礼貌地打招呼。一名身材高大的青年男子，如同兄长一般，领着这群年幼的弟弟妹妹。依来冲他喊道：“道伟，过来，和叔叔阿姨们说说，你是几岁到这儿的。”

“3 岁。”道伟说，“现在我都 30 岁了，已经在台北工作，每年春节都回来过年，和大家在一起，很开心。”

其实，他们每个人身上都有一段心酸曲折的故事。道伟 3 岁那年，被父母丢在了佛光山脚下，他嘶哑的哭声唤来山上的法师们。大家一看，这孩子哪儿都挺好的，不缺胳膊不少腿，就是衣服比较破烂，想必是父母无力养活他，否则也不会狠心弃他而去。于是，法师们连忙把他带回育幼院，悉心抚养。当时，他说不清楚自己姓什么、叫什么。星云说："怎么办呢？就让他随我姓李吧，叫李道伟。"等李道伟长大一点，法师们就送他去读小学，此后一直供他读完大学。直到李道伟参加工作，这里仍然是他的家，法师们仍然是他最亲密的亲人，每到节假日，他都早早回"家"。

看着带领弟弟妹妹们一起嬉戏的道伟，依来说："这育幼院里，和道伟一样姓李的孩子很多，都是大师给取的名字，李道莲、李道兰……早些年，台湾的原住民一生就是一二十个孩子。经济困难，生活拮据，养不起，就把孩子遗弃在菜市场、车站。人们捡到后，不想抚养，就送到佛光山的山门口。那时候，佛光山本身经济也很困难，但是大师每次都说：'既然这个小孩子被送到这里来，就是跟我们有缘，我们要把他（她）照顾好。'一个一个，就这样留下来了。"

说话间，有一个小男孩走了过来。依来让他自我介绍一下。他说："我叫陈文山。"

我们问："几岁了？"

"7岁。"

"来这里多久了？"

"两年了。"

"在这里开心吗？"

"非常开心。在这里我有好多哥哥姐姐。"

依来说，他是目前育幼院里最小的一个，已经在山外的兴田小学上一年级。"佛光山的孩子基本都说普通话，周围的孩子都说闽南话，让他们到外面的小学去读书，他们慢慢地就会说闽南话，这样才好跟同龄的小孩子玩到一起。”

这时候，扮演唐僧的男孩和另外两个女孩走过来。

“哎呀，我们的‘三藏’来了，快告诉叔叔阿姨叫什么？”依来对那男孩说。

“我叫颜普门，今年小学六年级，来这里4年了。这是我的两个亲姐姐，我们都住在这里。”孩子说。

“这家姐弟仨是一起被送到这里的，他们很小就失去了父母。现在都慢慢长大了。”依来指着穿旗袍的两个女孩说，“她们今天扮演仙女下凡，看，她们穿上旗袍身材多好啊！”

“我叫颜菩提，是大姐，在普门中学高中部读一年级。”女孩子们也不认生，欢快地说，“我妹妹叫颜普光，也上中学了。”

这是星云取的又一组名字。菩提、普光、普门，都与佛教有关。大姐菩提，意思是觉悟、智慧；二姐普光，意为佛光普照；小弟普门，意指普及于一切之门。像他们这样，一家姐弟仨生活在一起的，算是幸运的，至少还有血缘上的家。但大多数孩子，都是孤零零来这里的，所以星云要给取名、排辈，把他们拼凑成一家家的兄弟姐妹。

孩子们之间免不了各种矛盾，就是亲兄弟姐妹也会有吵吵闹闹的时候。于是，育幼院组织孩子们参加各种文娱活动，组织歌咏队，学唱歌；组织舞蹈队，学跳舞；组织乐队，学各种中外乐器；请老师给他们上艺术课、手工课，让他们学画画、学做各种艺术品……这些艺术活动能够陶冶他们的性情。不上课的时候，就给他们讲故事。总而言之，让他们每时每刻都有新鲜好玩的事情去学、去做，让他们没有时间吵嘴打架，更没时间去想那些被遗弃、不愉快的往事。

为了让孩子们忘掉过去，活得有尊严、有信心，星云尽量满足孩子们的需求。衣服、鞋子破了，不需要孩子说，就早早给他们准备好新的。不说穿得多么高贵，但一定要干净整洁，漂漂亮亮。在山外的学校读书，育幼院把学杂费放到孩子自己手上，开学时他们自己一分不少地交给老师。星云说，这样他们就不会感到自己与别的孩子有什么不同，在学校里就会有尊严。

每年春节，星云都亲自来给孩子们发压岁钱。大年初一这天清晨，星云就带着住持心保和尚来了，给孩子们发红包。虽然他的眼睛看不清，不知道谁是谁，但摸摸这个的头，拉拉那个的手，非常亲密。孩子都喊："给师公拜年！""师公新年吉祥！"就像普天下三代同堂的大家庭过年时一样，这是孩子们最幸福的时刻。

但是，育幼院也不娇惯这些孩子，从小就培养他们自己动手的能力，小学二年级以上的孩子，全部要自己洗澡、洗衣服、洗碗筷。依来说："他们毕竟没有父母，我们得从小教育他们，今后的前途和未来要靠自己，长大了好吃懒做是不行的。"

佛光山育幼院，院长依来法师与孩子们在一起

育幼院，其实就是孤儿院。1970年，佛光山开山两年后，就创办了这所育幼院。为了让里面的孩子不自卑，星云特意把“孤儿”二字改成了“育幼”。

台湾“奥巴马”

说到这里，依来突然想起来了：“对了，相比之下，外国的小孩子独立性更强一些。路易斯就很独立，他爸爸就在佛光山上出家，但他从来不依赖爸爸。”说着，依来把路易斯喊了过来。我们一看，呵，好一个高高瘦瘦、长得酷似美国总统奥巴马的黑人小伙子！依来笑道：“他是我们台湾的奥巴马。”

路易斯用流利的中文和我们打招呼：“叔叔阿姨好！我叫路易斯，今年22岁，在东南科技大学上学。”

“你是哪里人？几岁来这里的？”

“我是8岁从南非来这里的。”路易斯说，他是个混血儿，妈妈是南非人，爸爸是奥地利人。

“你怎么会从南非跑到这儿来了呢？”

“佛光山在南非也有个寺院，我爸爸经常去做义工，觉得佛教行善非常好，后来他认识了星云大师，觉得星云大师更好，就跟他来到佛光山，并在这里出家了，他就是慧守法师。我呢，就跟着爸爸一起过来了。”

“那你妈妈呢？”

“妈妈过世了。我爸当年从奥地利到南非，认识了我妈妈。当时我妈妈离了婚，带着一个女儿，是单亲家庭。我爸和我妈结婚后，生了我。我妈身体不好，我8岁那年，她过世了，我就跟着爸爸到了这里。”

“想回南非吗？”

“我回过南非一次，那里还有我同母异父的姐姐。比较起来，我还是喜欢留在这里。姐姐也来过佛光山，对佛教也很感兴趣，不过她已经有两个孩子了，只能留在南非。”

“在这里习惯吗？”

“已经非常习惯了。小时候说中文比较困难，但好在年龄小，和这里的兄弟姐妹成天在一起玩，拼拼凑凑，很快就混会了。”

“经常去看爸爸吗？”

“他就在山上，我有时看到他给游客们做导览，带大家参观佛光山，很忙，也很快乐。我平常要上学，但每次带小朋友们上山时，能碰到他，就和他打个招呼。如果他不忙，我也OK的时候，我们就约好碰个面，问问对方最近怎么样，彼此好放心。”

“你们俩是用英文聊啊，还是用中文聊？”

“都有。刚开始有段时间，我努力学中文，很多英文都忘记了。我爸说这样不行，英文也不能忘，一定要跟我讲英文。后来，我按他的要求讲英文，他反而讲中文了，因为他的中文越来越好。现在，他看到我已经习惯讲中文了，所以经常跟我用中文聊天了。”

依来说，路易斯个子高，擅长打篮球，而且乐感也非常好，是育幼院乐队的指挥。我们便笑着问他：“你多才多艺，又长得那么帅，在学校里肯定有不少女孩子追吧？”

路易斯害羞地挠挠头：“还好，男生女生都喜欢我。在学校里要好的女同学不少，但称不上女朋友。”

像路易斯这样在育幼院长大成人的孩子，40 多年来已经有 1000 多人。这些孩子无论是留在佛光山的，还是走出去成家立业的，心灵和行为都深受星云的熏陶和影响，他们都有一颗慈悲的心。

有一个女孩子，7 岁那年妈妈病逝后，父亲另结新欢，把她当作累赘送给了亲戚。亲戚负担太重，又把她送到佛光山育幼院。育幼院送她上学读书，她非常努力，成绩很好，高考时完全可以考上热门学科，但她坚持要考护理科。后来，大学毕业后，佛光山又送她到澳大利亚读研究所，攻读护士心灵医疗服务。很多人都奇怪于她的选择，这不是埋没了才华吗？

可她说，小时候看到妈妈在医院里非常痛苦，所以就想长大后当个护士，为病人服务。后来又觉得，光照顾病人还不够，病人的家属也很痛苦，他们需要心灵辅导，于是就又去研究这方面的知识，希望给病人和家属都送去温暖，抚平他们的痛苦和悲伤。更重要的是，“我在育幼院看到师公星云大师对每个孩子都那么关心，我们又不是他的亲生骨肉，他却把我们当作掌上明珠。有一次，我房间的灯坏了，师公知道后，急得赶快让人来修，生怕我看不见碰着撞着。还有，这里的老师都放弃了自己的青春，自己的家，一心来照顾我们。我在佛光山长大，耳濡目染，理应服务更多的人。所以我选择了这个学科和这项工作。”

赠人玫瑰，手有余香。星云抚养的这 1000 多名孩子，如同 1000 多株珍贵的玫瑰，在他的慈悲和善良下长大，又把这慈悲和善良带向各自的人生，带到广阔的天地，变成更多的善之花。

“闲如诸葛隐南阳”

下育幼，上养老，这是佛光山的两件大事。

早在宜兰时，有一所基督教创办的“仁爱救济院”，因资金困难无法继续下去。眼看院里的数十名孤寡老人将无处可去，年轻的星云主动接下了这个烂摊子，将其更名为“兰阳仁爱之家”，不惜代价增建院舍、补充设施、普植花木，老人们的居住条件得到改善。几十年来，“兰阳仁爱之家”成了宜兰无依无靠的老人们最向往的地方。如今，佛光山派出得力的法师，前往宜兰照顾这些老人。

起初，“仁爱之家”只收留孤寡老人。后来，星云手头的资金宽裕了，敬老的范围也随之扩大，他办起了台湾岛上第一个老人日托班——福寿学苑。日托班招收55岁以上的健康老人，开展社区大学一样的教学活动，让老人们重温年轻时的集体生活，不再孤独，而子女们也可正常上班，不再有后顾之忧。

创建佛光山后，星云专门建了一个“佛光精舍”，可安顿80多位老人。他们多为退休的职员、教授、企业家，少部分是老年僧尼。精舍的三栋公寓式楼房，依山傍水，环境优美，鸟语花香，犹如世外桃源。老人们住在这里，可以坐观流水卧观山。有一位老人还写了一首诗:“佛光精舍最清凉，修竹茂林绕四方，静老桃源无俗客，闲如诸葛隐南阳。”

和其他老年公寓的老人不同,“佛光精舍”的老人深受星云和佛光山的影响，有信仰，喜禅修，爱诵经，从不感到寂寞。“佛光精舍”对老人的照顾也非常周到，不管哪位老人生日到了，他们都会举办庆生会。对体弱多病的老人，医务人员和护工会精心照料。

很快,“佛光精舍”就变得远近闻名，以至于高雄县凤山的老人公寓“松鹤楼”一盖好，当地政府就委托给佛光山慈悲社会福利基金会经营管理。

这个基金会，是星云为了照顾孤寡病残老人特意建立的。资金是救济的保证，有了钱，他就能把援手伸向社会各个角落。比如，基金会对高雄县27个乡镇进行独居老人普查，提供义诊治疗等各种服务。又比如，星云让佛光山的云水医院组织友爱服务队，把车开到穷乡僻壤，一看到山边路旁的小矮房，就进去探视。如果里面住的是病魔缠身的老妪、佝背孤苦的老翁，就替他们诊断医治，并留下一些必需的日用品和食品。再比如，星云设立了佛光联合门诊部，对低收入、残障患者、独居老人等提供免挂号费就诊。

每逢天灾人祸，星云及时行善。他成立的“急难救助会”和“慈悲基金会”，负责各项援助。1999年9月21日，台湾发生百年罕见的特大地震，佛光山在星云的安排下，运送粮食、衣服等到灾区，帮助他们重建家园，并为灾民祈福。

对祖国大陆的灾难，星云从来都牵挂在心。1991年，华东地区大水灾，星云和世界各地的佛光会发起捐款赈灾活动，捐助了50万美元，另有10万美元请中国佛教协会代为发放。这些年来，星云通过募捐，不仅在大陆边远地区建了百余所佛光希望小学，还向一些困难学生提供奖学金。

对世界其他国家的灾难，星云也积极组织佛光人参与救助。

成就名画《南京大屠杀》

佛光山之外，还有许多人因星云的帮助改变了命运，或由穷变富，或从平凡变为非凡，成名成家的也不在少数。中外闻名的油画家李自健就是其中之一。

出生于湖南邵阳的李自健，从小喜欢画画。从广州美院毕业后，他远涉重洋，到美国深造。可是，没有钱又不懂英文，他进不了美国的大学，只能靠给人画肖像为生。一度，他被洛杉矶一家华人画廊看中，成为画廊的签约画家，生活相对稳定，妻子带着女儿来到美国团聚。可是好景不长，这家画廊不到一年就宣告倒闭。他的生活再度陷入窘境。

就在他不知何去何从的时候，星云的出现，改变了他的命运。1991年3月29日，李自健跟随洛杉矶侨领吴剑雄先生到西来寺拜见星云。他虽久闻星云的大名，但只在电视上见过。这次吴先生专门把他介绍给星云，星云招呼他靠近自己坐下，询问他的现状。他便把一套用自己画作印成的明信片集子递给星云。

集子封面那张《孕》的油画让星云眼睛一亮："哦，这幅画我好像在哪儿见过？"

沉思片刻，星云想起来了。半年前的一天，他应邀到洛杉矶华人社区妇女大法会弘法，会场的走廊两旁挂满了画作，他匆匆走过。当目光扫视到《孕》这幅油画时，他停下了脚步，驻足欣赏。

这幅画是李自健在自己的妻子怀孕 7 个月时所作。那天早上，李自健在外面写生数月后第一次回到家，一进门他便拿出从广州买的孕妇睡袍，让妻子穿上。"啊！太美了！"在画家丈夫的眼中，那是超凡脱俗、富有精神内涵的生命之美。他让妻子用白色手绢扎起一头秀发，低垂着头，侧身而坐，一手轻放在胸口，一手舒展于大腿上，乳白色睡袍线条起伏。他画下了这优美、端庄、圣洁的一幕。

这样一个充满人性与爱的画面，深深吸引了星云："少妇低头凝视，似乎正在屏息聆听隆起腹中胎儿的悸动，若有所思。她的眉宇间充塞着母亲的慈辉，世间的一切真善美，似乎都集中在这位女子身上。'孕'是宇宙中最善美的期待。这画者是谁呢？竟能以一管彩笔，将'孕'的涵义阐释得这么玲珑剔透！"

没想到，这幅油画的作者就坐在自己面前了。星云和蔼地对李自健说："哦！原来你就是这幅画的作者，我正要找你呢！"

星云一张张翻阅着这套明信片。当《山妹》展现在他眼前时，那背着弟弟、踮着脚尖、站在小凳上锁门的山村小女孩形象，令星云心中一动："这孩子好可爱，使我想起自己在大陆度过的童年时光。"翻到李自健为父亲所作的肖像时，星云的目光又停了下来。李自健说起父亲经历十年冤狱，如今又因癌症住院的事，星云很受触动："这幅肖像画，真是画出了中国人饱经风霜、坚毅刚强的民族气质啊！"说完，他回头吩咐弟子准备2000美元，让李自健尽快寄回家，给老父亲治病。

一番长谈后，星云心中思忖，再有才华的画家，在严酷的现实面前，也无法潜心进行创作，如此埋没，岂不可惜？

"李先生，我来支持你画100幅油画，好吗？"星云郑重地对李自健说。

李自健愣住了，以为自己听错了。

星云又说了一遍："李先生，我想请你在一年之内画出100幅作品。"

这回，李自健听得真真切切。他先是惊喜万分，接着迟疑不定。画什么呢？光画佛像和菩萨吗？

星云看出了他的疑虑，微笑着说："我不要你去画佛像、菩萨，你就以人间爱心为题，画你熟悉的生活，画你感动的人和事物，你过去怎么画就怎么画。只要将中华民族坚忍不拔、勤劳善良、任劳任怨的性格，在今后的作品中体现出来就好了。"他接着道："人性即佛性，人成即佛成。你能给世界画出好的作品，也就是在传播佛法。希望你重拾画风，创造属于自己的艺术天地。"

这番话让李自健热血沸腾，不知说什么才好。他终于有了机会画自己想画的东西，只是，他担心时间有点紧，便问星云，能否将交画时间延长3个月。

星云欣然答应，转身问吴先生："李先生的画目前每幅多少钱？"

李自健心想，星云要这么多画，一幅3000美元就可以了。可星云问的不是他，只听见吴老先生说："之前在画廊，自健的画一幅售价一般在5000美元左右。"

"好，就请李先生画100幅，总共50万美元。"

"50万美元？！"李自健简直不相信自己的耳朵。大陆画家陈逸飞10年前在纽约喜获石油大亨哈默的赏识，哈默以每幅3000美元的价格一次性收藏陈逸飞13件作品，使他一举走上成功之路。现在，自己从星云那里得到的酬金，要比陈逸飞多出十几倍。

更让他感动的还在后面。星云得知他没有合适的作画空间后，立即说："我有一处信徒送给我的独立住宅，位于哈仙达岗，离西来寺仅3分钟车程。那里环境僻静，原本是提供给我禅居的，如今我整年云游弘法，很少在那居住。只要你满意，便可用来做画室和住房，明日即可举家迁入。"

说罢，星云便起身，带着李自健等人驾车前往那座名为"蒙地精舍"的宅第。这是一座建在半山腰、有着浓郁美国乡野气息的住宅，房后是碧翠的泳池，窗外是开阔的山谷绿荫。远处，西来寺的琉璃瓦顶给这美景平添了几分东方神韵。

星云叮嘱随行人员："你们要让李先生安心在此作画，不要过来打扰。要来也要先打个电话，经过李先生同意才行。"

李自健搬进去后，心中那扇关闭已久的灵感之门缓缓打开，一种从未有过的创作冲动在萌生。他画下了《拔刺儿》《小咯咯》《姐姐的故事》《青青草》以及《奶奶》《磨》《青苹果》《祈》《暖冬》等一大批画作。绘画之余，他翻阅书架上星云撰写的《释迦牟尼佛传》《玉琳国师》《星云夜话》《星云说偈》《星云法语》，不知不觉中，也被佛学感动，不久，夫妇俩都皈依了星云。

几个月后，星云的弘法告一段落，返回洛杉矶。他来不及抹去旅途的风尘，就径直来到蒙地精舍，看到近20幅新作悬挂四壁，星云很欣慰："好！好！画得太好了！看到你的成果，我放心了。"

沉思片刻后，星云问道："李先生，你可不可以画一幅《南京大屠杀》？"

李自健一愣：佛教珍爱一切生命，为什么要画这血淋淋的大屠杀呢？

星云说："要画！要画出一幅警世之作，让世界永远不要忘记这真实的历史惨剧。我的父亲在'南京大屠杀'期间失踪，我就是这场惨剧的见证人。那横尸遍野、惨不忍睹的场景至今历历在目。可是，现在一些日本人仍在篡改教科书，参拜靖国神社，妄图否定这段历史。今天，我们这些见证人还在，他们就敢这样做，日子一久，就更难讲得清楚了。李先生，你要画好这幅画，让世界更多的人知道这个事实。人类这一惨烈的历史悲剧，绝不可忘记，绝不能重演！"

这是李自健第一次听到星云的身世，其中的深痛巨创超出他的想象。当晚，李自健在床上翻来覆去睡不着，一闭上眼睛，就涌现出星云描述的那些悲惨情景。“可不可以在画面中出现一个和尚收尸？”星云的这句建议突然开启了他的灵感，他一个鲤鱼打挺坐起来，将脑海中朦胧形成的画面勾勒在草图上。画分三联：左联是两个日本军人在砍头比赛之后拭刀狞笑；右联是哀伤的出家僧人在拖收尸体；中联是堆积成金字塔一般的死尸中间，一个从母亲血泊中爬起的幼童对着苍天嚎哭，尸山后面则是硝烟滚滚的中华大地和滔滔奔流的血色长江……

几个月后，星云再次回到洛杉矶，伫立在这幅画前，久久一语不发，只有眼角泛动着泪花。他似乎在这人堆中寻找自己的父亲。过了好一阵子，他才说：“画得太好了！画出了我的记忆，超出了我的想象！”

1993年5月16日是“佛光日”，2000多名来自世界各地的信徒云集洛杉矶西来寺，在欢庆“佛光日”的同时，也举行国际佛光会的成立盛典。借此良机，星云推出了“李自健油画展”，邀请加州州务卿余江月桂女士等出席画展开幕仪式。

这是李自健的第一次个人画展，参观者不仅对画家赞不绝口，更赞美星云这个伯乐。知道细节的人甚至说，李自健就是星云的一个“作品”。

画展成功后，星云把李自健叫到禅室，问道：“你现在已经完成百幅作品，还有什么计划？”

李自健说：“我想带着这些作品去云游天下，四处巡展。”

星云点点头："你就大胆地去吧。这些画作虽然收藏在佛光山，你随时可以借去展览。钱用光了，我会再找你画像的。"

李自健心头一热："谢谢您，师父！我一定还会再给您画像，但我绝不会收您的钱。不但不收钱，我还要给您捐钱。师父，请您放心，我要学习您的'开山精神'，锲而不舍地走出一条成功之路！"

送画归故里

转眼到了1998年冬天，《南京大屠杀》这幅作品正在全球巡展。有一天，南京大屠杀遇难同胞纪念馆馆长朱成山就向李自健提出，希望永久收藏此画。李自健告诉他："这幅画虽然是我画的，但所有权属于星云大师创建的台湾佛光山佛光缘美术馆，我会尽快把此事禀报星云大师。"

星云闻知此事后，沉思片刻，郑重表示同意。"由南京大屠杀遇难同胞纪念馆收藏，是这幅画最好的归宿，能让世世代代的后人参观，可以起到更大的警世作用。"此后，因为种种原因，捐画一事耽搁了两年。直到2000年12月13日"南京大屠杀"67周年，才举行正式的捐赠仪式。

这一天，南京城乌云低垂，警笛长鸣，星云肃立于南京大屠杀遇难同胞纪念馆的万人坑前，《南京大屠杀》悬挂在纪念馆会客大厅的正中央。国破家散的回忆，寻父不得的悲痛，齐齐涌上心头，星云用一口浓重的扬州口音缓缓说道：

“我 12 岁那年，跟随母亲来到南京，寻找在大屠杀中失散的父亲，我亲眼目睹了日军的残酷暴行，我的父亲就死在这场浩劫中。它从此改变了我的一生，立志走上引人向善、普度众生的向佛之路。半个多世纪过去了，我走遍世界云游弘法，却始终不能忘记这幕历史悲剧。我请李先生创作这幅作品，就是要真实地记载这段血泪历史，前事不忘，后事之师，永远警示后人。中华民族应该强盛起来，永远不受人欺侮。这幅画的主人应该是南京人民，今天物归原主，我终于能越过海峡，把它捐给南京大屠杀遇难同胞纪念馆，实现了我最重要的一个心愿！”

全场无不动容，掌声雷动，经久不息。时任南京市副市长许慧玲向星云和李自健分别赠送了感谢状与纪念品。她对星云说：“我今天代表南京 460 万人民收下这份厚礼，感谢大师对家乡人民的一片深情，希望大师以后每年都回家看看。”

2013 年 5 月，李自健回到家乡湖南，要建一座“李自健美术馆”。年近九旬的星云顶着烈日，冒着酷暑，参加了奠基仪式。当时，许多弟子担心星云行动不便，身体吃不消，但星云坚持要去。美术馆新址还是一片荒野废墟，星云不怕轮椅的颠簸，实在轮椅走不动了，就由弟子们抬椅前往。

李自健感动得热泪盈眶：“星云大师给我的支持从来不含糊。我的画在台湾展览 6 次，大师每次都去给我剪彩。不管在台湾什么地方展览，只要他在台湾，他都去。尤其是 1993 年，我在台湾举办画展后，台湾的电视台邀请我和星云大师一起上个节目，这个节目叫‘点灯’，大师点亮了灯，我来发光。大师当时讲：‘我也帮助过很多人，但李先生跟别人不一样，他是个特别感恩的人，值得为他点灯。’我很感动，回来的路上，电视台给了大师3000元新台币，可他一定要给我。他说，‘这3000块你拿去，我从来不上节目为人站台，这是第一次’。”李自健感慨道：“假如没有跟星云大师这个缘分，我可能是个很平庸的画家，为了钱、为了生存去画。星云大师让我超越了这些，让我能一心一意地画画。”

回顾和星云相识的20多年，李自健说，自己受星云影响最大的有两点：首先是不忘初心。“有一次我在台湾办画展非常成功，我想大师会赞扬我的。但每当我有些沾沾自喜的时候，大师都对我说要有平常心。后来我想大师的话很有道理，人在荣誉面前往往会飘飘然。在这个时候，追求艺术的初心不能变。”其次是学会了感恩。“大师的心地非常善良，给我们带来的好处太多太多。而我所能做的就是感恩。有一年，大师做手术，我给大师50万元新台币，大师就是不要。我对大师说：‘您不要我睡不着觉，你不要我画不下去。’最后大师同意我把钱交给佛光山。我必须以大师为榜样，做更多善事，将作品拍卖的钱捐赠给那些需要帮助的人，尤其是我的家乡和母校。”

李自健只是星云资助扶持过的许许多多人中的一个。台湾有一位画家，名叫施金辉，也受到星云的帮助。

施金辉本是台南一个农家子弟，他从小就显露出绘画天分，4岁就能在纸上画出观音像。可是，天有不测风云，一场疾病夺走了他行走自由的权利，但他依然沉醉于画画。高中毕业后，他在家自学，尤其擅长工笔画，不论花鸟或人物，都细腻优雅，别具一格。而且，他喜欢画佛像和观音像。

可是，一个自学成才的人，还没出名之前，又有多少人会买他的画呢？加上他行动不便，经济上自然困难。星云听说后，专门去了一趟施金辉的画室，见到了他那些漂亮的作品。星云同样问道："我预订你100张观音像，可以吗？"

施金辉高兴不已。这100幅观音像，他整整画了4年，越画越好。当100幅法相庄严、慈悲、威德、智慧的观音像被星云收藏后，他也一跃成名，台湾大批企业家和收藏家赶去购买和收藏他的画。

如今，耳闻那些因星云而改变命运的人，目睹山下活泼健康的孩子和安居无忧的老人，总会想起白居易的两首诗。

七十三翁旦暮身，誓开险路作通津。
夜舟过此无倾覆，朝胫从今免苦辛。
十里叱滩变河汉，八寒阴狱化阳春。
我身虽殁心长在，暗施慈悲与后人。

当年，洛阳龙门潭南面有八节滩、九峭石，船筏经过往往遇险，即使在严寒的冬天，船夫也要忍冻下水去推船。73岁的白居易和洛阳香山寺的道遇上人筹资募民，将险滩一一开凿除掉，这便是"暗施慈悲与后人"。数年后，笃信佛教的白居易病重，仍坚持每年跟随洛阳圣善寺的智如大师受一次八关斋戒，并赠诗给83岁的智如大师：

百千万劫菩提种，八十三年功德林。

若不秉持僧行苦，将何报答佛恩深？

慈悲不瞬诸天眼，清净无尘几地心。

每岁八关蒙九授，殷勤一戒重千金。

今天，星云年近九旬，出家为僧已经 70 多年。如果说，历经百千万劫才会有一颗菩提种子，那么，星云数十年的“暗施慈悲与后人”，便是真正的“报答佛恩深”。

第九章

戒律与人情

在生活上，他一切从简，住得简单，吃得更简单。如果没有客人来访，他常常就是一碗面条，或一碗米饭，就着一点素菜，足以充饥果腹。

2012年，我第一次在佛光山过堂，那情景只能用“震撼”二字来形容。

“过堂”这个词，大家并不陌生。但在佛门中，过堂就是用餐，它是汉传佛教丛林中特有的仪制。早、午斋两次过堂，是将进食视为一种修行方法，在僧团生活中占有重要的地位，是佛教思想和礼仪的统一。

我过去当过兵，部队吃饭不许讲话，但有时要念稿子，所以总体上不能说是安静。可在佛光山过堂，1000多人鸦雀无声，我去晚了一步，简直如入无人之境。举目望去，一排排笔直的长条桌子，每排坐七八十人，每人一碗饭、一碗汤、一碟菜。吃完了如果还需要，不许自己去加，也不许说话，把需要添加饭菜的空碗碟往自己最前方轻轻一放，站在长桌两头负责加饭加菜的值班僧人一眼就看到了，马上过来添加。过完堂，不用收拾，放下碗筷，悄然离开……

这无声无息的一幕深深震撼了我。我当时便想，若这斋堂外有一朵花，只怕花瓣打开的声音都能听见；若这斋堂外有一片雪，只怕雪花落在屋瓦上的声音都会清晰。

“观滴水而知沧海”，一饭如此，何况全山？佛光山有1000多名僧人，其中既有比丘，也有比丘尼。除此之外，还有国际佛光会、育幼院等组织，以及世界各地自愿来此服务的义工。一座佛光山，直接或间接的人员数以万计。星云把这么大的摊子管理得井然有序、有条不紊，实在是一门大学问。

僧团制度与规约

在山上，我和佛陀纪念馆、佛光缘美术馆的馆长如常法师有过一番长谈。她告诉我：“佛光山的法规很多，仅门规就有十几条。”

我问：“能举几个例子吗？”

“比如，不可以私自化缘。你瞧，佛光山现在仍在建设，但没有一个法师开口向你们要钱，也不会向居士开口要钱。我是部门主管，如果部门需要什么，也不能向你们开口。只要不是过年，就算你主动拿红包给我们，我们也没有一个人敢收。师父早就立下规矩，佛光山只有过年的时候可以收信众的红包，而且，红包的50%交回常住，50%自己留着，超过人民币1万元的红包就全部交给常住。为什么？因为有很多在厨房、在园艺、在环保方面工作的人没有红包啊，我们得把这 50%平均分摊发给他们；

“我们不可以有自己的私人存折。以我们个人名字开户的私人存折，其实是佛光山要登记名下的财产，作为公用的。一旦查出谁有私人存折，必须追究，革出山门；

“佛光山的弟子不可以私底下收徒弟，所有皈依佛光山的人，都算星云大师的第一代弟子、第二代弟子、第三代弟子……星云大师以下的法师，没有谁是谁的徒弟，没有慈惠法师的徒弟，没有心保和尚的徒弟，没有。就是一个师父，一个佛光山。谁私下收徒弟，革出山门；

“我们不可以私自请托。什么叫私自请托？比如我知道你们要从北京来了，我不能请你们帮我带东西——‘北京稻香村的点心好好吃呀，给我带 50 盒来吧！’不行，一旦被发现，第一次给予警告，第二次给你记大过，屡教不改，三次以上，革出山门；

“我们不可以私自下山。要出门，没有请假，没有报备，绝对不行。除非有公务得在外面住饭店，平时必须住在佛光山。如果一旦发现不在佛光山住，记大过。连续三次被记大过，就会被罚跪斋堂，然后革出山门；

“我们的法师男女有别，男女两人不可以单处。比如我出差到北京，有异性居士来接我，只有我们两个人在车上，这不可以，中间必须要有第三个人。”

我忍不住问道：“如果只有司机来接怎么办？”

“司机可以，他坐前面，我坐后面。但是，不可能每次去北京都是同一个司机来接我呀。

“我们虽是集体生活，但必须公私分明。比如打电话，在办公室不可以随便打。我主管的部门有 100 多位法师，如果有公务需要打长途到北京，包括我这个主管在内，都不可以直接拨到大陆，必须经过佛光山的总机转。打到岛内其他地方，也要通过总机转。每次都有记录，到了月底，账单送来，一份交佛光山宗委会，一份部门留底，报销。私人电话不报销，对不起，得自付。曾经有一个经济学者问我：佛光山缺钱吗？难道一个一级主管的座机都不可以直接打越洋电话吗？我告诉他，不是有钱没钱的问题，是制度。这个制度，一视同仁，我们觉得这样非常好。

“佛光山的制度，就是要让管人的人没有钱，管钱的人没有权，一个账单要 6 个人签字才能报销。”

“那么，你们有零用钱吗？”

“有，每个月都发。我这个美术馆馆长，和都监院院长慧传法师的月单银（零花钱）是同一等级。通常，刚出家读佛学院的第一年，月单银是 780 元新台币；毕业以后，每年加 20 元；出家的时间越长，单银自然就越多。其实，在佛光山不需要自己花钱。吃饭不用付钱；住宿不用付钱；出差、出国，佛光山的财务会帮我买机票；下飞机后打的，回来实报实销。我们每年还可以公费配一副眼镜，不超过 3000 元新台币就行，超出部分就自己出。”

“你们的住房有规定吗？”

“住房面积是有规定的，我做一级主管，房间面积是 4 平方米，只能放一张床，一个书架，一个台灯。一级主管就这么小，其他人更挤，有四个人一间的，还有六个人一间的，都是上下铺。东西不可以超过三箱，因为每个人的柜子和衣橱都是有限的。每半年会检查一次，多的东西用相机拍下来，送到纠察部门处理。前段时间，我们发现一件事，一位师兄年纪大了，多买了一个泡脚桶。纠察部门问他怎么多了个桶，他说，人老了，血液循环不好，所以每天晚上想泡泡脚。经研究，觉得此事可以照顾，就批准了。

“住房里没有电视机，要看电视必须到固定的地方。最近中央电视台播出采访师父的电视节目，全体佛光山人集合到传灯楼或如来殿的四楼大厅，大屏幕降下来，一起看。有的弟子平时想看师父在电视台说法，也只能到大厅去看。几十年都这样，没有变过。”

“4 个人住一个房间，要是有人打呼噜怎么办？”

“要忍耐。”

“实在睡不着，比如夏天太热，去外面睡行不行？”

“不行，你要出家，就要接受，你要调整自己。”

“晚上有统一的熄灯时间吗？”

“10 点熄灯。若是这一天我们很忙，就一定要在办公室把事情做完了才回去，因为宿舍区一过了晚上 10 点就不准开灯。”

“你的办公桌呢？在哪里？”

“跟大家一样的，在大屋子里。”

“可是，如果你要写一点东西，大屋子不安静，怎么办？”

“师父早就训练过我们，随时随地能写东西。他跟我说过，佛陀纪念馆（以下简称佛馆）不应该要办公室，他勉励我们弟子不要坐在办公室里，要有‘行动办公室’，要常常出去，到各个角落走走，有什么情况立即记录下来，然后解决。他说：‘你常关在办公室里，就不知道佛馆哪个单位发生什么事情，来访者有什么投诉。’”

“如此严格的要求，徒弟们没有意见吗？”

“师父早就给我们定下一条规矩，‘但愿众生得离苦，不为自己求安乐’。大家都习惯了。在进入佛学院的第一天，老师就会告诉你，将来的生活是什么样的，你那时就应考虑，要不要过这样的生活。更何况，在佛学院的生活，也是用同样的制度管理学生。如果你觉得这可以接受，那你就不会有意见。”

“僧人的生活还是很艰苦的，你不觉得吗？”

“这就是修炼，我觉得我们过得挺好。”

我脑海里一直徘徊着《红楼梦》里的那句话，“大有大的难处”，便问如常法师：“佛光山摊子很大，每天的开支费用不小，我们能感觉到，其实也是很难的。可佛光山每天还在开拓、建设；另外，星云大师每次捐款，一下子捐那么多，会不会难上加难？”

“师父不愿意让佛光山存钱。佛光山现在还在借贷，为了上海的‘文教馆’在借钱，为了北京的房子也还在贷款。师父一直持这样的观念：佛光山不能有太多钱，一有钱，弟子会变懒，就不团结了。

“其实，这也是他自身修行的结果和性格使然。他说：‘我不重视物质享受，也不为自己储财。有了钱，都是用来弘法，用来结缘。’他还说：‘因为我没有钱，不要钱，所以才能以无为有，才能不要而有。如果有钱，人都有贪心，就会把钱存到银行里，而不去创建事业；我不要钱，不拥有钱，钱来了，我觉得都是十方信众施的，我要把钱用于回馈社会，这才有价值。’”

这一番长谈，以及数日参访，令我们大开眼界。佛光山的衣食住行，样样有规矩；吃穿用度，处处有要求，看上去还真有点军人的味道。如常法师听到我们这番感慨，拊掌而笑：“说得对，师父自开山以来，既继承了佛教的清规戒律，又借鉴了现代管理制度，还引用了军事化的做法。否则，哪能立下铁的纪律呢？”

六十退位立典范

星云制定了这么多法规，把自己也约束在内。他让弟子们做到的，自己先做到。这，或许才是维系佛光山制度运转的真正魅力所在。

按制度，佛光山的宗委会主席，即住持，原来 6 年一任，最多可连任两次。他在第二任期届满时，就有了退位之意。可当时，佛光山还在扩建之中，弟子们不让他退位，一致投票，要求他再连任一次。1985 年，他的第三任期届满时，又有弟子殷殷哭跪请留，但他心意已决。

“18年前，我空着手到麻竹园开创佛光山，今日也空着手走。来来去去，没什么不同。如今，本山的建设已大体完成，为了佛教法脉永续，人才世代交替，我必须按章程退位，将正法递付于临济宗第49代、佛光山寺第二代心平和尚。”星云安慰依依不舍的弟子道：“我虽然已经退位，不是住持，但我还是徒众口中的师父，还是佛光山的一分子，因为师父是永远不会退位的。”

1985年9月22日，佛光山举行了庄严肃穆的交接仪式，星云将衣钵等信物传予心平和尚，并再次向大家说明坚持退位的原因：“法治重于人治，人有去来，生老病死，依法不依人，才能常住；世间之事，不是‘非我不可’，佛法弘扬、净化社会，靠的是大家；我退位不退休，新旧交替之间，必会一代胜过一代。”

心平从师父手中接过衣钵，眼含热泪，立誓道：“以师心为己心，以师志为己志，秉持佛光山宗旨，觉世牖民。”

寡言少语、沉稳可靠的心平在住持任上兢兢业业做了近10年。然而，天不假年，第二任期还未满，他就绝症缠身。1995年4月8日，当星云正在菲律宾参加国际佛光会世界总会理事会会议时，他的大弟子，那个从搬书、打包、邮寄开始，默默跟在他身边的心平，在台湾病逝了。第二天，消息传到菲律宾，星云悲从中来，那一天的日记里字字泣血：

“听到心平昨日往生的消息，心口一阵窒闷，强忍内心悲痛，上台主持会议。第二天赶回台湾，一路无语，只看到天际间流星滑落。回到山上，阵阵佛号声声入耳。心平的灵堂肃穆

印在佛光山墙壁上的信条“三好”和“四给”

佛光山自开山以来，既继承了佛教的清规戒律，又借鉴了现代管理制度，还引入了军事化的管理办法。

庄严，上香时，内心的深深不舍与心痛有谁能解？‘生命无常’原本是我们出家人体会较深的一句话，而我现在受到的是巨大的冲击。尽管我有一千多个出家弟子，但是这一千多人在我心中都是独一无二、你我他都无法取代的……”

悲怆过后，佛光山的衣钵还得传承。当年脱下军装、披上僧衣的心定和尚，接过了心平的衣钵。

此后，佛光山的住持一代一代交替下来，而且越来越年轻。如今传到了第九任住持心保和尚。

如果说衣钵传承是大事，不可含糊，那么，星云在小事上，也是处处以身作则，给弟子们树立了最好的榜样。

如今，星云虽然已年近九旬，糖尿病导致两眼接近失明，双腿也无法行走，但他从来闲不住。佛光山的地形起伏跌宕，建筑物星罗棋布，但道路四通八达，星云的轮椅便滚滚向前，逢山过山，逢楼穿楼，时常到各地巡视。虽然他的眼睛看不清，但任何犄角旮旯他都门儿清，每一个地方有什么他都如数家珍。他喜欢走进弟子们中间，一边了解情况，一边出谋划策。这就是他的“行动办公室”。他让各部门的主管做到，他自己就首先做到了。

在生活上，他一切从简，住得简单，吃得更简单。如果没有客人来访，他常常就是一碗面条，或一碗米饭，就着一点素菜，足以充饥果腹。有时候来了客人，那就另当别论。“请客要热情，菜不仅要多一点，味道也要美一点，还要讲究颜色配称、咸淡均匀、色香味俱全。当然，也要避免浪费。”他乐呵呵地一边请我们吃饭，一边说道。此时，端上来的是一份份

"飞机餐"——一个大盘子里，前边是一溜小碟，每碟放一点素菜，后边是一碗米饭或者面条，这跟飞机上的餐盘何其相似。

星云的"飞机餐"别有来历。"大约在1994年的时候，华航正好有一批餐具要淘汰。我经常搭乘他们的飞机，知道了这个消息，就跟他们说：'送给我吧，丢了可惜。'后来，我们就用了这些餐具。用这样的小碟，营养丰富，容易吃干净。"说着，星云尝了其中一碟菜，觉得还行，就把菜倒进面条里，搅拌一下，大口吃起来。其他菜不再动筷，请人端了回去。如此节俭，实在超乎人们的想象。

这些招待客人的"飞机餐"，都是由萧碧霞师姑在自己的食堂里做的。如果星云要到佛光山的经营性餐厅"滴水坊"吃饭，他自己会主动付钱。每次，弟子们都不要他的钱："师父，您就别麻烦了，这个地方是您的。"

他一边掏钱一边说："谁说是我的？这不是我的，这个地方是大家的，是常住的，不是我一个人的。佛光山更不是我的，是信众的。"

站在一旁的部门主管问他："师父，您为什么要这样呢？"

他笑答："这就是管理呀，这也是制度呀！如果我吃饭不付钱，下面每个职事，像你们这样大的职事，到哪里都跟我学样，到哪里都不付钱，在餐厅做事的人，会开心吗？他们嘴上不说，心里会反感的。况且，他们挣不到钱，就不会有干劲，你要让他挣到钱，在佛光山工作才有劲呀！"

除此之外，在佛光山的书店、商店里买东西，星云同样会付钱。

出家人讲究“威仪”，星云平时非常注重仪表，但这仪表绝非奢华，他僧袍素服，布衣布鞋。在他以单人沙发为床的“卧室”里，柜子上挂着两件僧衣，朴素但十分干净，可以换着穿。此外别无华服。其他法师也是如此。一位法师说：“我出家都20年了，现在穿的这件是刚刚新领的，之前的那件还是我出家时发的，很旧，不过布料还可以，穿了20年。”

有星云做榜样，佛光山的弟子们个个注重“威仪”。很多人都说：“佛光山出来的人就是不一样，一看仪表就知道了。”

“我是他们的橄榄球”

星云立章建制，依法依规，对徒众要求甚严，不仅仅是为了管理，实际上也是对弟子的一种爱。他经常想起自己年少时在栖霞寺的岁月，“如果不是从小受过严格的戒律训练，养成了自律的习惯，我不可能达到现在的境界，不可能做到逆来顺受，不可能在遇到艰难困苦和任何挫折时依然从容应对，保持欢喜的心态。常言道，严师出高徒，我希望弟子们都能超过我”。

为了实现这个心愿，自小没有受过正规学校教育的星云，竭尽全力把弟子送到世界各地的高等学府接受教育。早在宜兰的时候，经费还十分有限，他就把慈惠、慈容等人送到日本留学。佛光山开山之后，送弟子留学渐成惯例。现在，他的

1300 个弟子中，博士就有上百人，硕士有 300 多人，大学生比比皆是，而且不断有机会被他送出去深造。

依空是佛光山第一位大学毕业后出家的弟子，为了让她继续到日本深造，星云亲自送她到东京大学，把她托付给水野教授；由于心中挂念慧开在美国留学的生活起居，他专程到费城的天普大学探望；为了了解依法的学习情况，他不辞劳苦，专门飞到夏威夷大学、耶鲁大学演讲，以便顺道看望；他甚至借朝圣的机会，数次到印度，走访诗人泰戈尔所创的梵文大学，探望正在那里攻读学位的依华。每回出国，他都自愿充当“散财老爷”，拿钱给他们买书籍文具，将身上带的盘缠、沿路收的红包，全都送光了才安心回山。这份爱徒之情，恐怕只有为人父母者才能体会得到。

“一日为师，终身为父。”星云总是在心里反复念叨这句话，所以才有了对弟子的关爱远远超过自己。一位法师说，很多人来看望星云时，会带人参、虫草等各种营养品和保健品，星云从来舍不得吃，不是说这个徒弟体弱，需要进补，就是说那个徒弟平时多病，需要吃点好的。最后，补品都送给了徒弟。

如果哪个弟子住院了，他比病人还要焦急。心平、永平住院开刀，他一次又一次去医院探视；徒众中有卧病输液的，他常常提着稀饭、酱菜到医院慰问。旁人看了，都笑他是“孝顺的师父”，他说：“其实我只是尽一点道友之情。”

自从大弟子心平身患绝症去世后，星云痛定思痛，更加关心弟子们的身体健康。过去，很多弟子不知道自己已经生病，因为出家人非常能忍，等到发现了，几乎都已酿成大病，回天乏术。幸好，后来有一位资深的医务人员到佛光山出家，星云要求她专门负责所有人的健康检查。这位“健康法师”非常负责，每年坚持给大家体检，就连体重不合格她也要管，发现谁超重了，就让谁每天去大雄宝殿练跑香。有了“健康法师”，大家的身体状况都好多了。

这份父亲般的爱，让弟子们心存感激，他们把星云看作佛光山的一棵大树，可以依赖，可以亲近。他们说：“师父很伟大，他像空气，呼吸起来很自然；空气很重要，没有空气我们就死了，但不觉得空气对我们有压迫感。”

2014 年的春节，我们亲眼目睹了佛光山的师徒之情。除夕的前一晚，众僧侣都聚集在大会堂里。会场披红挂绿，张灯结彩，座无虚席，群情激奋，他们等待着最振奋人心的时刻——师父为大家祈福，并要亲手给每个人送上一份礼物。今年的礼物是红苹果和金橘子，寓意平安吉祥。每个人从星云手里接过礼物后，都兴奋得喜笑颜开：“这个我们舍不得吃，要保存好，一直到过完年。”星云的眼睛看不清，他一遍又一遍地问：“还有谁没拿到？厨房的来了吗？做清洁的来了吗？没来的可一定要带给他们啊！”

师父视徒为子，徒众视师如父。每每说到这份师徒之情，星云总会讲一个故事：一般家庭，父母年轻有利用价值时，子女你争我夺，“My ball！”此时父母是篮球；中年之后，子女们你推来我推去，此时父母是排球；一旦老迈年高、行动不便，子女们你一脚我一脚，唯恐踢不出去，此时父母是足球。他感慨地说："我12岁出家，一生没有子女，但我有千人以上的出家弟子，个个都比世俗的儿女还要孝顺我。当年我在荣民总医院开刀治疗，几百弟子排班伺候。我自信，就算我老了，他们还是会紧紧抱着，如橄榄球似的不放下。"

《徒众手册》里的管理智慧

佛光山人人都有一本册子，名叫《徒众手册》，里面有密密麻麻的规矩。我们好奇，也借来一阅。自古以来，"儒释道"三家相生相通，佛门中的许多智慧，本就有无穷启发。这本《徒众手册》里的许多规则，别说有益于管理这么一个庞大的僧团，就是对企业、对社会组织，也同样有借鉴意义——

首先，各级组织非常健全，最高决策机构是宗委会。其组织章程总则的第一条写道："佛光山寺为开山宗长星云大师所创建之丛林道场，由比丘、比丘尼住持之；优婆塞（男居士）、优婆夷（女居士）护持之。"

宗委会尊崇星云为导师，指导各项弘法方针。宗委会由9至13名委员组成，候补委员3至5人。宗委会主席由宗委中选出，4年（原来6年）一任，可连选连任一次。特殊情况下，有2/3以上同意者，可连任两次，均采取民主无记名投票方式产生。

宗委会负责佛光山整体发展方针及各单位间的协调、统筹事宜，下设五院十四会。五院是：长老院、都监院、文化院、

“禁语日”的牌子立于佛光山台阶上

教育院和慈善院。十四会是：佛光山文教基金会、佛光净土文教基金会、人间文教基金会、佛光山慈悲社会福利基金会、佛光山电视弘法基金会、佛光山宗务发展策进委员会、佛光大藏经编修委员会、国际佛光会发展委员会、佛陀纪念馆建设委员会、国际佛教促进会、佛光山功德主总会、佛光山修持中心、《人间福报》社、佛光缘美术馆总部。

此外，宗委会还下设传灯会（人事部门）、传灯学院、法堂书记室等单位。

在整个佛光山的日常管理工作中，最为重要的人物，自然是住持，即宗委会主席。他统领寺众，对内总理一切事务，对外代表佛光山。由于住持的事务太多，根据需要，可增设副住持1至3人，由住持提名，宗委会通过，任期不得超过住持任期。住持缺位时，由副住持或都监院院长代行其职责。

其次是贯彻民主原则。星云在1985年9月22日正式退位之前，一直是佛光山的宗长、住持。他始终坚持采取民主法治的办法进行管理。自佛光山创建以来，没有一件事不是用民主开会的方式来解决的。“在团体中，最怕一人独掌大权、独断独行，这是本山最忌讳的。最好的办法，就是凡有决策，多征求意见；凡付诸实施，必先开会统一思想。在员工会议、职事会议、单位主管会议、各院院务会议中，大家不分年资、职务，都有平等的发言机会和表决权利。开会时可以畅所欲言，但决议之后一定要拥护，这才是真正的民主精神。”星云总结道。

对于弟子们的分工，也很民主。这么多人，谁做什么，属于哪个部门，或主管哪个部门，都是各尽所能，各尽其才。弟子入门后，每人可以根据自己的特长和爱好提出想做什么，能做什么，然后根据需要，分配到合适的工作岗位。对于在工作中能力强、表现突出、贡献特殊者，可以不按年资提拔到领导岗位。

此外，辅之以轮调制度，无论资历深浅，每个岗位平均3年轮调一次。通常，在每年农历的正月及七月，由个人先填写志愿，提交自我评价表，提出轮调的志愿，再由宗委会召开人事会议做出决定。流水不腐，使得佛光山的人力使用始终像一泉活水，灵活不僵滞，所有人都可以熟悉不同的工作。也使得个人不恋栈、不滥权。星云告诫所有弟子，必须做到“能上能下”：“能放下，才能超越，才会更自在；越是计较，越是会背上沉重的包袱。”

再次，不能光有民主，还得有法治。星云对弟子一视同仁，办任何事情“依法不依人”。他给弟子们制定的“工作信条”是“给人信心、给人希望、给人欢喜、给人方便”，但具体做法上，既有行为标准，又有激励机制。

为鼓励大家进德修业，星云制定了一套“序列等级”制度，就像我们评职称一样。依据个人在道业（品格、操守、修行等）、事业（对寺院的贡献、服务时间长短等）、学业（社会学历、佛学院教育程度、经藏研究等）上的发心、精进来核定，共分成五等十九级。依序为：1. 清净士，相当于初级职称，对象是初入佛门须净身心者，一年晋升一级，共六级；2. 学士，即努力学习知识者，三年至五年晋升一级，共六级；3. 修士，即重修行者，三到六年晋升一级，共三级；4. 开士，即教化别人者，五年至十年晋升一级，共三级；5. 最高为大师（长老）。至于老年入道者，均列为清安士，增加其福利待遇，不做升级之考核。

……

星云要建立一个现代化的佛教名寺，这些充满了现代智慧的制度就是其保障。我们明白了，为什么佛光山的僧众如此勤奋、不计报酬、不在乎物质享受，却还生活得如此欢喜、如此热闹。除了苦行僧的修炼，更重要的是有制度的保障和星云的垂范。

第十章

莲花西放

星云的弘法，在艰难中更有扣人心弦处——
他将东方古老的佛教智慧，带出了亚洲，
带向了西方世界，在不同文、不同种的异乡落地生根，
在另一种文明、另一种文化里开花结果。

公元前588年5月的月圆日，释迦牟尼佛在伽耶城得道成佛。随后，他西行200公里，来到鹿野苑——相传多年以前，国王喜欢猎鹿，于是鹿王下令众鹿抽签，中签者把自己献出去给国王射杀，以保护其他同伴。很长时间里，国王每天都能猎鹿而归，心满意足。直到有一天，国王正要射箭，忽然察觉那姗姗来迟的公鹿气度高华，两眼含泪，不由收起弓箭，仔细打量。谁料这公鹿忽然口吐人言，他就是鹿王，今日中签者是一头怀孕的母鹿，鹿王不忍一尸两命，又觉重新抽签对其他的鹿不公平，于是自己代替那头母鹿来献给国王。国王听了，十分感动，下令这一带永不猎鹿。这里从此成了鹿的天堂。

或许是因为这个传说中的仁慈意味，在释迦牟尼佛的时代，大批宗教学家云集于此，和自由驰骋的鹿群相伴。成道后的释迦牟尼佛来到这里，是要寻找父亲净饭王派来照顾他的5

名随从。他们一度以为，他放弃了苦行就是耽于享乐，便离他而去。这一次，他告诉他们自己领悟到的人生轮回、苦海无边、善恶因果、修行超脱之道，告诉他们苦行并不等于佛法。5 人顿悟后，立即披上了袈裟，拜倒在佛陀膝下，成了他的首批弟子，也是第一批佛教僧侣。

这便是最早的传法。释迦牟尼佛在鹿野苑的穆拉甘陀库底精舍（中文意译为“根本香室精舍”）中住下，其僧团也逐渐扩大到 60 人左右。佛陀便派遣他们到四周去弘法。在当地国王与富商的支持下，佛教在鹿野苑附近传播开来。鹿野苑也被尊为佛祖“初转法轮”之地。

此后，释迦牟尼佛用自己的双脚，丈量古印度大陆的每一寸土地，说法 45 年，讲经三百余回，化度弟子数千人，佛教由此兴盛，成为世界三大宗教之一。

2000 多年后，1963 年，星云来到了位于印度北方邦瓦拉那西以北约 10 公里处的鹿野苑，它已被视为古印度四大圣地之一。站在这片古老的土地上，星云在心中问佛陀：在那高温 40 度以上的酷热天气下，您和弟子们居无定所，您是怎么能忍受那种酷暑炎热的呢？

循着释迦牟尼佛的足迹，星云又登上了海拔 4000 多米的拉达克高山。那里是 2000 多年前大乘佛教发扬光大的地方，如今却寸草不生。望着满目荒凉，星云很难想象：当初佛陀和那么多的大比丘是怎样生存的？

星云还去了佛陀曾经到过的斯里兰卡，去了缅甸普甘保存的佛陀遗迹。面对一处处佛塔遗址，他在遥想：那时佛陀的圣德在四方流布，会是何等盛况？

在泰国、马来西亚、柬埔寨、老挝、日本……每到一处，星云都会站在那些屹立至今的宝塔和佛像下，感慨释迦牟尼佛当年的弘法是如此之广，信徒是如此之多，从古印度大陆传遍了古老的东方。都说“盛世修佛”，自己前半生都在战火硝烟、颠沛流离中度过，如今世事太平，何不让佛教在全世界弘传呢？无论哪个国家，哪个人种，其实都需要佛法呀！

他立下了宏愿：要在世界各地建立寺院道场，让佛光普照三千界，法水长流五大洲。

弘扬佛法广设道场

这些寺院道场首先从台湾岛内开始。宜兰、台北、桃园、新竹、苗栗、台中、彰化、嘉义、台南、高雄、屏东、台东、南投、花莲……佛光山在台湾共有三四十个寺院道场。除了佛光山自己修建的，还有少数寺院本来就存在，只是其住持见佛光山管理得好，主动托给佛光山来管。这里面有些因缘际会，星云就讲了这么个故事：

“1949 年，我曾路过基隆。当时走过一个寺院，站在窗口往里看，一位尼师正好从窗口往外看着我。当时我年纪轻，脸皮薄，不敢擅自进入寺院，就匆匆离开了。

“后来，我才知道那个寺庙是极乐寺，那位尼师是人称‘女中大丈夫’的修慧法师。

“30年后，修慧老法师担任了基隆佛教会的理事长，主动到普门寺来找我。她表示，佛光山所做的一切都是‘人间佛教’的事业，与她的心意相符，因此想将极乐寺捐献给佛光山。

“我当时想，山上人手缺乏，如果接办得不好，岂不愧对老法师的美意？所以就婉拒了，只是邀请她到佛光山参观。没想到，修慧老法师参观完佛光山之后，更坚定地表示要把极乐寺捐献给佛光山，并且发愿她自己也要做个佛光人。我被她的诚意深深感动，就答应了她的请求。

“极乐寺是基隆的大寺庙之一，历史悠久，修慧老法师献寺的消息传开后，当地许多人都不愿意，甚至出面阻挠。不过，修慧老法师态度坚决，不为所动，她不但让极乐寺成为佛光山的分院，还捐出寺中所有存款1000多万元，以及寺里珍藏多年的黄金。

“修慧老法师将极乐寺交给我的时候，已经80高龄。她高兴地说：‘我等这一天已经等了30年，今天我的心愿也终于有了安顿。’

“听到她这番话，我不由想到当年站在极乐寺窗口向内张望的情景，如果不是几十年来坚持弘法、心怀道业、了无私念，修慧老法师也不会给我这么大的信任和托付呀！”

这样的故事不止一个。

1979年夏天，台湾酷暑炎炎，管理嘉义圆福寺的老里长陈斗渊已经70多岁了。他躺在寺庙后面的芒果树下睡觉，睡梦中他听到有人大声呼叫：“大树！大树！大树！”

他被这喊声惊醒，起身坐在地上，想不明白这“大树”是什么意思。回到庙里，他和朋友谈起这个奇怪的梦。有人解梦说：“这也许与您担心寺庙积欠的200万地价税有关。至于‘大树’，高雄县有个地名叫大树，大树有座佛光山，是星云大师住持的。是不是菩萨指点我们去找星云大师呢？”

为了不让这座历史悠久的古刹因欠缴地税被充公，陈里长便与庙里的护法江旺根、翁罗义等人商量，干脆请佛光山接管圆福寺。三人一起上了佛光山，找到星云。星云见他们十分真诚，便答应下来。1981年，佛光山对圆福寺进行改建，使之成为全世界唯一一座表现华藏世界的殿宇，也是嘉义地区最庄严的寺院。

交托给星云的其他寺庙还有不少，北投的安国寺是明定法师交托给佛光山接管的；石门的北海道场是日本华侨王村文彦捐赠的；新庄禅净中心是徐褚格居士所捐；礁溪的圆明寺是妙观法师所赠；头城的灵山寺是达德法师相送……

一波三折西来寺

为了更广泛地弘扬佛法，星云还将佛光山的别院道场建到了海外。

1976年，星云应邀率十七八个弟子组成的代表团，参加美国建国200周年庆典，并访问了这个国家。这是星云第一次踏上美国的国土，在与各界人士广泛接触后，他敏锐地觉察到，这里是个大熔炉，各种肤色、各种语言都有，宗教文化各有特色，丰富多元，但都能相安无事，相互包容。

他尤其发觉，美国的华人华侨在日益增多，可他们大多入乡随俗，信了基督教、天主教，信佛教的反而少了。他当然理解信仰自由，但又有些遗憾：“中国人还是应该保持自己的传统文化和信仰习惯才好呀。”他仔细一想，也许是华人华侨没有这个条件，他有责任为这些海外同胞提供一个中国人传统的精神寄托场所——寺庙道场。

洛杉矶华人王良信夫妇是虔诚的佛教徒，星云访美期间，他们一直跟在身旁。知道星云有此想法后，他们非常高兴，激动地报告道：“师父，我们在这里买了一块山地，完全可以建一座寺庙。如果您觉得可以，我们免费送给您。现在就请您去看看那个地方。”

星云去了，一看，很喜欢。但他不愿接受人家的捐赠，也未想好要不要就建在这里，便决定回台湾后再商量。

回到台湾没多久，王良信的越洋电话就来了，他希望星云尽快到美国拍板。

放下电话，星云想了想，在美国建寺，确实是实现佛法国际化的第一步，只是此时手头有点紧；不过，既然机缘来了，就不应放过。他决定先派弟子慈庄和依航两位法师前往。慈庄会日语，在美国有很多日裔侨民；依航曾在亚洲航空公司服务过，英语很流利。有这两人前去，交流不成问题。

听到星云做了决定，佛光山人人都很高兴，信徒们还在台北圆山饭店设宴，为慈庄、依航饯行，东挪西凑，凑齐了两万美元，让她们带在身上。

慈庄和依航到了洛杉矶后，王良信夫妇非常热情，把她们接到家里住下。可是，两人刚住下没两天，时差还没倒过来，建庙的事已在当地闹得沸沸扬扬。当地相关部门和美国居民听说要在这里建寺庙，这可是过去从没有过的事，那必须开公听会。结果，会上做出决议：准备要建寺庙的宅基地属于商业和住宅用地，不可以用来建寺庙。

王良信夫妇非常难过，觉得对不起星云。慈庄安慰他们："没关系，师父也没说一定要选在这里，是你们太有诚意了，师父才答应让我们来看看的。"

安慰完这对夫妇，慈庄还是把实情报告给星云。她在电话里说："师父，这块地是在住宅区内，只能建民宅，不能作为宗教用途，所以不能建寺庙。"

星云不明所以："住宅区为什么不能建寺庙？"

慈庄解释道："美国法律规定，房子的用途有严格的分类，商业区、住宅区、工业区、宗教区等，彼此间不能挪作其他用途。所以，在这里建寺庙不成。"

"那么，除了这块地，你们有没有别的选择？"

"在这里我们又不认识其他人，还能有什么办法？只有回去了。"

星云一听，那怎么行？"你们不能回来！大家已经为你们践行，饭也吃过了，就这样回来，如何见台湾的信众？大家会问，你们不是去美国建寺庙了吗？怎么回来啦？"沉吟片刻，他说，"这样吧，过两天，我带心定去美国一趟。"

星云又筹集了一万美元，和心定来到了洛杉矶。大家商量，既然新建寺庙比较困难，那就干脆先买个现成的房子。

美国人卖房子，都是在家门口立个牌子表示出售，大家在洛杉矶大街小巷转悠了两天，发现要出售的房子不少，但每套价格都在 10 万美元以上，他们总共才 3 万美元，每次下车一问价格，就傻眼了。

有天黄昏，在回程的路上，慈庄忽然对星云说：“这条路上有一间教堂要出售，就是太贵，买不起。”

星云一听，教堂改造成寺庙，那不是再好不过吗？他马上问：“要价多少？”

“20 万美元，而且一块钱都不肯还价。”

“这个价钱我们当然买不起。”星云说，“不过我们至少可以去看看 20 万的房子是什么样子。”

于是，车一拐，他们驶向这家教堂。

教堂不大，占地 1000 多平方米，但设施齐全，除了做礼拜的大厅，还有两间会客室和一栋牧师居住的房子，旁边有个小型幼儿园，有一块很大的空地，可以停几十辆车。

星云一看就喜欢上了：“我看很适合我们，空间也够我们使用。有礼堂、有住所、有停车场，还能办幼儿园。只可惜我们身上只有 3 万美元，与 20 万差得实在太远了。”

给他们开车的王良信见星云特别动心，就说：“如果你们实在想买，也不是没有办法，我们可以跟银行贷款。”

“借贷 20 万美元，这个数字太大了。”星云有些担心。

“银行未必会这么想，我带你们去试试看。”

第二天一早，王良信驱车带星云一行去了银行。说明来意后，银行的女经理非常高兴地接待了他们。星云很诧异，因为在台湾，一般人到银行贷款，银行职员大多板着面孔，觉得你要跟他借钱，爱答不理，美国的银行职员怎么会这么好？

女经理问星云："您要贷款多少？"

"我想贷款20万美元。"星云说。

"OK，没有问题。"

"可是我没有担保人。"

女经理奇怪地反问道："为什么要担保人？"

星云说："因为在台湾，如果要向银行贷款，担保人非常重要。"

女经理笑着说："那房子不就是价值吗？不就是担保吗？为什么另外还要担保人？"

星云一听，对啊，正是这个道理，看来美国社会还是很开明。但他还有一个疑虑："不过我不住在美国，也能贷款吗？"

"那你住哪里？"

"我住在台湾。"

女经理又笑了："那也没有问题。在台湾一样有美国银行，你的贷款可以在台湾还。"

就这样，星云与银行签了协议，20万美元办妥了。

可是，在美国买房子，通常要几个月后才能办理入住。星云一行人没有着落，只好和房主商量：反正房子现在也是空着，能不能让他们先搬进去住？

没想到房主很仁慈："没有问题！"于是星云带着几个弟

子，连夜进行整修、布置，拉围墙、请佛像、订购家具，很快就搬了进去。

这个位于洛杉矶郡加迪纳（Gardena）市的教堂改成寺庙后，星云把它取名为“西来寺”(并非后来在哈仙达岗区建的西来寺)。他对“西来”二字情有独钟，因为佛法是从西边传来的。当年在佛光山开山时，东方佛学院的西边有一处泉水，他就取名为“西来泉”。

西来寺位于三条道路交会的三角地带，一条是 Compton Blvd，他们就给它取名为“看不懂”大道；另一条是 S. Berendo Ave，他们就取名为“比人多”路。他们很得意，觉得路名真好，“西来寺比人多”，美国人自然看不懂，他们却自得其乐。怎么样才能让人看得懂这里是寺庙呢？他们就在寺院周围拉起来的矮墙上，画上一尊又一尊的佛像，人们一看到佛像，就知道这里是个佛教道场。

这座有些简陋的西来寺，拉开了佛光山在世界各地建立寺院道场的帷幕。星云非常高兴，他在海外弘法终于有了第一个落脚点。他想让更多的人知道这个寺庙，于是邀请在加州大学教书的道友、越南的天恩法师等到西来寺聚会。天恩带来了18个南传佛教的出家人，星云亲自下厨，为他们做自己拿手的素菜，大家吃得开心，聊得开心，宾主尽欢，其乐融融。

之后，星云不断请当地佛教界的朋友前来，西来寺被越来越多的信徒知道，来这里拜佛和共修的人逐渐多了起来。

星云又想，光在寺庙里等人来还不够，必须走出去。他发现，在洛杉矶，没有自己的汽车简直寸步难行，便吩咐慈庄买

美国西来寺

为了更广泛地弘扬佛法，星云将佛光山的别院道场建到了海外。美国西来寺是星云在海外建起的第一座寺院，在这之后，他又陆续在世界各地建起了寺院、道场。

辆车子。

那天，星云带着三个弟子到4S店，看上一辆14座的中型轿车。一问价，1万美元，可他们身上只有几千美元。卖车的人说，没关系，可以分期付款，不必一次交完。大家便高高兴兴把车子开回去了。

不到一个星期，星云收到4S店寄来的一张500美元的支票，他不明所以。打电话一问才知道，宗教人士买车免税，这500元税金要退给他。星云很开心，觉得美国对宗教网开一面，将来不妨在这里多建几座寺庙弘法。

几个月后，随着寺庙和星云的名声扩大，来这里的信众猛然增长，大厅越来越拥挤，停车场也挤不进车了。尤其是每次法会结束后，信徒们毫无离开的意思，全都坐下来继续谈话。原来，大家都等着要吃斋饭。按照中国人的习惯，在参加法会后，一定要吃素斋以求平安。而西方人习惯在教堂做完礼拜后就回家了，不存在留下来吃饭的问题，所以这座教堂没有大厨房，更没有大餐厅，吃斋饭成了一个大问题。

星云觉得，长此以往，肯定难以招架，必须再找一个大地方。

师徒几个又踏上了寻房之旅。结果，在洛杉矶的梅屋（Maywood）镇，他们找到了一座更大的教堂，空间大，也有地方做饭和用餐。他们把教堂上面的十字架拆下，放上一尊佛祖像，就成了寺庙。教堂的外墙是白色的，星云想起自己的祖庭白塔山大觉寺，于是给它起名为白塔寺。

白塔寺的条件比西来寺好了很多，信徒增加得也特别快，每次聚会都来三四百人，很快空间又不够用了。星云说：“那就干脆找地方，自己建个够大的。”

自己建寺庙，第一步还是急需钱。有人建议，把白塔寺卖掉吧。可星云看到泰国僧人也在到处找寺庙，就把白塔寺免费送给了他们，自己再想办法筹钱。

“美国的紫禁城”

星云一行人驱车在洛杉矶到处寻找，最后在哈仙达岗区发现一座山丘，第一眼看去，形状有点像佛光山。大家爬上去仔细考察，都非常喜欢。这里是高档社区，大多是有钱的老人在这里退休养老。当然也有不好的地方，那就是周围居民多为白人，少数族裔较少。不过，既然大家都喜欢，这个缺点也就不算大缺点了。

这块地有 14 英亩（约合 85 亩），当时谈好的价钱是 50 万美元。建筑费少说也要 50 万美元，加在一起就是 100 万美元。星云算一算，先付定金，再分期付款，勉强能承受，于是拍板购地建寺。

他将此寺仍然取名为“西来寺”，希望佛陀的慈云法雨能够垂布于西方世界。为了方便美国官方批准，在当地政府登记时，他将名称写为“国际佛教促进会”（The International Buddhist Progress Society）。即便如此，在向当地政府提出建设申请后，还是遇到了很大的阻力。

哈仙达岗的居民虽然有钱，但很保守。一听说要在这里建寺庙，群情哗然，强烈阻挠。他们反对的理由很多：担心破坏这里的自然风光；僧人的诵经和中国人的鞭炮声会发出噪音；这个寺庙盖在高处，开车的人在路上看到庙会分散注意力，容易出交通事故；建庙会把当地的房价搞下去；僧人的“奇装异服”会带坏青少年；中国人都吃狗肉，自家的爱犬会小命不保……千奇百怪的理由，一夜之间都冒出来了。

怎么办？当地政府采取公听会的方式解决。每次公听会，方圆5公里的居民都可以参加，广泛听取意见，进行论证。第一次听证会后，反对的人较多，然后进行协调。协调后再进行听证，意见不统一，继续进行协调。来来回回，经过了6次公听会、135次协调会，耗时好几年。其间，除了一些白人基督徒出来抗议，更让星云难以忍受的是，来自台湾的“中华基督教会”也来凑热闹。他们的教友每天在西来寺预定地的山下敲锣打鼓，反对星云在那里建寺。

虽说阻力重重，但总算皇天不负有心人。在星云和弟子们的坚持不懈、据理力争之下，情况渐渐有了好转，支持建庙的人慢慢多了起来。

附近山上住着一对夫妇，先生叫史密斯，是基督教的牧师；妻子叫罗西，是越南裔，信佛教。罗西听说要在这里建一座寺庙，异常兴奋，坚决支持。她经常来找慈庄等人，鼓励她们，时不时送来新鲜的水果和各种好吃的点心。受她的影响，她的先生史密斯在公听会上说：“我太太从小就信佛教，自从跟我结婚来到美国后，因为想家，尤其是受到文化冲击，常常以泪洗面，只有在佛的面前她才能平静下来，变得宁静安详。现在听说这里要建寺庙，看到许多法师在这里，她高兴得不得了，天天都在笑，所以我们不能光为自己着想，也应该允许别人有自己的精神寄托，这里需要寺庙，更何况佛教很包容，做善事，信佛教的人都很善良。”

史密斯身为基督教牧师，他的一席话，自然打动了不少人。

还有一些神父和牧师开始支持建庙，他们在公听会上也说了公道话：“我们在中国看见的佛教是正当的宗教。”信基督教的企业家海蒂女士向大家说：“我曾到中国旅行，看过中国的佛教，佛教很正派、很伟大。我们可以到中国去建教堂，为什么中国人就不能在这里建寺庙？美国是个自由的国家，如果这样还算个自由国度吗？”

海蒂的话堵住了不少人的嘴。

有越来越多的人支持，慈庄等人的信心更足了。她们时常在人群中举个牌子，上面写道：“请在精神上给我们支持！”当她们发现反对者玩命挣扎到处找人签名时，也针锋相对，到华人中、到餐馆里，四处请人签名支持。经过不断地说服和做工作，四周的美国人慢慢了解到，建寺庙实际上是件好事。此时，时间已过去5年。

当这场建庙申请拉锯战终于争取到了大多数人支持，即将获得批准时，半路突然杀出个程咬金——远在北加州旧金山万佛城的宣化法师竟然写信给加州政府，称星云一行人是台湾来的外道邪教，要求政府不要批准他们建寺，甚至要求禁止星云一行人进入美国。

好在此时洛杉矶政府经过6次公听会和135次协调会，对星云及其弟子已有所了解。政府工作人员安慰他们："没关系，宣化法师又不是美国政府，他不能代表官方做决定，你们照常申请好了。"星云听罢，有了信心，对弟子们说："在美国只要你不违法，政府是会帮助你的。"

当然，美国政府也是秉公办事的，他们的建寺申请虽然获得了批准，但对完工时间和建筑要求十分严苛，从一开始就对兴建范围、房屋高度、外观颜色等逐一进行了审核和修改。

对他们提出的条条框框，星云都耐心接受了。有的弟子觉得委屈，他告诉大家，这就是文化差异，要懂得将心比心，换位思考。他还主动邀请哈仙达岗官员来视察工地，进行监督。

总算开始动工，但资金又出了问题。起初说好建设费大概50万美元，可是请人画好设计图后，一估价，价钱竟然转眼间变成了300万美元。信徒们都蒙了，当初不是说只要50万，怎么一下子变成300万了？可是，地已经买了，申请也批了，还能放弃吗？只能把图纸交到建筑公司，再估价，不得了，居然又涨了，高达720万美元。这下子，星云感到压力极大，可是已经骑虎难下了，只能硬着头皮全盘接受。

为了这720万美元的建筑费，星云不知往返于美国和台湾两地多少回。徒众们笑他，每次回佛光山筹措了一些美元带到美国，返回台湾时却带回一堆餐巾纸，因为他连用餐时的餐巾纸都一张撕作两张用。

虽然自己省吃俭用，但在建筑用料上，星云却一点也不含糊，在他心目中，西来寺不仅是展示东方传统文化的重要窗口，更是佛法西传的一个重要驿站。为了使其内涵与形式都完全国际化，他特别选用了世界各地的材料——来自台湾的佛像、钟鼓、琉璃瓦，大陆的花岗岩；来自意大利的红宝石；来自韩国的钢骨；来自日本的佛具；美国本土的其他建材。

为了使这个建筑面积达 9500 多平方米的西来寺成为传统与现代相融合的道场，星云不仅建好了大雄宝殿、禅堂、法堂、藏经阁等传统建筑，还配备了完全现代化的计算机信息设备和工具。最终投入的资金共计 3000 万美元。

1988 年 11 月 16 日，经历 10 年的千辛万苦，当西来寺的建设者们将最后一砖一瓦严丝合缝地放上后，它是那么的完美圆满——

它坐北朝南，从山门至寺顶，层层殿堂，依山递进。在苍翠的树木和葱绿的草坪衬托下，房顶上的琉璃瓦金碧辉煌，地面的台阶和栏杆洁白如玉，气势恢宏，璀璨夺目。

那山门是古色古香的中式琉璃牌楼，四柱三间三楼。正面匾额上书写着“佛光山西来寺”六个大字。两根外柱上书写着“佛光慈心普被恒沙界，西来悲愿广度亿万人”。两根主楼柱上写的是：“东土佛光普照三千界，西来法水长流五大洲。”

在佛教中，发愿是修行的一大法门。穿过牌楼，回首观望，匾额背面正是“四弘誓愿”四个大字。四根楼柱上，从西至东，写着誓愿的具体内容：“众生无边誓愿度，烦恼无尽誓愿断，法门无量誓愿学，佛道无上誓愿成。”

这些字，老外当然看不懂，就是懂中文但不了解佛教的人，恐怕也很难理解。俗话说，内行看门道，外行看热闹，来采访的西方记者虽然是洋鬼子看戏——傻眼，但还是充满新鲜感，仿佛到了中国一般。当期的美国《生活》(Life) 杂志在报道中形容道："这是美国的紫禁城!" 并把它誉为 "西半球的第一大寺"。

美国政界和各地佛教界领袖都诚挚地向星云表示祝贺。美国联邦众议员马天尼兹说："西来寺这个庄严的道场，不但提供各种活动嘉惠信徒和邻近小区，也将成为东西方文化思想交流桥梁。"

西来寺落成时，还举办了第十六届世界佛教徒友谊会。在此之前，这个会议从来未在亚洲以外的地区召开。这也象征着，佛教已经真正 "冲出亚洲，走向世界"。

星云以身作则，始终遵守最初的诺言，寺内保持安静，没有嘈杂的高分贝诵经声；里里外外打扫得干干净净，环境优美；常年捐钱、捐书给附近的学校；寺内现代化的会议室免费借给教育、文化团体举行会议，甚至还主动招待茶水、点心。

在之后的岁月里，星云一秉当年宏愿，把西来寺营造成一个国际化、多功能的文化交流中心。这里佛事活动频繁，经常举办大悲忏法会、八关斋戒、佛学讲座等。对于在美国的佛教徒来说，西来寺犹如精神的锚，是心身安顿的港湾。他们在生活上、情感上、心理上的许多苦恼、郁闷、挫折，都可以在西来寺法师的开导下，一一得到化解。

与此同时，这里也是社交和寻找认同的场所。中国有句老话，每逢佳节倍思亲。尤其是到了春节，无论是来自大陆，还是台湾、香港的中国人，以及越南人、柬埔寨人，都不约而同地驾车远道而来，到这里上香拜佛，往往一天就多达 10 万人，把附近的高速公路堵成了慢车道。

来凑热闹的当然不止华人，星云告诉西来寺的法师们，在中国人欢度春节时，也不要忘了当地的美国人，要搞敦亲睦邻活动，请附近的邻居吃饭。每年大年初一上午是世界和平法会，下午则把邻居们都请来，不仅是请他们吃个年饭，还安排了各种联谊活动，写春联、做灯笼、打鼓、看文艺表演……让他们体验中国传统文化和净化人心的佛法。

如此一来，西来寺停车场的 200 个车位根本不够用。他们借了附近学校的停车场，还是不够用。虽然当地警察局派了上百位警察来帮忙指挥疏通，但停车的问题仍无法解决，很多人只好将车停到很远的地方，然后步行上山。一位目睹此景的美国人几乎不敢相信自己的眼睛："这简直就像一队首尾相连的蚂蚁，心无旁骛地渴望回到自己的巢。"一位在西来寺指挥交通的警察说："这里简直就像迪斯尼乐园！"

美国学生跪拜佛祖

西来寺建成后，服务项目很多，其中包括免费接送从机场到这里的客人，司机每天至少要跑机场一趟，多的时候要跑五六趟，24 小时服务，而且免费提供食宿。这可帮了不少新侨民的大忙，曾有一位男士在西来寺的朝山会馆住了半年，直到找到工作才离开。

除此之外，这里还为信徒办了“西来文化技艺学校”，开设插花、素食烹饪、太极拳、古筝、中文、书法及妇女法座等课程，充实大众的精神生活。为了协助双薪家庭解决托儿及照顾老人的烦恼，还附设了安亲班、课辅班及“无量寿学院”等。每逢周末假期，全家老小一起来这里学习、交朋友，吃一顿美味素斋，是附近许多家庭的最大享受。

越来越多的人喜欢与这里结缘，附近的房地产也旺了起来，房价不但没有像当初反对的人所担心的那样会掉下来，反而越来越高。美国当地的第五十三电视台，每周一、四都以“佛光西来”为题，对西来寺的活动做系列报道。

现在，这里的美国人对西来寺早已不再质疑或反对，而是非常亲近，来访者十分踊跃，包括学校、教会和专业团体等，参访的人一批接一批。时任美国副总统的戈尔也专程来参观过。除了美国人，还有远道而来的欧洲人。对这些客人，西来寺都安排专人接待并用英语给他们讲解。

懂了才会信。如今，拜星云为师的洋弟子也越来越多。西来寺一年一度的甘露灌顶皈依三宝大典中，都有几百人皈依，其中不乏金发碧眼的洋人。这正是星云所希望的，他在海外建道场的目的之一，就是要使佛教当地语系化。

西来寺首任住持慈庄法师说：“星云大师对在西来寺出家的洋人很宽容，要我们改进工作方法。因为我们平时都习惯了自己的出家生活，洋人来了，也教他们一起打坐。他们刚开始不习惯，也听不懂，后来改进工作，派专人教他们。他们有自己的生活习惯，比如他们不喜欢吃稀饭，那就给他们吃干饭，另外准备好面包。师父还给洋徒弟另外安排房间，因为我们的住房都很小，他们习惯大一点的房间，还专门给他们配备了空调、冰箱。同时针对他们的生活习惯，进行特别管理。这些改进，并不是骄纵他们，而是慢慢让这些洋弟子适应我们的生活，最终让他们修好行，成为真正的佛教徒。”

为了让洋弟子学佛读经无障碍，西来寺还专门设立了翻译中心。不光是通过人工和设备进行现场口头翻译，还有大量的文字翻译，包括翻译出版佛教及星云的著作。一些信徒更是义务翻译佛教书籍，以便佛法在英语国家流传。

负责这项工作的依超法师带我们参观了翻译中心，十多位翻译、编辑人员正对着计算机聚精会神，桌子上堆满了书籍和材料。依超说，这里的工作人员学历都很高，有的还是哈佛大学的博士。来办公室坐班的人不多，大多数人都在家里翻译，然后把译文传过来，给编辑修改。刚开始，翻译中心只是为西来寺翻译；现在，佛光山道场遍布全世界，需要翻译的语种越来越多，这里也升级为国际翻译中心，直属佛光山领导。我们在现场看到，已经翻译出版的书籍有 20 多种文字，关于佛教的小册子就更多了，有 40 多种，它们被送往世界各地。有一部分星云的作品译成英文后，还被美国一些大学列入教材。比如，《星云百语》就被美国西密歇根大学吸纳为教材。

现任西来寺住持慧东法师是个北京人，他 2000 年在美国伊利诺伊读 MBA 时，在佛光山的圣路易道场读了星云的一些书。后来他又到西来大学读了佛学博士学位，从此经常到西来寺学佛法、做义工，听星云开示，并单独与星云交流。他认同星云“人间佛教”的理念，2008 年 12 月，西来寺建寺 20 周年时，他与 130 多个青年一同出家，师从星云，很快就升任住持。他说：“佛光山在用人方面，不按资排辈，寺里做出的任何决定都非常民主，不搞一言堂。”

如今，西来寺与它的美国邻居一起走过了 27 个春秋，长期联系的信徒有 3.2 万多户，一家可能就有好几个信徒。美国信徒中，有年纪大的，也有年轻的。慧东法师还记得许多美国信众的故事——

有一位已经 89 岁的老人，名叫多拉斯，是德国人后裔，从洛杉矶的白塔寺开始，就是星云的信徒。多拉斯笑言：人家说在美国的华人是香蕉人，外面是黄的，里面是白的。“可我是鸡蛋，外面是白的，里面是黄的。因为我的内心和你们一样，都信奉佛教。”

多拉斯住得很远，但每次都非常高兴地开车到西来寺。他怕寺庙嫌他老，说：“你们千万不要放弃我啊！”每回还买黑色巧克力分发给法师们吃：“这对心脏有好处。”和法师们在一起，多拉斯格外开心，就像和自己家人一样。

还有一对美国的老年信徒，希望将来他们百年之后，牌位能放在西来寺，让自己永远魂留此地。

年轻的信徒也不少，尤其是许多青年学子对佛教越来越感兴趣。在西来寺，我们见到一位名叫 Paul 的大学教授，他在夏威夷读书时，和星云的一名弟子同窗，由此听闻了星云和佛光山的种种往事，并喜欢上了佛教和中国传统文化。毕业后，他在尼克松总统的母校惠提尔学院任哲学教授，这所学校离西来寺很近，开车 15 分钟就到。有了这个缘分，他经常来西来寺，数次聆听星云讲经开示，受到很多启发。他说："后来西来寺的经书也有英文的，还有英文佛学班。我每次来这里感觉都非常好，很宁静，生活简单而舒适，没有压力，于是我想，何不让我的那些学生们也来体验一下这种感觉呢？"

他兴冲冲地跟西来寺的法师商量，一拍即合。2009 年开始，他带着四五十名大一、大二的学生到西来寺参加佛学营，禅修一周。

于是，美国学生们穿上西来寺特地为他们准备的服装，和僧人一样，吃住在寺院，早上 6 点起床，晚上 10 点熄灯睡觉，不许带手机和计算机，吃饭不能讲话，每天打坐禅修……

刚开始，美国学生们是"丈二和尚摸不着头脑"，尤其是爱说爱闹的美国年轻人，突然让他们禁语，他们感到不可思议。然而慢慢的，他们发现，自己可以静下来好好思考一下了。尤其是一些女学生，发现不用每天为穿什么衣服、化什么妆而发愁，生活突然变得简单、轻松起来。

等学生们适应了，Paul 教授就和他们一起分享佛经里面的一些哲学观念，讲解什么叫"无我"，虽然有些深奥，但学生们觉得新鲜有趣，听得比课堂上还认真。

最后一课难度比较大，那就是佛学营结束前的一个晚上，所有学生要一起朝山。从西来寺的大门口，三步一叩首，一直拜到大雄宝殿。美国学生别说没做过这个，甚至连见也没见过。学生们大眼瞪小眼："这是干什么？为什么要这样？凭什么叫我跪下？” Paul 教授便解释道：“这是亲近大地、挑战自我。你们跪拜佛，可佛不是神，是人，我们都可以成为佛，我们跪拜的其实是佛性，要战胜自己，才能做到。同时我们在拜的时候，也是在发愿，为家人、为世界和平祈福。”

通过一周的寺院生活，美国学生们了解了佛教、体验了另一种生活方式，改变了一些观念和看法，懂得了如何与人为善。见美国学生们特别喜欢这身衣服，西来寺的法师们干脆把衣服送给了他们。

佛学得到了学校、家长的认可，学校把这视作社会课、生活课以及外延的哲学课。从那以后，Paul 教授连续 6 年带学生来体验。他说，下一年要把来这里的学生扩大一倍，达到 80 至 100 人。

不少美国学生自此一发不可收，主动来寺院学佛、禅修、帮忙。有一名女大学生连续数年边学佛边做义工，还有一些美国学生到台湾佛光山总部参加了夏令营。

由于名声越来越大，许多中学、大学的宗教系、东方语言文化系，主动请西来寺的法师去讲课，包括加州大学洛杉矶分校、南加州大学这样的名校。妙西法师说：“过去惠提尔学院的学生毕业典礼是请牧师参加，现在却请西来寺的法师去。学校认为星云大师很了不起，授予他荣誉博士。我参加他们的毕业典礼，就是用师父的《祈愿文》为他们祈愿的。他们很尊重我们，见到我们就会合掌、行礼。”

一些政府部门的就职仪式也请西来寺的法师去参加。“洛杉矶的市长连续两任的就职仪式，都请我们去祈福。可他自己是个天主教徒，我们与天主教有很多来往，他们比较了解我们，所以请我们去诵《心经》，为他们祈祷。”妙西法师说。

曾经，西来寺被美国人看成外国宗教文化的一部分；现在，西来寺已经被认为是美国宗教文化的一部分。2012 年，美国有线电视新闻网（CNN）把西来寺推崇为“美国八大宗教圣地”之一。到洛杉矶旅游，许多美国人都会推荐，西来寺是一个必去的地方。此前，英国广播公司（BBC）也称西来寺是“佛教圣地之一，是最兴盛的、最年轻的，也是在西方有代表性的”。

再现“鹿野苑”

自从美国的西海岸有了西来寺之后，美国人的学佛风气日盛。星云也对在海外建立更多的寺庙道场充满信心。接下来，他在美国 50 个州先后建起别院、道场 25 个。

东海岸的纽约是美国最大的城市，华人云集，仅大的华人区就有三个。位于法拉盛华人区的纽约道场是星云在美国东部设的第一个道场。

在楼房林立、十分拥挤的纽约，建寺庙可比洛杉矶难多了，星云几乎是“见缝插针”地把道场建了起来。1991 年，他和弟子们将一个废弃的火车修理厂和仓库买了下来，改造成道场。道场的住持觉泉法师告诉我们，这房子很老，有 100 多年的历史，经过重新改造和装修后，里面堪称“面目全非”了。

果然，走进道场，我们一点儿也感觉不到这栋房子的陈旧，一切都是那么温馨。总面积2000平方米的五层楼房，布局合理，在寸土寸金的纽约，真是没有一星半点的浪费——一层是接待大厅、文化橱窗和滴水坊；二层是如来殿，每个周日有200人来这里念佛共修；三层是图书馆和多功能厅，书架上除了有佛光山的书和人文书籍外，还有英文期刊，演讲会和读书会经常在这里举行；四层是童军中文学校；五层是法师们的住处和仓库。

周围的信徒数千人，法师们除了要做好道场的工作和服务，还要经常出去弘法、结缘，因为纽约道场还承担着将佛法辐射到附近的新泽西州、康涅狄格州、宾夕法尼亚州的任务。

觉泉说，其实，在建纽约道场之前，星云是想在美国东部建一所跟佛教有关的大学，他给当时正在美国东部读书的慧开法师一个任务——寻找校址。结果在纽约州北部、西点军校附近找到一块林木茂密、环境幽静、原属于基督教教团的活动场所，非常适合建大学。星云看后，非常喜欢，当即拍板，于1990年买了下来。由于林中有鹿出没，星云把它取名为“鹿野苑”。显然，他是为了纪念和继承佛陀的弘法事业。

我们随觉泉驱车两小时，来到了这个“鹿野苑”。当真是眼前一亮，仿佛进入了一个世外桃源：占地480英亩的原始森林里，树木苍翠，芳草萋萋，树丛中突然蹿出两只小鹿，正想下车和它们打招呼，不料它们看见汽车，就像受惊的孩子，风一般迅速离去。再往里走，一汪清水波平如镜，把树木、蓝天、白云的真实与倒影交织成一幅巨大的风景画。因为这水清澈见底，可以饮用，星云给它命名为“明心湖”。从明心湖往下走，是一条山涧，洒脱的清泉，一路欢歌笑语，直奔而下，在一处悬崖形成较大落差。“与庐山的‘飞流直下三千尺’相比，这个瀑布温柔多了。”觉泉说。可这小小的瀑布不仅滋润着茂密的植物，还让那些可爱的小鹿有了嬉戏之地。

明心湖上方的高地上，有栋古色古香的两层木屋。站在阳台上，居高临下，真是湖光绿野收眼底，心旷神怡几分醉。它的周围点缀着数栋小木屋，房顶尖尖，屋檐至地，看似古老部落；走入室内，崭新的地板，现代化的卧具，实则每栋可住数十人。再往高处走，还有一栋三层楼房，里面的设施也很时尚。

如此景色，要是真建起一所大学，那该有多美啊！可是，正因为这里环境太好了，已被列为生态保护区，当地政府不允许建大学，只允许在这里办活动。无缘办大学，星云只好作罢。地已经买下了，做道场，离市区较远，不方便信众，索性就把道场建到华人居多的法拉盛，这里就延续过去的功能，成为佛教信徒和佛光会在郊外的活动场所。

“现在你们看到的房子，都是我们花了好几年时间，根据需要重新修整或改建的。”觉泉说，“信众非常喜欢这里，我们定期在这里举办各种活动，如禅修、念佛、读书会、夏令营、青少年露天音乐会等。尤其是禅修，这里特别适合，我们有英文一日禅，也有两天一夜、三天两夜的禅修课，信徒非常积极。夏令营主要是针对学生的，每次组织两百人。他们在这里学佛，开展做好事、说好话、存好心的‘三好’活动。我们按照大师的要求，还举办敦亲睦邻活动，邀请周围的居民来这里，和我们一起交流。附近居民非常喜欢这里，和我们很友好，有家居民一直义务为我们筑水坝、修路、管理树林，说这里就是他们家的后花园。”

星星之火，可以燎原。佛光人的点建到哪里，缘就结到哪里。

继美国之后，加拿大的温哥华、多伦多、蒙特利尔、爱明顿、渥太华也都有了佛光山的寺院。

从北美，又迅速扩大到南美。巴西的如来寺、圣保罗的佛光缘、巴拉圭的禅净中心、“阿根廷佛光山”、“智利佛光山”等，这些道场不仅弘扬了佛教佛法，接引众多当地人走入佛门，还通过推动慈善事业，为当地社会送去了温暖。

荷兰奇缘

从世界地图上看，星云在海外建道场，跨度非常大。先是跨越太平洋，把佛光种子撒到彼岸的美洲；进而又在与之相望的大西洋彼岸，把佛光种子撒在欧洲和非洲大陆上。

说到佛光山在欧洲的道场，星云说：“我向来不喜欢讲神通，但我相信神迹（不可思议的现象）是有的。佛光山在海外的道场都有感人的故事，我来讲‘荷兰佛光山’的故事吧！”

故事把我们带回到战火纷飞的中国抗日战场：1945 年，抗战已近尾声。身为国民党军队情报人员的罗辅闻，奉命驾驶飞机到浙江拍摄钱塘江的铁桥。结果不幸被日军发现，日军用高射炮击中机尾，罗辅闻在紧急中与机上的同僚跳伞逃生。

在逃命途中，同僚被日军的机枪打死。罗辅闻继续没命地奔跑，看见路边有一座破庙，一头扎了进去。他见里面有一尊菩萨，立刻跑到菩萨背后躲了起来。

罗辅闻刚躲好，就听见一队日本兵皮靴的“咔咔”声冲进了破庙。他自认为必死无疑，连大气都不敢出。日本兵的皮靴声在寺内响了好几个来回，竟然又“咔咔”的出去了。

等日军走远了，罗辅闻才从菩萨身后钻出来，松了口气，便累得在破庙中随便找个角落睡着了。

第二天早上醒来，他跑到自己躲藏的菩萨前，原本想感谢一下菩萨就离开，这才赫然发现，那尊菩萨是嵌在石壁上的，菩萨身后根本没有容人的空间，怪不得日军怎么找也找不到，原来是菩萨显灵，自己躲到石壁里了。当下，罗辅闻感激得涕泪俱下，不知如何才能报答菩萨。突然，他想起旧戏里的戏文，便双手合十，虔诚地说：“今日承蒙菩萨搭救，将来一定重修庙宇，再塑菩萨金身。”

不久之后，罗辅闻随军退到台湾。后来被派到“越南大使馆”当“武官”。他的朋友王海涛送给他一本《观世音菩萨普门品》护身，他便怀揣着这本书到了越南。后来又被派到荷兰当“武官”，最终在荷兰退休，开了一家中国饭店。饭店生意兴隆，是阿姆斯特丹最好的中国饭店之一。

中国饭店里最醒目的就是一尊韦驮菩萨（佛的护法神），这正是当年他被日军追捕时，搭救他的菩萨金身。罗辅闻每天起床第一件事，就是在菩萨前上香礼拜。后来，罗辅闻生病了，饭店不得不顶给别人，但他签约的先决条件，就是饭店里“必须继续供奉韦陀菩萨”。

没想到，他的病情日益加重，医生无能为力，不得不给家属发出病危通知。

罗太太伤心欲绝，突然急中生智：当初先生在生死关头，不是韦陀菩萨显灵搭救了他吗？为什么不再去求菩萨一次呢？于是带着儿女一起祈求韦陀菩萨再次显灵。

说也奇怪，祈求菩萨之后，罗辅闻竟奇迹般痊愈了。

为了感谢菩萨，他们又把中国饭店给买了回来。

有一天，饭店里来了个陌生的中国人，说要找罗先生。罗辅闻问他有什么事。他说，想请罗先生到他家一趟，为他妈妈念一堂经。

罗辅闻很惊奇：“为什么要找我念经呢？”

来人道：“我妈妈死在荷兰，临终前最遗憾的就是客死他乡，竟没人为她念经送终，她死不瞑目。我听说罗先生随身带着一本佛经，才唐突地请您到我家去，为我妈妈念经。”

罗辅闻感到很为难。他虽然亲身经历两次奇迹，对佛菩萨非常敬仰，身上也确实带着佛经，但却从来没有念过。看那人对母亲如此尽孝，信奉佛教如此虔诚，他深受感动，只好勉为其难随他而去，为他母亲念一部《普门品》。他就像小学生读书一样，一字一句认认真真地把经念完。

此事也给了罗辅闻一个重大启示：荷兰的中国人这么需要佛教，何不在这里盖一座寺庙呢？这样不但有法师可以念经，韦陀菩萨也可以护佑更多的人。

于是，罗辅闻找了好友文俱武和当地的侨领，在阿姆斯特丹市中心花了300万美元买了一块地，要兴建寺庙，并请佛光山的法师来督工指导、驻锡弘法。

星云接到邀请后，发现因缘真是不可思议。"当初，我到荷兰去，信徒带我到一家中国饭店吃早餐，我对那家饭店留下深刻印象，因为很少有饭店会供着一尊巨大的韦陀菩萨。十几年后，徒众告诉我，有人要捐地建寺，请佛光山的人去住持。我为此特地去了荷兰，到了罗先生的饭店就看见了那尊韦陀菩萨，正是当年第一次到荷兰吃早餐的那一家。原来是罗先生要捐地建庙，我当即决定协助兴建。"

此庙取名为"荷华寺"，建成后，特地请荷兰女王来参加揭幕仪式。这样隆重的仪式，按道理应该到处灯火通明，可是夜幕下，寺庙周围却黑灯瞎火。荷兰政府觉得很没面子，问庙里的当家师："为什么寺庙周围不开灯？"当家师说："因为电费太贵，我们寺院要节省开支。"荷兰政府官员当场承诺，今后寺庙及周围的灯都必须点起来、亮起来，所有电费由政府支付。

这真是好事成双。建了寺庙、点了光明灯，接引更多的人沐浴佛光。要知道，此地过去是吸毒者聚集的地方，如今这里灯火通明，以正驱邪，吸毒者再也无法藏身了。

荷华寺开启了佛光山在欧洲弘法的新航程。接着，在英国、法国、德国、西班牙、葡萄牙、瑞典等欧洲国家的许多城市，都建立了佛光山道场。

南非的劫匪

在非洲建寺的故事，得从 1992 年谈起。这年夏天，佛光山来了一位黑皮肤的客人——南非布朗赫斯特市议会议长汉幸尼柯尔博士。他带着一份 3 公顷土地的合约书，敦请星云到南非建寺。原来，1991 年，佛光山的依来法师和觉仲法师到南非布隆方丹、新堡、开普敦等地考察弘法，汉幸尼柯尔议长由此知道了佛教和佛光山。当亲眼看到佛光山的庄严气势时，在签字仪式上，他一激动，当场宣布将捐赠建庙的土地面积翻一番，从 3 公顷增加到 6 公顷。

签约之后，星云询问谁愿意到非洲去开发，佛光山男众部的慧礼法师自告奋勇，说他愿意去。星云想，南非是个初开发的地方，需要有人发心，慧礼既有埋骨非洲的雄心壮志，何不让他去试试。

慧礼到了南非之后，发现那里的土地非常便宜，1.5 万元新台币在台湾想买 3 平方米的地皮都不容易，在那里却能买到上千平方米的土地。他在两三年之内，竟然买了几千公顷土地，与人家签约建寺，要花上几亿元新台币。更糟糕的是，协议规定，3 年之内必须全部建完，否则就要赔偿。

可是，在这么短的时间内，星云哪能筹到这么多的钱呢？没办法，星云只好到南非召开国际佛光会理事会，动员全世界的徒众救苦救难，举各方之力，帮助南非建寺，最终才大功告成。这个被星云命名为“南华寺”的寺庙面积可真大，占地 4000 公顷，汽车绕场一周，至少都要 15 到 20 分钟。

慧礼好大喜功，不计后果要在非洲建立佛教王国的做法，被佛光山大众指责为超理性开发。不久，他在一场车祸中骨折，星云决定把他接回台湾休养，由在美国出家、中英文都很好的满亚法师接任。之后依淳法师、慧昉法师相继接任住持。

好在非洲自有了南华寺后，在新堡、布隆方丹、约翰内斯堡、开普敦、德班、莱索托等其他地区也都相继建了佛光别院和禅净中心。

星云希望推动佛教当地语系化，所以在非洲的道场不少，但派驻的法师并不多，有的道场只有一个法师。他们为了弘法，不畏艰辛，甚至把生命置之度外。

有天晚上，一位法师孤身一人在道场跪拜礼佛，突然有个黑影闪入院内，直奔庙堂。烛光中，一个五大三粗的黑人男子，迅速用手枪指着法师的脑袋：“快把功德箱打开，把钱拿出来，放进这里！”说着用另一只手把布口袋扔到法师面前。

法师慢慢站起来，平静而严肃地告诉他：“这些钱是信徒所做的功德，也是用来做善事，帮助穷苦有难之人的，你打死我，我也不可能给你。”

劫匪一看没有办法，只好作罢。后来，他看到道场确实在为穷苦人做好事，帮助了很多人。

过了一段时间，又是一个夜晚，他又闪了进来，把法师吓了一跳。这回，他把手枪往庙堂的桌子上一放，对法师说："我只是来告诉你，外面治安很不好，你一个人在这里很危险，为了你的安全，我把这手枪送给你，如有人来抢劫，你可以用它反击，保护自己。"

法师平静道："善哉！善哉！谢谢你的好意，我们出家人从来不杀生，更不会舞刀弄枪，也不怕死，你还是把枪拿走吧！"

又一个夜晚，黑影又出现了。

不过这次他面带微笑，要给法师一个惊喜："不要怕，我是来给你送钱的，要帮你们做善事。"说着把一小口袋钱放在法师面前。

法师说："你这钱是抢来的，是赃钱，我们寺庙不要这种钱！"

法师如此坚定，劫匪只好自讨没趣地准备离开了。

看着劫匪的背影，法师悲从中来，叫住他，奉劝道："你年纪轻轻，身强体壮，为什么不自食其力，非要当劫匪呢？抢了别人，你自己也不会有什么好下场，就算不被警察抓，也可能被对方干掉。多行不义必自毙，你还是改邪归正，多多行善，好自为之。"

劫匪离去后，思前想后，觉得这出家人真是与常人不同，从此对这位法师及其道场越发关注。结果，他发现很多信众经常到道场来聚会，法师经常给信众讲经弘法，有时组织大家去募捐，救济穷人生活，资助孩子上学。他也经常来听经学佛，读了不少星云的书籍，精神得到逐步净化，最终改邪归正，还学会了与人为善，助人为乐。

终于有一天，他再次找到法师，要求皈依星云。

由于这些道场的作用，海外皈依星云的人不少。星云也不时从中挑选机缘成熟的人，为他们剃度出家。后来，他还在南华寺创办了“非洲佛学院”，把各非洲国家的弘法人才都送到这里培训，为整个非洲的佛教发展发挥作用。

一元的租金，万人的皈依

星云在澳大利亚和新西兰建的道场也不少，最早的也是最有名的，便是南天寺，堪称“南半球的天堂”。

1990 年，旅居澳大利亚卧龙岗市的华侨寸时娇女士访问佛光山，对佛光山赞不绝口，当场邀请星云到澳大利亚建道场。星云派慈容法师先往，征求当地政府的意见，没想到不仅卧龙岗市长表示支持，该市的所有议员也都赞同，市政府捐出 26 英亩土地，用于寺庙建设，并邀请星云前去拍板。

1991 年，星云率众抵达澳大利亚。这才了解到，这个不到 2000 万人口的国度，佛教徒就有 14 万人。星云感叹，这么多人信佛，确实需要建寺。只不过如此算来，26 英亩土地有点小，只够盖房子，没有庭院。于是，他再与当地政府协商，希望能租给他们 100 多亩土地做庭院。市政府满口答应，租金只收象征性的每年一澳元。即便如此，政府也不愿意让星云掏腰包，该市移民部部长当场捐出 100 澳元，帮星云付了 100 年的租金。

1995 年 10 月 8 日，南天寺落成，星云亲自主持揭幕仪式，澳大利亚新南威尔士州州长卜卡、联邦移民部部长鲍格斯、卧龙岗市市长坎贝尔等人出席。卜卡州长在讲话中一再向星云表示感谢。

南天寺不仅有丰富的佛教内涵，而且庭院的设计、灯光和建筑之美都获得了当地旅游景点大奖，每年吸引游客 20 多万人次。

2004 年 11 月，星云在这里举办了国际三坛大戒，为来自 16 个国家的弟子受戒，这是澳大利亚有史以来规模最大的佛教盛会。

后来，星云还在南天寺对面的山上创办了南天大学，在校学生有 1500 多名，并设有现代化的艺术馆和舒适的校舍。

南天寺之后，又建了中天寺。接着，佛光山的道场从澳大利亚发展到新西兰。

亚洲是佛教的发源地，两千多年来，佛教一直在亚洲大部分国家和地区流传，寺庙早已比比皆是。但佛教在亚洲的发展并不平衡，星云还是希望在亚洲多建寺庙，复兴佛教。

早在 1963 年，年轻的星云就率团赴菲律宾、泰国、马来西亚、日本等国进行访问，展开南北传佛教的交流。此后，他陆续在上述国家和地区建了道场。有人也许会问，那些已经有了寺庙的国家或地区，佛光山再去建寺庙道场，岂不是多此一举？其实不然，星云此举，一是为了方便弘法和交流；二是它们与其他佛教派别寺庙不同，致力于推动“人间佛教”。

更何况，有的亚洲国家和地区，本身就是多种宗教并存，星云希望壮大佛教在其中的力量。以马来西亚为例，其宗教多元，伊斯兰教虽是其国教，但官方主张宗教自由，允许各宗教和平共处。星云在马来西亚不仅建的寺庙多，信徒也多，原因之一是，佛教徒在马来西亚的宗教人口中，本来就占第二位，仅次于伊斯兰教。

有了这样的土壤，星云在马来西亚的弘法如鱼得水。他曾20多次访问马来西亚，从他举办的两次法会，就可以看出他的影响力。

1996年4月21日，他应邀在马来西亚莎亚南体育馆举行了一场“‘人间佛教’人情味”的佛学讲座，8万信众参加，2万人皈依；

2012年11月24日，他再次到这座体育馆举行弘法大会，又有8万多信众参加，4万人皈依，5000人受五戒。

法会上，星云向信众赠予四句法语：“不忘初心、不请之友、不念旧恶、不变随缘。”他希望信徒们对自己要不忘初心、对国家社会要做不请之友、对朋友要不念旧恶、对自己的生活性格要不变随缘。

让星云感到欣慰的是，不仅信徒喜欢他，马来西亚领导人也尊重他。在2012年举办这次法会前，马来西亚总理纳吉布在办公室会见了星云，两人就宗教交流等问题进行了探讨。会见结束后，星云将自己写的一幅“吉星高照”的墨宝送给了纳吉布。题字中的“吉”和“星”，正好各取了纳吉布和星云两人名字中的各一字。此前，星云还曾受到过前任总理马哈蒂尔和阿都拉萨的接见。

值得一提的是，星云在世界各地建立的数百个寺庙道场，其派驻的弟子发挥着关键作用。他们是星云精心挑选的佛光火种，撒出去是满天星，收回来是一团火。他们虽然调动频繁，随时换岗，但无论在哪里，都道心坚固，对弘法赤诚衷心，始终坚持佛光山“给人信心、给人方便、给人欢喜、给人希望”的原则，让佛光普照大地，传扬五洲，惠及更多的人。

距离释迦牟尼佛的弘法已经过去2500多年了，当年，王子剃发托钵，去尽心魔，开悟成佛，穷尽生命之光，将佛法传遍古印度大陆。在最后的时刻，依然传法不息。他对大弟子阿难说：“我已老、衰耄矣。我之旅路将尽、年寿将满，年龄已八十矣。阿难，犹如旧车辆之整修，尚依革纽相助，勉强而行。”

此后，过了500余年，佛教从古印度大陆传入中国；又过了700余年，在扬州大明寺，两名日本僧侣恳请大唐高僧东渡，将真正的佛法传向扶桑。众僧“默然无应”，唯有鉴真应允：“是为法事也，何惜身命？”十二载海上历险，几番舟破人困，直至双目失明，依然矢志不渝，以66岁之年抵达日本。他耗尽10年心血，在日本讲经传法，一日不停，一日不息，将佛教的版图再次向东方推进。76岁那年，他蚕丝吐尽，在住处结跏趺坐，面朝西而逝。西边，汹涌的大海对岸，是他终生未能再回的故国大唐。

他们，燃烧了自己，照亮了芸芸众生的灵性世界。从印度，到中国，到日本，一路向东，生生不息，让佛教成为东方世界最古老、最重要的宗教之一。在这条佛教东传的道路上，没有一位高僧的弘法不艰难。

而星云的弘法，在艰难中更有扣人心弦处——他将东方古老的佛教智慧，带出了亚洲，带向了西方世界，在不同文、不同种的异乡落地生根，在另一种文明、另一种文化里开花结果。当我们在五光十色的洛杉矶目睹美国学生跪拜于佛像前，在繁华喧嚣的纽约看到佛光道场的净土，甚至在西点军校的附近竟然有“鹿野苑”的重现，禁不住想，这是穿越，是幻境，还是奇迹，是真实？佛法东传，是历代高僧的弘法之功；而今佛法西去，是星云的一生大德。为什么是他做到了？也许答案很简单，他柔软而坚毅。因为柔软，他对众生慈悲，西方亦是吾土；因为坚毅，他对西去路上的种种坎坷，视若寻常，义无反顾。

他将是佛教长卷上独一无二的星云。

第十一章

佛光普照三千界

证婚人就是星云大师，他对新人们说：

『在认识之初要睁大双眼看清楚，

婚后则要用心去爱，想着对方的美好，

互相信任、体贴、称赞。

须知「好话如同强力胶」，

每天向伴侣说十句好话，就能维护婚姻和感情。』

如何让你遇见我，

在我最美丽的时刻。

为这，

我已在佛前求了五百年，

求它让我们结一段尘缘。

佛于是把我化作一棵树，

长在你必经的路旁，

阳光下慎重地开满了花，

朵朵都是我前世的盼望……

台湾诗人席慕蓉这首《一棵开花的树》，不知感动了多少世间儿女。“用佛前五百年的祈求，换今生一次擦肩而过”，这是中国人才能理解的况味，佛的慈悲包容着众生的情，佛的永恒映照着情的不渝。尽管千百年来，佛教总给人以尘缘尽了、归隐世外的出世之感，但人们仍然愿意佛前盟誓，以示坚贞。

2014 年元旦，我们在佛光山佛陀纪念馆大觉堂见证了一场特殊的婚礼——佛化婚礼。

为取 2014“爱你一世”的谐音，在新年第一天，来自美洲、欧洲、大洋洲，以及泰国、中国香港等地的 100 对新人，穿上婚纱和礼服，手牵手站在佛前，许下婚姻誓约。同时，还有 400 对已婚夫妻也站到了佛前，重温新婚情境，发愿将爱情进行到底。

已经结婚 50 年的国际佛光会荣誉总会长吴伯雄和夫人献唱了《你侬我侬》《牵阮的手》等歌曲，期勉新人“我泥中有你，你泥中有我……沧海可枯，坚石可烂，此爱此情永远不变”。

接着，佛光山住持心保和尚宣读结婚证书，100 对新人交换了特殊的信物——为对方戴上一串念珠。许多新娘激动得流下热泪。

证婚人就是星云大师。他对新人们说：“在认识之初要睁大双眼看清楚，婚后则要用心去爱，想着对方的美好，互相信任、体贴、称赞。须知‘好话如同强力胶’，每天向伴侣说 10 句好话，就能维护婚姻和感情。夫妻心中都要保持一种观念：全世界的太太没有我太太贤惠，全世界的先生没有我先生体贴。以此相处，必定白头偕老。”

最后，婚礼在星云创作的《美满姻缘》歌声中结束：“花香迎人影，喜气漫盈盈，龙凤花烛里，永结共绾心……”

此情此景，不仅是新人，在一旁观礼的人们也深深感动。

2014年元旦，证婚人星云与主婚人吴伯雄共同出席在台湾佛光山举办的“幸福与安乐”佛化婚礼。

过去，我们在驻美国工作期间，也参加过不少宗教婚礼，牧师朗读的誓词和“你是否愿意”的询问，在教堂的穹顶下回荡，肃静中有莫名的感动，庄严里有圣洁的浪漫。但对许多中国人来说，那一切远远比不上这佛化婚礼触动心灵，触动沉淀在血脉里的精神根须。

然而，也有人对此表示质疑：“佛门净地，怎么能拿来办婚礼？”

每每遇到这样的质疑，星云总是微微一笑，心平气和地解释道：“佛教不可以把世俗上的婚姻看成一种罪过，这是家庭的基本，伦理道德的重点。对在家的佛教信仰者来说，佛化婚礼是佛、法、僧三宝给予他们佛化家庭的一种祝福。我们是以佛法来普及，但愿天下有情人终成眷属。这几十年来，我不拘形式，四处随缘，给许多新人证过婚。他们幸福的生活已经证明，佛化婚礼对人心的安定起到了积极的作用。”

其实，办佛化婚礼，源于对“在家人”的关心。“过去，佛教给人的感觉，好像只属于出家人，与信徒没什么关系，然而出家在家，本就没有分别。并不是出家即为‘师’，可叫‘师父’，在家就是‘徒’，只叫‘信徒’；并不是只有寺院才有佛教，佛教可以走进每个家庭，从僧众的佛教发展为大家的佛教，让在家人一样沐浴佛光，净化心灵，传播善念，从而把社会各界都带动起来，造福于各界。”

正是源于此念，1991 年，星云在台湾成立了“中华佛光会”，第二年在美国洛杉矶成立了国际佛光会。从此，没有出家的信众、居士也能在佛光山“找到自己的组织”了。只要认同国际佛光会的宗旨、理念，并希望皈依，都可以申请入会。他们在佛光会里修行、求知、互助，世俗生活的点点滴滴开始与佛教息息相关，其中就包括了婚姻这件人生大事。

参加完这场佛化婚礼后，我们离开时，发现在场的佛光人和新人们挥手告别的手势非常特别——大拇指捏住中指，形如莲花。这莲花指印便是一个“暗语”，在世界的任何一个角落，见到这个手势，就知道他们是国际佛光会的一员。

戴维造佛车，警察献鲜花

在洛杉矶，我们常常见到这个“莲花手势”。2014 年 5 月，在浴佛节（也称佛诞节）的游行队伍中，一对 70 多岁的美国夫妇也跟我们做了这个手势，让我们十分惊奇：“你们也是国际佛光会的会员吗？”

“当然！”

原来，这对夫妇的家离西来寺很近，仅 3 英里之遥。夫人南希为爱尔兰人后裔，是一位心理学专家。从小到大，她没有信过教，但自从到西来寺学禅修和打坐后，她对佛教有了兴趣。2006 年，南希正式开始学佛，读了不少英文经书，受益匪浅，后来便皈依了星云，2008 年受戒。

南希经常待在西来寺，或学佛，或做义工，或给来参观的人当导游。久而久之，先生戴维再也按捺不住：她每天早出晚归，干什么去了？会不会跟别人幽会？于是有一天，他一路跟踪南希，想看个究竟。没想到，却跟进了西来寺里，看到她在寺院中忙得不亦乐乎。

戴维是基督教长老会的教徒，原在洛杉矶郡政府工作，是一名城市建设规划师，当初也是坚决反对建西来寺的当地人之一。他怎么也没想到，西来寺竟然有那么大的魅力，把自己的夫人迷得乐不思蜀。看到夫人那“痴迷”和“享受”的样子，他也想尝试一把，自此经常陪夫人一起来西来寺。耳濡目染之下，他觉得此地氛围很好，法师注重威仪，说话和风细雨，他的心灵似乎也得到净化。他开始喜欢这里。于是，他上了佛学班。两年后，他转而皈依佛教，成为西来寺的信徒。

戴维和南希加入了洛杉矶佛光协会，他们把佛光会的活动当作自家的事。为了把 2014 年的浴佛节办得有声有色，两人提前半年就开始准备。南希画了很多佛教的画，她曾经研究过许多佛教艺术典籍，尤其是在敦煌壁画的佛教题材中，她看到一幅画，表现了北魏时代信徒庆祝浴佛节的场面，其中有佛车游行。她灵机一动：“戴维，如果我们也照着这画，做一辆佛车，去参加洛杉矶的浴佛节，会怎么样？”

做建设规划出身的戴维不仅有绘图设计功底，还和朋友研究过中国古代的木建筑结构，他决定自己动手做佛车。半年后，他们把佛车带到了西来寺。这辆佛车有大陆乡间常见的平板车那样大，中间一尊佛像，四周站着很多“僧人”，这些“僧人”是戴维一针一线手工缝上去的。车的上方是两条龙，栩栩如生。整辆佛车没有一颗钉子，全是用中国传统的榫卯结构制作的。

当浴佛节的花车游行在洛杉矶蒙特利公园举行时，这辆佛车一亮相就引起了轰动，人们赞不绝口。戴维和南希的孩子也在游行的队伍中，他们为自己的父母感到骄傲，也对佛教产生了浓厚的兴趣。

如今，洛杉矶的一些警察也熟悉了这个“莲花手势”。在西来寺，曾发生这样的一幕：

一天，一辆警车闪着警灯，开进西来寺。寺里的法师们很紧张，以为发生了什么事。警车在大雄宝殿门前停下，走出两位美国警官，一男一女。他们不慌不忙地从车里拿出一束束鲜花，恭恭敬敬地放在佛像面前。法师们正纳闷，警察为何要来献花？一位警官走过去告诉他们，这些花是从违法经营的墨西哥裔小贩手中没收过来的，“我们想，把花送到这里来是最合适不过了，‘好人会有好报’嘛！”大家都乐了：美国警察也知道“借花献佛”啊！

每次说起这个小插曲，洛杉矶佛光协会现任会长陈伦杰都会忍俊不禁。“其实，是因为佛光协会办的活动越来越多，西来寺附近的美国警察经常要参加这些活动的执勤工作，时间一长，他们熟悉了佛光人的做法和品行，知道我们是为社会、为大众行善的，这对他们警察的工作大有帮助，他们也就愿意跟佛结缘了。”

到底洛杉矶佛光协会的活动有多少呢？

陈伦杰给我们数了数——1 月法宝节，因为农历腊月初八是释迦牟尼佛成道纪念日，这一天被称作法宝节，佛光协会要举办佛学问答比赛、读书心得报告会，以感谢佛陀的恩德；2

月到3月，正好是中国的春节到元宵节，西来寺每天都有近10万人来烧香拜佛，佛光会的会员要做义工，协助帮忙；4月，是人间音缘歌咏比赛；5月，是佛诞节，也叫浴佛节；6月，各分会举办歌唱比赛；7月，有美国国庆节，协会要发动会员清洁海滩，扫大街，为小区做贡献；8月，是会员亲子游；10月，举行国际佛光总会或理事会会议；11月，是寒冬送暖活动，慰劳洛杉矶警察这些辛苦一年的公职人员，给在校学习成绩优秀的学生提供奖学金，这些钱虽然不多，只有100到200美元，却是佛光会的一片心意、一份鼓励，有的美国学生拿到奖学金后，对佛教非常有好感，主动到西来寺做义工；12月，则是洛杉矶佛光会员大会，总结过去，规划来年……

好一张密密麻麻的日程表。

这些热热闹闹的活动，是星云对佛光会的“硬性要求”。星云说：“佛法不是一种知识，不能只当学术研究；佛法要靠修行，才能体证。但是，如果只重自我修行，没有社团活动，则佛教不容易走向群众，走入社会。要让佛教广为弘传，除了寺院一般性的法会共修以外，还需要组织社团，举办各种活动。”

每次参加这些活动，所有会员都穿上统一的“黄背心”——鲜亮的黄色马甲，肩上披着一条带子，两头垂落胸前，上面写着“国际佛光会”五个大字。这是佛光会成员的统一服装。不仅如此，他们还有统一的组织章程、统一的莲花会徽、统一的会歌会旗……

“我们这些会员就像一家人一样，不管你是哪国、哪个地区的人，无论你在什么地方遇到困难，只要找到当地佛光会，就会立即获得帮助。大师要求佛光会对相互之间的交往，要‘来时欢迎，去时相送’。”陈伦杰原本是洛杉矶的一名房地产商，“我倾心佛光会的工作，就是因为在皈依星云大师、受了菩萨戒后，对大师‘人间佛教’的理念非常赞同，佛光会就是践行‘人间佛教’的重要体现”。

在星云看来，“人间佛教”的一大特点，就是要本土化。所以，随着洛杉矶佛光协会的发展，加入佛光会的“老美”越来越多，3 位副会长中，有一位就是地地道道的“老美”。隶属于洛杉矶佛光协会的西来分会，则有 30 多名会员是真正的“老美”。西来分会的会长戴非是苏格兰裔美国人，早已在西来寺受了五戒，他总是以此为荣。每周五，他都要带领所有会员到自己家里共修；每周日，他又带领大家一起到西来寺上英文佛学班。他还经常在西来寺做义工，每当在寺里遇到人，不管认识不认识，他都会双手合十，带着美国腔打招呼：“您好！阿弥陀佛！”

洛杉矶佛光协会的本土化，得益于佛光山翻译中心就设在西来寺。协会组织会员活动和开会时都有翻译。如此一来，“老美”和不同种族的移民及后裔都能听得懂佛经，没有语言障碍。因为听得懂，所以十分活跃，他们总是乐于参加佛光会的各种活动。

如今，洛杉矶佛光协会共有 1500 人，下设 21 个分会，最大的分会有 200 多名会员，其他的一般都在 50 名会员左右，每个分会都各有特色。在洛杉矶中心城区华人区的分会，就以粤语人群为主；有的分会以美国白人为主；有的分会以年轻人为主。

这种“人以群分”的办法，在其他地区的佛光会也得到推广。比如，在德国的华人华侨多以经营餐饮业为生，平时各忙各的，少有来往，柏林禅净中心负责人满彻法师就设定了特殊的“会面时间”——每周二餐馆打烊后，让大家洗去一身油烟，在万籁俱寂中，聚集在一起学佛、交流，许多中餐馆华人华侨由此加入佛光会。

目睹世界各地佛光会的欣欣向荣，星云常常会想起20多年前初创佛光会的情形。那是1992年，国际佛光会在洛杉矶举行成立大会，有45个国家和地区的会员代表共4000多人出席，打破了国籍和种族界线。会上，星云当选为国际佛光会世界总会会长，并规定总会下设协会，协会下设分会。那时，星云便觉得，国际佛光会已是声势浩大，没想到如今更是规模空前——在全球70多个国家和地区，已经成立了170多个佛光协会和1000多个佛光分会，会员达百万以上。

“让有太阳的地方就有佛光会，有海水的地方就有佛光人。”他当年的心愿，现在的的确确实现了。

佛光童军团和青年成年礼

“要想佛光普照三千界，就要尊重和包容在家之人和所有信佛之人，要让所有的人都能自我觉悟，成为‘未来佛’。须知‘佛’在印度语中的原意就是‘觉悟的人’，当年佛祖释迦牟尼在菩提树下、金刚坐上，夜观明星而顿悟：大地众生都有善根善性，只是被五欲三毒所蒙蔽。基于众生皆有可能成为‘未来佛’的信念，佛陀住世说法40余年，为的就是要唤醒沉睡的迷人。所以，众生皆有可能实现‘我是佛’的愿望，我要不遗余力地奉行佛陀教化，践行‘人间佛教’，让那些在家的居士和社会上的信徒，有组织、更系统地在出家人的引领下，学佛弘法，自觉自悟、行佛所行。”

按照星云的要求，世界各地的佛光协会根据会员的特性和不同爱好，成立了不同的下级团体，如少年儿童参加的童军团；年轻人参加的“青年团”；女性参加的妇女会；爱读书的人参加的读书会，等等。

童军团，也叫佛光童军。星云向来关心儿童及青少年的人格发展和教育培育。1996年，国际佛光会在法国巴黎召开第五次世界年会，提出推动成立“佛光童军团”提案。在此一年前，佛光山纽约道场率先成立了“佛光童军团”，这是国际佛光会的第一个童军团，旨在培养个人与团队荣誉心和自尊自重精神。一年来，纽约的童军团不仅学习各种技能知识，还不定期举办户外野营、体育竞技、登山健行等活动，暑假还到一些单位实习和做小区服务，效果很好。为此，星云主张在各地佛光会推广。

没过多久，在洛杉矶成立了“佛光西来童军团”。紧接着，在加拿大、马来西亚等许多国家和地区也先后成立了童军团。2000年，星云生日那天，他亲自为台湾地区第一批“佛光童军”代表授衔。后来，他又在台北为400多名“佛光童军”代表授证书。

“佛光童军”的生活丰富多彩。除了每年暑假有大型活动外，平时每周二各团集中学习一次，学习内容包括人文、艺术、科技、医护、体能、演剧、讲故事、环保、民俗及生活常识等。学习之余，他们有野营、野炊、急救、搭帐篷等技能训练，孩子们的创意和潜能得到充分挖掘。此外，孩子们还要走入社会，到小区打扫卫生、清理环境，到养老院帮助老人、陪伴长者，甚至到警察局和消防队慰问辛勤的公职人员。在这样的集体生活里，孩子们很快学会了如何与人相处，与人为善，懂得了独立、勇敢和感恩，他们幼小的心灵上早早种下了菩提种子。

就在提出推广“佛光童军团”的同时，星云也开始组织“佛光青年团”。1996年，美国西来寺举办了第一期佛教青年生活营。当时，星云正好在西来寺，他有感于青年人对佛法的渴求，提出成立青年组织。同年，在马来西亚举办的国际佛光会第二届第一次理事会上，与会代表一致支持这一设想，成立了佛光会的国际青年总团。

第二年，在佛光山举行了第一届国际佛教青年会议，来自世界五大洲95个国家和地区的700多名佛教青年出席。会上，确立了“佛光青年团”的宗旨和组织章程——以“人间佛教”建立生活方向；以组织社团培养领导能力；以参与活动拓展生活领域；以教育训练深植佛教信仰；以服务社会提升生命价值。

就在这次会议上，当场成立了23个青年分团。星云说："佛光青年团虽然是佛光会的一小步，却是世界人类的一大步。世界各地青年团的成立，意味着菩提种子的播撒。不要看轻一粒种子，将来它会茁壮成长；不要看轻一点因缘，将它传播，也会震动三千大千世界。相信佛教青年的未来无可限量。"他还鼓励"青年团"的成员，"青年要回家，佛子走出去，脚踩全地球，心中有佛法。青年要学习吃亏、学习认错、学习感动、学习柔软、学习忍耐、学习风度、学习灵巧、学习喜舍、学习慈悲、学习正派"。

这番话深深印在佛教青年的心上。他们回到各地后，按照星云的要求，积极投入到道场寺院和佛光会的各项活动中，带动了更多当地青年的参与，组建起更多的分团。目前，在世界各地的青年分团已经增加到180多个。

年轻人充满活力，举办的活动也新颖活泼，创意无穷。2003年，马来西亚青年分团组织"千人丛林寻根之旅"，到台湾佛光山参观求学，星云见到他们，十分高兴："青年人就是要多走，走出去就会进步，走出去就能成功，走出去就能交到朋友，走出去就有很多因缘。"2004年，澳大利亚昆士兰的青年分团在中秋节举办了擂茶制作活动，吸引了很多当地人，昆士兰州洛根市的市长夫人杰米也来学做擂茶。还有的青年分团在植树节组成"佛光植树队"参加植树；有的则在父亲节举办"擦鞋与按摩"活动，感恩父亲。至于举办音乐会、运动会，那更是年轻人的长项，早已成为"佛光青年团"的常规活动。

无论“童军团”还是“青年团”，都是一群在校青少年，他们平时在校学习繁忙，只有寒暑假期间适合办活动。尤其是暑假，时间长，天气好，此时儿童夏令营、大专佛教夏令营、佛光青年大会师等活动比较集中。

星云对学生们的这些活动历来都非常上心。早在1969年，佛光山创建之初，就举办了大专佛学夏令营。那次，300多位学生报到完毕，却没想到山上的自来水系统出了故障。考虑到天气炎热，孩子们不能没有水用，星云赶紧找工人来修理，嘱咐无论如何要尽快修好，他自己就站在一旁等待、监工。

可是，直到半夜一点钟，水管还没修好。工人说：“是抽水的马达坏掉了，我要回凤山找个零件来。”星云不放心，连忙道：“我跟你一起去拿零件。”回来后，工人挑灯夜战，接着修，看起来修得还挺费劲，星云也不懂，无法插手，只能在一旁干着急，他心想：“如果马达还修不好，我愿将自己身体的血液化成清水，让学生们有水洗漱饮用！”他一边想，一边祈祷菩萨保佑。结果真是万幸，天亮之前，马达总算修好了。

后来，星云回忆说：“马达修好了，开始抽水。但我仍不放心，沿着竹林荒草走到水塔边，好像听到水声。还是不放心，又紧贴着水塔爬到顶端，伸手摸到水，心才落回肚子里。等我从水塔回到地面，天刚好亮了。”

参加夏令营的孩子们，没有辜负星云慈父般的关爱和期望。2012年暑假，我们在佛光山参观，见到了参加夏令营的1500名童子军。他们来自世界各地，分别编入“狮子队”“老虎队”“豹子队”等，每队有自己的队服。他们每天的主要功课是：穿衣、铺床、洗碗、做饭、听课、抄经、拜佛。

每天早晨五点半，1500名童子军整齐地集合在佛光山不二门的台阶前，听着佛乐，跟着法师的引磬声，一步一叩首整齐地朝山，一直朝拜到大雄宝殿。一路上挥汗如雨，但没有一个掉队或叫苦的。

吃晚饭的时候，他们秩序井然，15个人围成一圈，在广场上席地而坐，互相帮助取菜端水。1500人的童子军离开时，偌大的广场，连半张纸屑也没有留。

星云说，这些孩子们平时就训练有素，他们的家长大多是佛光会的会员，早早就把孩子送到夏令营来锻炼，所以，孩子们早就在各地定期参加过佛光会的活动，打小就已经学佛从善。“到佛光山后，通过听法、抄经，让他们牢记‘做好事、说好话、存好心’的人生信条，将来成为对社会有正能量的人。”

在众多青少年的活动中，有两项最特别，星云也最上心，一项是儿童成长礼；另一项是佛光成人礼。

儿童成长礼是“童军团”的大事，主要是通过各种活动，让孩子们学习各种知识、懂得佛教礼仪，学会尊敬长辈、孝顺父母。比如，在成长礼中，会让孩子们学习茶道，斟好一杯茶，奉给父母喝；也会让孩子们抄写佛的十大愿，以增长智慧和悟性。

佛光成人礼则是在少男少女年满18岁时举行，象征孩子们迈向成人阶段。星云对佛光成人礼非常重视，有时会在仪式中亲自为青年男女祝福。其实，在世界各地，都有各式各样的

佛光会的“莲花手印”

国际佛光会会员见面时，均以两个手印作为行礼的方法。

第一个手印是先翻掌外迎，用拇指扣住中指，其他三指外翻，代表着无限的欢迎、无我的接纳、无上的接引、无碍的交流、无染的清净。

第二个手印是莲花合掌，将双手合十，中间保留点空隙，象征无二的圆融、无量的信心、无偏的正见和无灭的佛道。

成人礼，西方的成人礼大多强调孩子们的独立与自立，中国的成人礼更强调孩子们的责任与继承。

佛光成人礼自有其特别之处，有的佛光协会在活动中，递给每个成年男女青年一副红色水桶担子，让他们挑在肩上，象征着从此担起人生的责任；有的佛光协会在活动现场搭起一排排花架，架子很低，让成年男女青年从架子下钻过，意喻要以谦卑的态度面对未来；还有的佛光协会组织成年青年男女敲钟许下心愿："从此去除坏习性，建立好观念，学习自我负责，加入服务人群，回馈社会。"凡此种种，都是要借此机会让青少年认识"长大成人"的真正意义，建立起责任感、感恩心、结缘观、慈悲观以及明理、包容、守法、尊重、承担、负责的人生观。

慈悲无国界

在佛教的历史上，留下许多女性的身影，人们最熟悉的，莫过于观音菩萨救苦救难。除此之外，还有胜鬘夫人说一乘法，妙慧童女发坚固愿，莲华色女神通第一，大爱道女崇尚圣德，摩登伽女出家证果，种种故事，在佛教界广为流传。

星云一生极力主张和推动男女两众平等，尤其强调男性与女性是相辅相成的，女性要发掘自己的潜能和特长，并勉励佛光女性要"以观音菩萨为学习模范，以慈悲美化社会人心，以忍耐化解暴戾之气，以灵慧增加人间色彩"，在家庭及事业之间做一个坚强独立、慈悲柔和，理性与感性兼备的现代女性。

他还为佛光女性提出四点建议：有传统的美德，有现代的知识；有感情的世界，更要有智慧的生活；有家庭的观念，也要有社会的事业；有柔和的性格，更要有坚忍的精神。

正因为此，国际佛光会特别重视女性，设立了国际佛光妇女委员会，认为女性的智慧、能力、修行与男众没有两样，世界要是没有了女性，就如同少了花、少了水、少了美感。如今，国际佛光妇女委员会每年都定期举行世界佛教杰出妇女大会，相互交流、相互勉励，为国际佛光会的工作和发展做出更多贡献。

星云不仅非常重视女性的作用，更重视家庭和睦。他说："人间佛教的家庭观，不仅把生命延续下去，更将文化、慈悲、道德、信仰等传承下去，依此菩萨精神，夫妻不再是冤家，儿女也不是讨债鬼，而是以正知正见成就菩提眷属，建立一个幸福美满的家庭！"为此，国际佛光会各协会根据星云的意思，经常举办菩提眷属祝福礼活动。

国际佛光会创立后，还继承了星云"音乐传法"的传统，注重用佛教音乐、歌唱、表演来结缘弘法。自 1995 年开始，"佛光山梵呗赞颂团"多次巡回于欧洲、美洲、大洋洲及亚洲等地，进行佛乐表演；星云所著的《释迦牟尼佛传》被搬上了音乐剧的舞台；佛光合唱团也走入了小区和学校，把佛教音乐艺术、佛教歌声从东方带到西方，从寺院带入艺术殿堂，带向社会各领域；各个协会和分会也根据自身条件，举办个人和团体的歌咏比赛，以音乐和歌声自娱自乐，自我净化心灵……

音乐的感召力没有国界，越来越多的人因佛教艺术和歌声走入佛门，甚至投入其中参与弘法。

佛光会还有一项重要活动，就是慈善救助。无论哪里出现灾难，佛光会都积极参与救济。例如：1994 年的台湾风灾、1999 年的台湾“9·21”大地震，2003 年的非典，还有菲律宾的旱灾和风灾，印度古吉拉大地震，斯里兰卡旱灾和水灾，印度洋的大海啸等，各地的佛光协会都全力以赴，参与救援赈灾。

对贫困地区儿童的教育扶助，佛光会更是全力支持。他们在许多地方都建立了佛光希望中小学。1996 年，国际佛光会香港协会会长、副会长集资 30 万港元，在广东省兴建了第一所佛光希望小学。

此后，香港协会又展开“万人助学基金”筹募活动，所得善款主要用于兴建学校和发展教育，目前已在陕西、江西、广东等省兴建了百余所希望学校，其中有 20 多所被命名为佛光希望中小学，许多贫困失学的孩子得以进入校园接受教育。

这些慈善活动不仅仅限于华人世界。2002 年，国际佛光会在巴西设立了“如来之子扶贫教养计划”，帮助巴西贫民区儿童接受正统教育，让他们有一技之长，以免将来因生计而走入歧途；在非洲和亚洲的缅甸、老挝、新加坡等地，佛光会捐献了上万辆轮椅，其中几次，星云亲自出席捐赠仪式……

正是由于对国际慈善活动做出的贡献，国际佛光会于2003 年获得联合国经济社会理事会同意，正式取得联合国非政府组织（NGO）咨询顾问身份。在联合国承认的2000多个非政府组织中，国际佛光会是极少数以华人为主的民间团体。现在，纽约道场及纽约佛光协会成了国际佛光会在纽约的代表，负责与联合国联系，向联合国提供报告，主要汇报在世界各地的慈善和捐赠活动，尤其是资助贫困儿童教育、建立佛光中小学的情况。

“佛光普照五大洲”，随着国际佛光会在世界舞台上的慈善活动，佛教的慈悲正为更多国家和地区的人们所认识、所熟悉、所钦佩。星云所倡导的“人间佛教”，也正在一步步影响着世界。

第十二章

名人雅士云来集

见到星云，听完规划，

张大千挥笔写下『大雄宝殿』四个大字

赠予星云，留作将来之用，

更为宝刹名山平添一段佳话。

中国有句名言："山不在高，有仙则名"。佛光山不高，但名气很大。让佛光山出名的最大原因，当然是因为这里有个开山鼻祖星云大师。当这儿还是一片荒山，连名字都没有，被当地人称作"麻竹园"时，就有不少人听说星云在开荒建寺，连忙慕名而来，上山拜佛。其时，佛光山只建成了一个东方佛学院，连大雄宝殿这样的核心建筑都还没有，国画大师张大千就登山拜会。见到星云，听完规划，张大千挥笔写下"大雄宝殿"四个大字赠予星云，留作将来之用，更为宝刹名山平添一段佳话。如今，佛光山大雄宝殿门楣上的四个大字，正是张大千手迹。

张大千赠画，义卖兴建大学

张大千祖籍广东番禺，1899年5月10日出生于四川省内江市一个书香世家，是中国著名的泼墨画家、书法家。他的诗、书、画与齐白石、溥心畬齐名，常常被称作“南张北齐”“南张北溥”。1949年，张大千被蒋介石政权接到台湾，从此和黄君璧、溥心畬并称为“渡海三家”。20世纪50年代，张大千游历世界，获得巨大的国际声誉，被西方艺坛视为“东方之笔”。

赴台之后，张大千并没有住在台湾，而是住在巴西圣保罗的八德园，那是一个山清水秀的地方。后来，巴西政府要在附近修建水库，张大千不得不搬家。为争取他回台定居，国民党当局把台北市郊士林一带的至善园拨给他居住。至善园就在台北故宫博物院的正前方，以王羲之“天下第一行书”《兰亭序》的内容为蓝本，设计了兰亭、笼鹅、曲水流觞、松风阁、水榭、碧桥西、洗笔池、招鹤听莺八大胜景，把古典庭园与书香气息合为一体，美不胜收。张大千在至善园住下后，曾请星云到家里小聚，年轻的星云一看：“他家里藏了不少字画。”

此后，张大千经常去佛光山，并送了星云几幅画。每一幅都在8平尺以上，而且都题了字。其中一幅画的是墨荷，画作上题字：“一花一世界，一叶一如来。”虔诚信佛的张大千自称弟子，合十礼拜，将此画送与星云。“我那时候很年轻，实在不敢当此礼节。”

1978年，画家张大千先生到访佛光山，将画作“一花一世界，一叶一如来”赠予星云。

星云接受了张大千的字画后，半开玩笑地问他："我现在正在建寺庙，资金吃紧，可能会拿去义卖哦。"张大千潇洒道："这都是你的了。"言下之意，画既送出，就随星云怎么处理。

话虽如此，建寺庙时，再怎么艰难，星云都没有拿出张大千的画。直到后来，要办大学，四处筹措不到资金，别无他法，星云才想起了这幅画。一些弟子劝他不要卖："师父，张大千年事已高，他的字画日益宝贵，应该收藏起来。"

星云叹气："我们要办大学，需要钱，不卖不行啊。"

他把画拿到台北去义卖。"那天，台湾远东集团的老板徐有庠来到义卖场，一眼看中张大千的画，出了1.2亿新台币的高价。"这笔钱像及时雨一样，让大学顺利落成了，但星云的心里始终留下了遗憾，"我卖了以后，总觉得很内疚，张大千对我如此友好，我竟连他的一幅画都没能保存好"。

正在自责，岂料峰回路转，又有了一个机会。

一日，星云突然接到从香港打来的一个电话，对方姓高，叫高伯真，是星云的信徒。高伯真说："我爸爸高岭梅就要往生了，在病榻上他要求一定要皈依大师您，希望您赶快到香港来替他举行皈依仪式。"星云一听"高岭梅"三字，知道他是香港鼎鼎有名的收藏家。可是又想，要专门为他一个人办个皈依仪式，委实有些不便，一来那时从台湾到香港不是件容易的事，要办诸多手续；二来高岭梅既然病重，时间上也来不及了。

高伯真想了想，事实也确实如此，可父亲如果不皈依，就咽不下这口气，怎么才能让他安心地走呢？高伯真急中生智："要不这样，请大师在电话里为我父亲皈依。"

"可以。"星云当即应允了。

高伯真把话筒拿到高岭梅耳边，星云对他念道："皈依佛。"高岭梅以微弱的声音跟着说："皈依佛。"星云再念道："皈依法。"他说："皈依法。"星云又念道："皈依僧。"他说："皈依僧。"

……

这场特殊的皈依仪式之后，高岭梅安详而逝。高伯真为了感谢星云，从父亲的遗物中选了一幅张大千的画相赠。这是一幅观世音像，画上有张大千的落款："51岁佛弟子。"

高岭梅怎么会有张大千的画呢？高伯真说，父亲是张大千的至交，张大千觉得，把字画交给他收藏，十分安全。星云听罢，心中欢喜，想不到张大千的画作一失之后，还能一得，从此要加倍珍藏。

然而，此画送到台湾后却引起轩然大波。许多人没看过张大千这种风格的画，认定是赝品。尤其是张大千的关门弟子一口咬定："我师父没画过这种画，绝对是假的！"

佛光山的人十分生气，心想：你是张大千晚年所收的弟子，哪里见过张大千51岁时画的画？可这位关门弟子负责整理收藏张大千的字画，颇为强势。他盘问道："这幅画是从哪里来的？"星云便把高岭梅之子赠画的来龙去脉如实告诉他，他一听高岭梅的名字，连声说："哦，哦，那是真的。"——张大千与高岭梅相交于盛年，那时压根儿还没有他这位关门弟子。

星云说："这幅画，后来有人愿出 600 万元跟我买，但我没舍得卖，一直留存到现在。早年，是因为办大学需要用钱，不得已而义卖。那时认为，卖了以后还会再有，其实不然。现在，有一幅就要守住一幅啊。如今佛光山收藏的不仅有张大千的画，还有徐悲鸿的真迹。"

张大千 20 多岁便蓄着一把大胡子，他和国民党元老于右任一样，都被称为"美髯公"。两人虽然在年龄和时代上有一定差距，但都是星云的好朋友，以至于有人叫星云问张大千和于右任：他们的胡须晚上睡觉时是放在被子里面呢，还是放在被子外面？星云闻言笑道："我不好问他们这个问题；不过，我可以把一个跟张大千胡子有关的故事讲给大家听——"

张大千每次去开会，人家都说，哎呀，美髯公，你这胡子好长呀，好漂亮呀，好好看呀！如此赞美他一番后，就请他致辞。

他不动声色地上去了，说三国时期，刘备在关羽、张飞两弟亡故后，特意兴师伐吴为弟报仇。关羽之子关兴和张飞之子张苞复仇心切，争做先锋。为公平起见，刘备说："你们分别讲述父亲的战功，谁讲得多，谁就当先锋。"张苞抢先发话："先父喝断长坂桥，夜战马超，智取瓦口，度释严颜。"关兴口吃，但也不甘落后，说："先父须……须长……数尺，献……献帝……当……当面称他为美髯公，先锋理……理当归我。"立于云端之上的关公听到后，禁不住大骂道："混蛋小子，为父当年斩颜良，诛文丑，过五关，斩六将，单刀赴会，这些光荣的战绩你都不讲，光讲你老子的胡须又有何用？”张大千致完辞后，台下诸君十分尴尬。

故事讲完了，星云环顾四周，微笑道：“张大千的意思是，我的艺术、我的成就你们不讲，老讲我的胡子有什么意义？”

于右任赠字，力挺佛教发展

另一位“美髯公”于右任是陕西三原人。除了政治身份，他还是著名的教育家、书法家。赴台后，于右任淡出政坛，与星云相识。“于右任先生年轻时在国民党里面的一些风云行动，我并不知道。到台湾之后，因为他信佛，我也在佛教会里走动，就经常有接触，有联系。”

据星云描述，于右任不仅胡子令人羡慕，而且长得高大，仪表堂堂，尤其是写得一手好字，还经常把自己的字拿去送人，广结善缘。星云也收藏了几十幅于右任的字。“当时佛教会举办法会，通常要请某个高官来拜佛，这样才显得隆重，因此于右任常被邀请参加。法会上，大家诵经、念佛，祈求一点心理的安慰，散去之前还要在一起吃吃饭，聊聊天。相互接触多了，他写的字我就收集得越来越多。没料到有人告诉我，于右任有一秘书，写的字跟他的一模一样，只怕我收藏的这些字不是于右任写的，而是他的秘书代笔的。我心想，像他这样一位德高望重的人，向他求字的一定很多，秘书代笔也是自然。那我手上的这些字，究竟是不是秘书写的呢？”

星云心存疑惑，却又不好问于右任本人，就找来一个行家，对这些字进行甄别，看哪幅是于老先生的真迹，哪幅是秘书写的。这行家鉴定了半天，模棱两可地说："基本上都是真的吧。"

后来，星云有个信徒，是台湾"内政部长"的夫人，她与于右任一家私交甚笃，星云手上的那些字，有的就是她从于右任那里拿来的。她一听星云请人鉴定于右任的字，哭笑不得："师父呀，于老先生是个虔诚的佛教徒，他写字送给你，哪敢让别人写？都是亲自执笔的。"

后来，于右任年事渐高，病痛缠身，很希望佛教界人士常去看他，以表明他信奉佛教的立场。国民党刚到台湾那会儿，佛教处于风雨飘摇的状态，一是国民党当局怀疑赴台的和尚有可能是共产党的特务；二是宋美龄信仰基督教，导致基督教的势力在台湾坐大，许多政界要人也纷纷进教堂、做礼拜。但于右任、赵恒惕、张大千等名流都是虔诚的佛教徒，他们希望佛教能在台湾发展壮大。于右任晚年卧病时，星云多次前去看望他，一直到最后把他送上山。

与蒋纬国的往来

在国民党其他要员里，与星云走得最近的要数蒋纬国。

蒋纬国是蒋介石的次子，曾任国民党装甲兵司令、安全会议秘书长等职，擅长军事战略研究。"蒋纬国也信佛，他把我们当朋友，一年要来好几次。有时我去台北，他也出来跟我们一起吃顿饭。”星云记得最清楚的是，每次蒋纬国要走了，就站在门口等司机过来接他。门外车水马龙，没法停车，他也不知道车停在哪里，只见他把手指往嘴里一塞，“吁……”一声响亮的口哨，几里外都能听到，车子很快就过来了。

“他那时还管着一个战略学会，当主席。愿意到这个学会讲演的人不多，他要维持学会，就常常找我去讲。我说我不是军事家，也不懂政治。他说没有关系，你就讲佛法，我们这里许多老将都高兴听。”星云说，蒋纬国跟他聊天向来随意，趣事趣谈，无所不讲。“有一次他跟我说：‘你知道吗，我们蒋家了不起呀！过去我父亲在大陆是军事委员会的委员长，现在我哥哥统领海陆空，是台湾的军事委员会委员长，我呢，是蒙藏委员会的委员长，我们家三个委员长，都叫蒋委员长，哈哈！’

“其实，他这话全是挖苦嘲弄，他觉得父亲曾统领三军，哥哥也是，而自己却只管了个不伦不类的‘蒙藏委员会’。他虽然很聪明，挖苦得很幽默，但他吃亏就吃在这一点上。”每当遇到这种情况，星云总是劝他：“好了，不要说了，就算了吧！”

“蒋经国、蒋纬国兄弟两人之间的是是非非，在台湾传播得很多。”星云说，“不过有一段话，我得替蒋纬国说出来。20世纪80年代初，他两次跟我说，民进党想搞‘台湾独立’，那是做梦呀。他说台湾有什么资源能够独立呀？共产党把海口一封闭，台湾连饭都没得吃了。他跟我讲这些，我就明白他是个‘统派’了。”

蒋经国的演讲嘉宾

在星云的记忆中，蒋氏兄弟到了晚年，对大陆都很有感情。

蒋经国与星云的交往虽不及蒋纬国那般轻松自在，但另有一番深远的用意。他在继任台湾地区领导人后的第八天，就到佛光山参拜。当时佛光山还处于初建阶段，山上设施简陋，完全竣工的只有一所东方佛学院。蒋经国到了之后，巡视每间教室，与学生聊天，展示他的平民化作风。从那时起，星云就察觉到了，蒋经国表面上虽然因为宋美龄、蒋介石都是基督徒，也高调信奉了基督教，否则接不了班，但他心里还是尊崇佛教的。

之后，蒋经国多次到佛光山，每次在山上待两三个小时，到处走走、看看，累了坐下来喝喝茶。那时山上的路远没有现在的好，好在他也没带庞大车队来，仅带身边的重要幕僚，卫士都在外面守卫，也从不戒严。星云说：“他喜欢自在行动，高兴来就来，高兴走就走，不喜欢很多人迎送。当然，来之前还是会先通知我们的。他常常是以看望育幼院小孩子的名义来佛光山，实则对观音殿、大悲殿等很有兴趣。大雄宝殿前一天落成，他第二天就来了，问我们生活过得好吗，经济来源如何。他见大雄宝殿的前庭很大，说这就对了，他就担心我们在里面弄个莲花池，那样就不大气了。”

星云推测，蒋经国回去后，大概是跟宋美龄描述了佛光山大雄宝殿的情况，说很好看。没多久，宋美龄就派人来找星云要图纸。星云建佛光山，本来就没有建筑图，只好拍了张照片给她。后来才知道，宋美龄要图纸，是嫌圆山饭店建得不好，有翘角，而佛光山大雄宝殿是平角，她要拿去看看。

蒋经国有时太忙来不了，就让幕僚来。他曾派何应钦到佛光山。

何应钦对星云说：“你在这里建寺院，不简单呀，你一个外省来的和尚，建这么一个道场给台湾，有价值呀！我这次来，是奉经国‘总统’的指示，要告诉你一句话。”

星云说：“请指教。”

“多种树，建房子一年两年就可以了，树木不是一时能长得起来的呀，所以要多种树。这是经国‘总统’的原话。”

星云点头称是。从那以后，星云就不种小树了，挑长速快的大树种。

星云也曾在蒋经国来山参观时对他建言，比如让佛教徒办大学。当时台湾的天主教、基督教有了辅仁大学、东吴大学、东海大学等，唯独佛教没有大学。有一次蒋经国邀请星云到“总统府”演讲，让所有官员来听，他就借机对蒋经国说：“佛教人口居世界之冠，尤其移民世界各地的华侨那么多，他们大部分都是信仰佛教的，而台湾都没有一所佛教所办的大学，希望政府能开个方便之门。”蒋经国连说：“我记得！我记得！”后来台湾开放设立大学，星云才有机会办了南华大学和佛光大学。

星云演讲的时候，蒋经国也坐在那里听。这些演讲一般不会被记入官方公文或对外公开。但在1986年3月国民党召开的十二届三中全会上，星云的发言被记入了简报。

那一次，星云是以国民党中央评议委员的身份参加会议的。“我也不知道这头衔是因何而来，我一介平民，却被选为评议委员。不过，评议委员很大呀，我看国民党里面，能当评议委员的都是元老了，宋美龄也是评议委员。”那么评议委员有多少呢？星云数了数，很多，而且每年都增加。

“那天开会，蒋经国主持，他让秘书长马树礼做党务报告，郝柏村将军做军事报告。蒋经国不知道怎么心血来潮，叫人递个条子给我，让我发言。我吓了一跳，国民党的精英都集中在那里，怎么叫我讲？我应该讲什么呢？但他既然叫我讲，我就讲。我说，要开放大陆探亲，要跟大陆人来往，我们最重要的是要请他们过来，今天请几十个、几百个教授来台湾观光，他们也可以把台湾的情况带回去。他们不来，我们也不去，老是对峙，怎么统一呢？那时候蒋经国的秘书是马英九，我一边讲，这些话就被他一边记录到纪要里去了。”第二天，星云的讲话在《中央日报》上刊登了。“有人告诉我，蒋经国会后说，他星云一个出家人都喜欢和平，我们国民党也不能不这样呀。”

事后看来，那次会议是国民党历史上的一个节点。会后不久，蒋经国决意对国民党进行第三次改造。1987年7月，国民党当局解除在台湾实行了38年之久的“戒严令”。10月14

日，蒋经国主持国民党“中常会”，正式宣布开放台湾民众赴大陆探亲的决定。虽然两岸关系的解冻是历史的大势所趋，但星云站在那个历史的关头上，用他的声音和智慧，推了蒋经国一把，做出了幕后的贡献。

让郝柏村和张百发唱《将相和》

就在那天会议结束后，郝柏村凑到星云跟前，对他讲：“今天是我们三个扬州人的表现。”他的意思是，登台发言的秘书长马树礼、他郝柏村和星云，一个是涟水的，一个是盐城的，一个是江都的，可不都是扬州一带的？星云听了，开玩笑地回应道：“这话你也敢讲？这是拉帮结派搞分裂，不可以讲的呀！”

星云和郝柏村不仅是老乡，而且是好友。有一次星云跌断了腿，待在佛光山养伤，郝柏村专程从台北赶去看他。“他是大官，我出家人，承蒙他把我看作知己，总是‘老乡’长‘老乡’短，诸多关怀。”

星云还讲了一个有趣的故事。

2009 年 10 月，星云邀请原北京市副市长、时龄近 80 岁的张百发率北京青年京剧团访问台湾，京剧团从佛光山一直演到台北的“中山纪念馆”。这时，星云突然想起郝柏村酷爱京剧，张百发也是此中高手，便邀请他们两人在剧团正式上演《锁麟囊》之前，先来一段《将相和》，两人欣然同意。“这个就有意思了，一个将军，一个部级的市长，‘将相和’！”在两岸关系逐渐和暖的时候，星云的此番安排寓意深远。

“其实郝柏村也老早就看出来，两岸的民间是心连心。”星云说，有一次郝柏村回大陆老家探亲，回来后很得意，跟星云说，大陆对他很好，并说他老家有一个庙，家乡人问他，能不能请星云题个字？他夸下海口，说这个没问题。星云听罢，马上提笔，给他们写了“净土寺”三个字，郝柏村捧在手中，如获至宝：“太好了！这下我回家乡跟他们有交代了。”

“为马英九找一个工作”

马英九与星云的交往，始于一场竞选。

那是 1998 年，台北市长选举，国民党急需一个声望高、能力强的人来和竞选连任的陈水扁对决。国民党内普遍认为，马英九是最合适的人选。然而，自蒋经国去世后，其继任者李登辉与马英九的关系日益僵化。李登辉将他调任“法务部长”的闲职，他却厉行“肃贪打黑”，炒热了一个冷差事。结果，他触动了权贵利益，李登辉对他极为不满。于是，马英九发表了一份“辞官退隐”声明，并谋得台湾政治大学法律系副教授一职，表示以后专心教育，说什么也不肯出来参选台北市长。

后来，连战请星云出面，去劝劝马英九。星云找到马英九，两人在一个小房子里谈了三个小时。他给马英九分析，只要马英九出战，一定会成功。可是左讲右讲，马英九就是不松口。马英九对星云说，他好不容易才找到台湾政治大学副教授的工作，这是一份可以永久从事的职业，选举做官，只不过是一时的职务。

虽然如此，但过了几天，架不住各路人马纷纷劝说，马英九还是答应了，他宣布参加台北市长的竞选，并顺利当选。

2005 年 7 月，马英九当选为国民党主席。那次竞选并不平静。党内竞争对手王金平和马英九的分歧，在台湾已是路人皆知。在竞选过程中，马英九几次来到佛光山，与星云会面，有一次还在山上住了一夜。第二天早上起来，马英九仍然坚持每天晨跑运动的习惯，那天，佛光山大慈育幼院的小朋友也陪着他一起跑。

2008 年，马英九三度参加选战，这次是代表国民党竞选台湾地区领导人，竞选对手是民进党的谢长廷。星云说："当时陈水扁阵营的贪污之风弥漫社会，也就使得马英九清廉正直、公正无私的形象加倍受到台湾民众的肯定。但就在他即将参选前，却因为首长特别费案被起诉，他一度情绪低落。其实，全台湾每一位行政首长都有特别费，假如马英九一个月的特别费是 10 万块钱，按照规定，这 10 万块钱是可以自由使用的，只要报账即可。只不过这当中，马英九有一笔特别费的账目，部属以他认养的流浪狗'马小九'的日常开支做了发票，报了账。这在选举期间，也就成为严重的事态。民进党紧追不舍：'你怎么能拿公家的特别费去养自家的狗呢？'"

当时民进党把"特别费"闹得沸沸扬扬，其实陈水扁使用“机要费”去支付日常开销，才是更严重的事。星云说：“我替马英九感到委屈，干脆在报纸的‘民意论坛’上发表了两篇相关文章。事后，马英九打电话给我，表示谢意。后来，我听说法院对他不起诉了，也非常高兴。”

马英九终于可以出来竞选了。在还没有正式开展竞选活动之前，他特意到佛光山，再次感谢星云。星云说：“当时正赶上我们举办‘翰林学人联谊会’开会，两千多名大学教授、学者都来参加。马英九来到会场和大家打招呼时，我灵机一动说：‘各位教授们，你们知道，现在马先生没有工作了，失业了，大家帮他找个职业吧！’因为，按台湾的规矩，当时公开竞选的时间还没有到，还不能为马英九拉票。大家听了，会心一笑，报以热烈的掌声。之后，马英九正式在各地展开竞选宣传时，也都使用‘为马英九找一个工作’这句话。后来，马英九果真找到了工作，当选为台湾地区新一届领导人。”

尽管时至今日，台湾社会对马英九的执政能力有诸多抱怨和不满，但在星云心中，马英九始终是一个值得交往的人。“他对攸关净化人心的活动，总是乐于参加。”2010年，佛光山佛陀纪念馆举行“第一次地宫珍宝入宫法会”，马英九莅临会场；2011年，马英九专程到星云在宜兰礁溪办的佛光大学，参加学生的毕业典礼，与外籍学生比赛炒米粉。后来，星云在佛光山举行“爱与和平宗教祈福大会”，马英九又和国民党副主席吴敦义一起到会，与宗教界代表共同祈愿世界和平。

劝宋楚瑜“多听别人讲”

宋楚瑜到佛光山的次数也不少，星云印象最深的一次，是宋楚瑜在2000年参加台湾地区领导人竞选时，到佛光山住了一夜。

“那一年宋楚瑜争取参选，可惜国民党没有提名他，而是提名了连战。最后，宋楚瑜只有脱党，和连战各自争取民众的支持。但‘鹬蚌相争’，结果是瓜分了国民党的选票，陈水扁也就‘渔翁得利’了。”在佛光山的那一夜，宋楚瑜和星云长谈，请星云帮他介绍搭档人选，并请星云代为询问吴伯雄、吴敦义两人，是否愿意做他的副手。他知道吴伯雄和吴敦义都是和星云经常来往的朋友。结果，两人都跟星云表示，坚决不愿参选。

“其实，宋楚瑜是一个干练的人才，有气魄、有眼光，也很正派，就是给‘兴票案’弄得焦头烂额。”星云说，不过以他对“兴票案”的了解，他认为宋楚瑜是无辜的。后来，佛光山的律师还帮宋楚瑜打了这场官司，宋楚瑜最终被判无罪。

宋楚瑜在竞选期间多次出入佛光山的台北道场，海阔天空地畅所欲言。星云说：“那时候，我觉得宋楚瑜若要竞选，不需讲太多，应该要多听别人说。”后来在一次聚餐中，星云将此言告知宋楚瑜。宋楚瑜闻言立即起立，向星云合掌说：“谨受大师赐教。”

2000年，宋楚瑜败选后，很多人让他另组党派，他也曾到佛光山见星云，请星云帮他的党取个名字。这可难倒了星云。“平时信徒家中开个公司、商店，或者生儿育女，叫我取个名字还可以，要我替政党取名字还从来没有过，不知该怎么取。不过后来我真的想到一个名称，我认为公平、公正、公义、公道是非常重要的，尤其民选政治人物，最怕的就是自私，更应该效法孙中山先生的‘天下为公’理念，所以就想建议他取名为‘公党’。”

可是，当星云准备把这个名字告诉宋楚瑜时，身边的人告诉他：“宋先生已经对外宣布叫‘亲民党’了。”此事就此作罢。但后来，亲民党内部许多事情，宋楚瑜都多次向星云求助，星云也尽力帮他解决。“遇到问题，他党里面的人，跟我有关系的，我就帮他协调。我很真诚地支持了宋楚瑜一番。”

吴伯雄一家四代的佛缘

在台湾的名流中，星云与吴伯雄的关系最为密切，用吴伯雄自己的话说：“我们一家四代都是佛光人。”

星云与吴家的因缘，可以追溯到吴伯雄的父亲吴鸿麟身上。当年，孑然一身的星云刚到台湾时，若不是吴老先生帮忙，连户口都上不了，难以在台湾立足。自从那一面之缘后，星云对吴老先生感激不尽，与他的儿女也有了来往，尤其是和吴伯雄来往甚密，以至于吴伯雄后来成了佛光山的重要居士。

吴伯雄 1939 年 6 月 19 日生于台湾桃园，成功大学工商管理系毕业，曾任南亚工专学校副教授。1968 年 7 月，29 岁的吴伯雄在家人的鼓励下，参选桃园县的“省议员”。凭借吴家在桃园县雄厚的家族实力，他顺利当选，进入政坛，成为当时最年轻的“省议员”。星云说，吴伯雄一生仕途虽有起伏，但政绩卓著，从“省议员”、桃园县县长、公卖局长、台北市长，到 43 岁成为台湾最年轻的“内政部长”，从国民党的中央委员会副主席、主席，到国民党的荣誉主席，种种职务上，他都做出了一番声望。

自从皈依星云后，吴伯雄对星云的一些话唯命是从。吴伯雄曾说过这样一件事：他把星云提倡的“做好事、说好话、存好心”的“三好”语录挂在家里的墙上，有一天他和太太吵架，太太指指墙上挂的“三好”说：“你看师父怎么说的?”吴伯雄就不吵了。

1992 年，星云倡导的国际佛光会在美国洛杉矶成立世界总会，与会代表一致邀请仍在“内政部长”职位上的吴伯雄担任副总会长。星云从美国打电话回台湾，征询他的意见，吴伯雄二话没说，欣然答应。

1994 年，吴伯雄有意参选“台湾省省长”，对手是同党的宋楚瑜，一时间“两雄相争”，僵持不下。星云知道后，就约吴伯雄出来商讨选举得失。吴伯雄当时决心很大，信誓旦旦地说，一定要竞选到底，哪怕台湾省只剩下一个阿里山，他也要竞选“省长”。

星云闻言，就跟吴伯雄说：“两虎相争，必有一伤，果真有心为民服务的话，什么不可以做，为什么一定要当省长呢?

就像佛光会，其实也可以乘兴而为，不是一样可以拥有无限的挥洒空间吗？退一步想海阔天空，人生不一定要做老大，做老二，也有老二的妙处。”

最终，90 多岁的老父吴鸿麟亲自出面规劝，吴伯雄欣然同意退让。星云劝诫他的话也传了出去，从此台湾就有了“老二哲学”之说，并流传下来。星云认为，吴伯雄的风度雅量不但赢得了大家的喝彩，“最重要的是，他结束了一场政治纷争，无形中惠及大众，可说是功德无量”。

自那之后，吴伯雄就一直以担任国际佛光会的副总会长为乐。“其实，做佛光会副总会长的掌声，不比他做‘省长’少。我们曾联袂弘法，同台演讲，两三万人的集会就有十几次以上。若论所造成的影响，以及带给大众的欢喜，吴伯雄在信众里面，恐怕是独一无二的。”

1998 年，吴伯雄又被选为国际佛光会中华总会的会长，3 年后连任。这 6 年中，他每天都到设于佛光山台北道场的中华总会办公室办公，和信徒多方接触。他一再表示，自己是佛光山台北道场的义工，要把“政治摆两边，佛教放中间”。

在他的领导下，佛光会的工作开展得有声有色。每次会员集会，他都亲临现场。由于他善于演说，致辞简明扼要，没有冗长的客套，而且善于活跃会场气氛，信徒们每次看到他出现在会场，都非常开心，报以热烈的掌声。日子久了，他觉得担任这个会长，方是他平生最大的荣耀，因为从政多年，每次上台下台都引起人们的议论；而做了佛光人，永远也不要上台下台了。他还说，过去担任“内政部长”，都是在台上给人颁发

“优秀团体会员奖”；现在做了佛光会会长，自己代表佛光会在台下接受颁发的“优秀团体会员奖”，这种心情比颁奖给别人更欢喜。

作为国际佛光总会的副总会长，每次召开会员代表大会，吴伯雄都积极参加。无论是在法国巴黎，加拿大的多伦多、温哥华，还是在日本东京，澳大利亚的悉尼，再远他都前往与会。星云说:“我当会长，他当副会长，但他从没有觉得自己是高官厚爵而不甘屈居人下；他对我担任会长，是真正心悦诚服，我也很感谢他对我的护持。”

2008 年，吴伯雄率国民党代表团访问大陆，兼程赶到佛光山祖庭——无锡宜兴大觉寺礼祖。2010 年 5 月，吴伯雄又受星云之邀，到扬州鉴真图书馆文化讲坛，以“因缘与福报”为题，做了一次演讲。星云说:“吴伯雄居士和我，相处已经如同家人。他的事情，我可以随时向他提出意见；山上的法务，他也可以随时给我建议。例如，我筹办大学，他跟我讲，现在是开放私校办学的时候，这必定是非常吃力的事。正如他所言，办大学确实是很吃力，但我是一个不愿意让人失望的人，凡是为了佛教，我都尽心尽力。后来他也赞叹我的运气好，说我有愿必成。”

当年吴鸿麟老先生的相助，使星云与吴家几代人的情感异常深厚。可是，吴鸿麟过世时，星云正在菲律宾弘法。一听到消息，他就即刻赶回台湾，参加第二天早上 8 点的告别仪式。“没想到这点小事令吴伯雄感动无比，多次在演讲中说我‘有情有义’。”星云说，对此他感到惭愧，“几十年来，姑且不论他们父子对佛教的护持，就以当初来台湾受吴老先生帮忙落户口的恩情来说，在老先生舍报时，亲至灵堂为他祝福，乃是我义不容辞之事”。

2003 年，吴伯雄把他在中坜的老家——吴老先生执医的诊所，捐借作为佛光缘，提供给当地民众作共修场所，并在每年新春期间举行祈福团拜。2005 年，马英九和王金平竞选国民党主席，双方互不相让。为了缓和两人关系，大年初二，吴伯雄把他俩请到中坜佛光缘礼佛，共进晚宴，并请星云写一幅字致意。星云写了一副对联，“退一步逍遥自在，让三分吉祥平安”，横批“诸事圆满”。由此，气氛缓解了很多，吴伯雄感到十分欢喜。

吴伯雄除了偕夫人参加佛光会的各种活动外，还把儿子、儿媳也带来一起参加。他的长子吴志扬，是哈佛大学毕业的法学博士，曾任律师，参加佛光会后，当选为中华总会的监事长，并在佛光会会员、民众的鼓励下，参选桃园县县长，结果以高票当选。他的大女儿吴璧玲远嫁美国，2011 年 6 月，吴伯雄带儿女和孙辈全体到佛光山参观礼佛，并在山上住了一夜。如今，他们和星云的关系依然亲密无间。

第十三章

故园情深

在许多场合，星云曾这样趣解自己：

『台湾人说我是大陆来的和尚，

大陆人视我为台湾和尚，

我只好定义自己为地球人。』

在许多场合，星云曾这样趣解自己：“台湾人说我是大陆来的和尚，大陆人视我为台湾和尚，我只好定义自己为地球人。”台下往往是一片笑声，他心中却自有一缕无奈。他的好朋友赵朴初听了这话后，同样幽默地开解他：“那你和孔子一样，孔子曾说自己：‘丘也，东南西北人。’”

星云闻言，会心一笑，顿感宽慰。赵朴初是中国大陆德高望重的前辈居士，被佛教界尊称为“赵朴老”。他这句话不仅幽默，更有深意——孔子也罢，星云也好，都是同文同种的中国人。

1948 年，当年轻的今觉一腔热血，接过好友卸下的担子，决定带领“僧侣救护队”登船渡海时，他万万没有想到，等待他的，会是数十年的别离。在台湾海峡最封闭的岁月里，尽管他弘法、建寺、开山，实现了一个佛弟子的梦想，但他在感情上仍有所挂念，无论是法脉还是血脉，都被浅浅的海峡隔断了。他思念师父，思念师兄弟，也思念母亲，思念亲人。有时，郝柏村和台湾军方邀请他到金门、马祖演讲，那是离大陆最近的地方，他站在那儿，眺望一眼对岸，无尽的悲欢离合在心中起伏。

直到20世纪70年代末，大陆开始改革开放，他才有了和家乡重续法脉、血脉的因缘。

那时，在洛杉矶有位佛光山的信徒，姓王，是美籍华人。当他知道星云是扬州江都人时，非常激动，他也是扬州江都人，而且刚刚从老家探亲回来。法师们告诉他，星云自到台湾后，再未回过老家，请他下次探亲时，务必帮忙打听一下星云家里的情况。

王先生十分乐意当此“信使”。他再回扬州时，按照法师提供的情况，果真找到了星云老家所在的江都仙女庙一带。虽然星移斗转，岁月沧桑，但好在星云一家万变不离其地，依然居住在仙女庙附近。一家人见到王先生出示的星云亲笔家书后，如在梦中，似喜还悲：“没想到风筝断了线还能接上！”

人往往如此：杳无音信则矣，没有办法也就罢了，一旦联络上之后，便渴望早日相见。星云虽然与家乡隔绝数十年，但对家乡经历的风风雨雨，仍有所耳闻。他百般惦记母亲，不知历经波折后，母亲可好？此时大陆虽然改革开放，但两岸关系仍未松动，台湾方面更是盯得很紧，如果有人另辟蹊径去了大陆，警方必会上门找麻烦，思母心切的星云还无法回大陆探亲。

同样是离家的游子，王先生自然理解星云的心情。为了让星云能早日见到母亲，他称星云的母亲刘玉英为干妈。有了这层关系，他设法为星云的母亲办好了出国手续，让他们在日本见面。

经过一番周密的筹划，星云克服了种种困难，于1978年8月的一天飞往东京。同日，他的母亲也在幼子、幼媳的陪伴下，从大陆飞到东京，比星云的航班早一步抵达。正在日本留学的星云弟子依空法师先把他们接到大酒店里休息。依空法师问老奶奶："想不想儿子？"老奶奶长长叹气道："自己的亲骨肉，怎能不想啊！夜里一想他，常常哭湿了枕头。"

老奶奶不肯在酒店等儿子，坚持要去机场接他。在星云走下飞机进入大厅那一刻，时空凝固了，她也凝固了，直愣愣地端详着儿子。忽然，泪水像打开的闸门涌了上来，她眼圈一红，正要夺眶而出，星云大步走上前，紧紧握住妈妈的手："妈，我们不哭！"母亲就要滚下来的泪珠强忍住了，她咽了口气，望着已是半百之年的儿子，露出了笑容。

那一夜，母子无眠，说不完的思念，唠不完的家常。母亲听到儿子这一路走来，踏平坎坷，自强不息，在佛门中早已名扬海外，心头倍感骄傲和自豪。儿子听到母亲亲口说自己身体健康，这才放心；又听母亲说起在"文革"中受到的连累和委屈，对她的坚强和智慧佩服不已。

自他渡海赴台后，便音信全无，家乡谣传他在台湾已易服从军，位居台军师长的高位。从此，他一家人都被打成了"黑五类"，母亲更是饱受磨难。"文革"期间，有人将他母亲抓去，严词逼问："你儿子在哪里？快说出来！坦白从宽，抗拒从严！"

老母亲回答："天下父母养育儿女，都希望能留在身边孝顺自己。腿长在他身上，我怎么知道他在哪里？"

"你儿子写给你的信我都收到了，你怎么会没跟他联络呢？"

老母亲并没有被吓倒，镇静地说："既然你收到了我儿子的信，你就知道他在哪里，可我不知道。如果你真的要找他，你拿路费给我，我就去找。"顿了顿，老母亲抬头劝告他说，"我生儿子没享福，反倒若来一身霉气，所以我奉劝你以后千万别生儿子。"

星云听到此处，对母亲的聪敏和机智大加称赞，又感念天下的母亲为了保护儿女，不得不逆境求生。他想好好报答母亲。"妈，我们去美国住一住，好不好？"

第二天，他们登上了去美国洛杉矶的飞机。当时佛光山在洛杉矶的加迪纳市有个道场，星云把母亲安排在那里居住。

老母亲与久别重逢的儿子住在一起，自然开心。可母亲的胸怀总是宽阔的，没过多久，她就开始惦记在老家的儿女和孙子孙女了。这里虽然环境幽静、物质丰裕，但她已习惯了家乡的喧嚣和热闹，习惯了儿孙绕膝的生活。三个月的签证到期后，她便要回去了。

可真要走了，老母亲又舍不得星云："儿啊，手心手背都是肉，分身无术啊！"星云理解母亲，但也同样舍不得。于是，他千里送母，还是像接母亲来时一样，一直把母亲送到日本东京，并在那里住了一晚。依空还记得：那晚，母子俩又是一夜无眠。“老奶奶开始不睡觉，后来又睡不着，凌晨三点就起来了。我没办法，就给她弄稀饭吃。可她食不甘味，一直看着窗户，只希望天早一点亮，她好和儿子再待一会儿，多说几句话。”

天亮了，星云回台湾的航班要先离开。在机场，老母亲默默地目送着儿子的背影消失在人群中，久久不肯离去……

“养女”踏上探亲路

这三个月的短暂相聚，燃起了星云强烈的乡情，“回家看看”的念头变得更为迫切。他决定让多年追随在他身边的萧碧霞师姑代他先回老家，一来为他日后回家探亲探探路；二来萧师姑擅长烹饪，可以照顾一下母亲，替他尽孝；三来萧师姑不是出家人，不太引人注目，与社会上的人打交道也方便些。

可是，萧师姑毕竟还是台湾人，在当时的条件下，是无法直接去大陆的。她采取了迂回战术，既然厨艺了得，干脆申请加拿大的投资移民，理由是要在那边开素菜馆。加拿大的签证官也许是个吃素的，一听她要去开素菜馆，非常高兴，不过还是要循例考考她：“你知道要用什么材料才能做成蛋糕？”

“首先需要鸡蛋和面粉……”萧师姑从容回答。

没等她说完，签证官就盖下了章：“OK！可以了！”

萧师姑到了加拿大，很快办好了绿卡，拿到了加拿大护照，这样她就可以自由出入大陆，看望师父的老母亲了。可是，你萧碧霞姓萧，与江都的李家有什么关系？探哪门子亲啊？“有关系！我萧碧霞是刘玉英的养女，多年没见，专程从海外回来看望她老人家。”

1980年冬天，办好所有手续后，萧师姑从加拿大飞到香港。当时大陆刚刚改革开放，高档商品紧缺，凡有海外关系的家庭，回来探亲的人都要带上“几大件”。萧师姑替师父买了电器“六大件”，冰箱、彩电、洗衣机等一应俱全，星云的哥哥李国华、姐姐李素华、弟弟李国民和三个舅舅，每家各有一件。可东西太多，她还得找人同行。找谁呢？她想到了佛光山香港道场的依如法师，她是香港人，有返乡证，能够直接进出内地。

于是，两人从香港飞往上海，在锦江饭店住了一晚，准备第二天飞南京。没想到，第二天在机场等了一整天，到了晚上才通知说，航班取消了。她们只好到依如法师的朋友家借宿一夜。第三天，她们租了辆面包车，早上七点就往扬州江都方向开去。路况很差，路标又指示不清，尤其是进了江都后，司机不认识路，只能边开边打听，直到夜里11点，才找到万华新村9号，摸到星云的家门。

冬天的江都，天气很冷。“门里门外一样的天寒地冻，连鱼缸里的水都结了冰。”萧师姑回忆说，她晚上睡觉，被窝冰凉，身子缩成一团，用热水袋也无法使全身暖和起来；想洗个热水澡暖和暖和，可是没有热水器，没有淋浴，这么冷的天，不可能在大盆里洗，将就着睡吧。最让她不能忍受的是上厕所，没有门，风直灌进来，冷得全身发抖。

身子虽冷，心里却是暖洋洋的。“养母”一家人特别高兴，拿出最好的东西招待她们。第二天，家里亲朋满座，星云的舅舅们来了，嫁到江西的姐姐也赶回来了，一大家子人就像过节一样，热热闹闹，纷纷打听“二爷”（星云排行老二）的近况，对台湾和佛光山充满了好奇：“我们李家那颗‘红果子’，什么时候能回来呀？”

萧师姑用不太标准的国语和大家聊着，欢声笑语和浓厚亲情，驱散了她身上的寒冷。

接下来，她又去了海安，寻找师公志开上人的墓。1949年，星云离开大陆时，师父志开上人还是栖霞寺的住持方丈。“文革”中，志开上人遭到迫害，游街示众，备受折磨，后来被迫回到老家南通市海安县白甸镇白甸村居住，1980年2月4日在家乡圆寂。

海安离江都直线距离100多公里，当时没有高速公路，乡间土路尽是弯道，绕行村落之间，走起来更远。萧师姑一行人驱车前往，一路颠簸，到达白甸村时，后面跟了一群人看热闹。“我们在一个窑厂堆放砖瓦的地方，看到一个土包，他们说，志开老和尚就埋在那里。我们看了很心酸，就拿出2000美元，让当地政府和他的家人把他墓地好好修整一下，这样师父将来来了，也好祭拜。”当地人照办了，没过多久，志开上人的新坟修葺完成。

有了第一次，再回大陆就容易多了，萧师姑也就成了“养母”家的常客。星云时常托她带钱回来，接济家人，家中的老房子得以翻修，建起了两层楼。楼下四间，楼上四间，还有长长的阳台和独立的小院。院子里种了栀子花，夏天花开的时候，满院芳香，令人沉醉。院门外也种了一些树，隔着苍翠的树木，还有两栋新修的房子，那是星云两个兄弟的。萧师姑一点一滴地打理着，让“养母”家渐渐变了样子，“这样，师父回来探亲，看了心里会舒服很多。”

一颗止咳糖，结识赵朴初

然而，从萧师姑探路，到星云回乡探亲，中间却等待了9年时间。这期间，最重要的因缘发生在泰国曼谷。

1987年12月5日是泰国国王普密蓬六十大寿。泰国人笃信佛教，王室更是虔诚的佛教徒。那一年，星云和大陆中国佛教协会会长赵朴初同时受邀到曼谷参加国王华诞庆典。典礼上，赵朴初与星云的位子被安排在前后排。仪式进行中，坐在赵朴初身边的夫人陈邦织突然咳嗽不止。与星云一起坐在他们身后的慈惠法师从袋子里拿出一颗止咳糖，悄悄地递给她。赵夫人含进口中，立刻就不咳了，她连声道谢。

当时，两岸没有正式交往。但在这个特殊场合，都是中国人，又是佛弟子，且都主张“人间佛教”，使得星云和赵朴老一见如故。身在会场，两人不便多说，相约当晚再叙。

赵朴老当时年逾八十，在大陆担任全国政协副主席，是宗教界的领袖人物，按星云的说法，是“一言九鼎”。赵朴老一

1989年，星云回大陆探亲弘法，时任中国佛教协会会长赵朴初（前排左二）与副会长明旸法师（前排左四）亲至机场迎接。

生以佛教为命，竭尽所能护持佛法，并且慈悲为怀，是一位力行善事的慈善家。同时，他学养俱佳，也是著名的作家、诗人和书法大师。当晚，他与星云相会时，就向星云赠送了一本自己所著的书，并在扉页上亲笔题字，作为见面礼，并以示谢意。

因为赵夫人感冒咳嗽，不能多言，于是赵朴老和星云对聊起来。随着时光的流逝，当夜谈了些什么，星云已记不清了，但“彼此感到相见恨晚”的气氛，牢牢印在星云的记忆里。星云觉得，赵朴老“纯粹像个出家人一样，慈悲随和，犹如一位比丘长者，充满了对佛教的虔诚和信心。看到大陆佛教有这样的人做领导，我知道佛教复兴的前途可期，增加了许多信心”。赵朴老对星云的印象也很好，言谈中，星云感觉到，“他对我也有好感，对我寄予很深的希望”。他们畅聊了一个多小时，并相约后会有期。

回国后，赵朴老特意给星云寄去北京琉璃厂出品的特有书笺16开宣纸，上面印着底色图案，非常精美，并附上一副对联赠予星云：“富有恒沙界，贵为人天师。”星云收到后：“深感承当不起，不过，可以知道赵朴老对我有心互相来往。”

此时，星云正忙于美国西来寺建设的收尾工作，同时要筹备世界佛教徒友谊会第十六届代表大会在西来寺召开的事宜。与赵朴老的相识，让他有了一个心愿——此前，在十四届和十五届代表大会上，两岸佛教代表团没能实现同时与会。现在，是不是可以让海峡两岸的佛教组织同时参会了？有了这个心愿，他把大会主题定为“发扬佛慧，为和平而团结”，主张加强两岸交流，化解对立。

正式发出邀请时，星云费了一番心思。为了避免过去出现的问题，他在发邀请函时特意说明，出席者以所属团体识别，不冠以国家名称；升旗时，除会议所在地美国的国旗外，只升世佛会的会旗，不升其他旗帜。然而，名称问题又跑出来了，两岸争议不决，相持不下，几度濒临破裂，星云非常着急。最后，总算峰回路转，双方接受当时奥运会等国际比赛中的惯用做法，使两岸名称问题得以解决，共同出席会议。

当星云在西来寺宣布会议开幕，并介绍海峡两岸都参加了这次会议时，来自 100 多个国家和地区的上千名与会代表都报以长时间的热烈掌声。有不少代表大叫："Wonderful！"

有了这次合作的经历，星云觉得机缘成熟，提出希望访问大陆。赵朴老得知后，热烈欢迎，并发出邀请函。

重回母院，泪洒栖霞寺

1989 年 3 月，星云在美国以"国际佛教促进会"的名义，组织"弘法探亲团"赴大陆访问。主团 72 人，分别从美国、香港出发；副团近 500 人，从台湾出发。两批人马在北京首都机场汇合。

在阔别祖国大陆 40 年后，星云终于踏上回乡的路。他心潮澎湃，感慨万千，从登上飞机的那一刻起，思绪就一直没有停过。"少小离家老大回，乡音无改鬓毛衰。儿童相见不相识，笑问客从何处来。”唐代诗人贺知章的名句在他脑海里回响，40年的风风雨雨，40载的隔海相望，他五洲弘法，四海为家，多少次在佛祖面前祈愿，才终于看到了故乡的云。

当飞机在首都机场上空盘旋下降的时候，他迫不及待地透过舷窗朝地面探望。北京，陌生又熟悉的地方。陌生，是因为从未来过；熟悉，是因为时时都在关注她。眼下，她正展开双臂，拥抱他的到来。

1989年3月26日下午4点左右，飞机缓缓地降落在北京首都机场。国务院港澳办主任姬鹏飞、赵朴老、中国佛教协会的其他领导，早早等候在那里。赵朴老一见到星云，就紧握住他的手说："一时千载，千载一时啊！"

两双手久久握在一起。星云没想到此行会受到如此高规格的欢迎，此景此情，让他激动不已："我极愿倾己所有，来和大陆社会各界广结善缘。"

回到酒店，星云情绪稍定，再与赵朴老商谈。为了感谢赵朴老在过去一年中送给他分装成几十箱的《西藏大藏经》和《龙藏》，星云把一部大巴士送给了由赵朴老担任院长的中国佛学院，并将许多家电分送给有缘人。

他还给赵朴老提供了弘法经费，以表心意："'文革'结束后，您不断跟各级领导交涉，几乎每天都要求开放这里那里的寺庙，为佛教争取了很大的空间。今日中国诸大名山、诸大丛林能够提早开放、提早发展，与您的努力有很大关系。"

谈话中，赵朴老最关心的是佛教的未来，他一再强调佛教最需要的，第一是教育，第二是教育，第三还是教育。他所领导的中国佛教协会在北京法源寺办了一所佛学院，学生百余人，并在南京栖霞寺和四川法王寺等办有分校。这一点，又和四处办佛学院、办大学的星云志同道合。

星云在北京，还分别受到时任国家主席杨尚昆和政协主席李先念的接见。他还应邀在人民大会堂发表了演说，并在北京图书馆（今中国国家图书馆）出席了由北大、清华、人大三所高校联合举办的演讲会。他演讲的题目是“禅心与人心”，精彩的演讲博得阵阵掌声。

在北京访问5天后，中国佛教协会安排星云一行人走访大江南北，从北京到四川，由上海至甘肃，一个月之内，先后去了莫高窟、峨眉山、灵隐寺，重游了他青年时期就读的金山、焦山，到访了唐朝鉴真大师驻锡过的高旻寺、大明寺。所到之处，当地政府和丛林寺院都给予高度重视和特殊接待。一时间，星云的访问被新闻界、宗教界、学术界视为海峡两岸40年来最盛大的交流。

随行的一位旅美作家写道：“（星云一行）每到一地，省长、市长都要宴请或会见，无论机场或车站，都组织了大批僧俗队伍夹道欢迎，即使是天还未亮，也不例外。去寺庙燃香礼佛，则红毯铺地、钟鼓齐鸣。不论在何处乘汽车，车队前必有警车开道。在上海龙华寺，因适逢庙会，人山人海，除开道车外，更出动了摩托车，犹嫌不足，最后一段路有制服人员，在车队两侧跑步开道。”

星云走到哪里，都引来众人围观。在四川文殊院，人群挤满5个院子，场地不够，一些人就站到街头，翘首聆听星云讲话，听到感人处，自发齐呼“阿弥陀佛”。成都一位记者感叹道：“几十年来从未见过这种阵势！”成都街头，老百姓都在津津谈论，台湾来了位大和尚。

然而，走遍天下名山古寺，他心心念念、百般牵挂的，依然是南京栖霞寺——他出家的地方。栖霞寺也早早准备好了隆重的欢迎仪式。

近乡情更怯，最想去处，亦是最怕去处。当他终于踏上栖霞山的土地时，山门依旧，古寺如昨，唯有人面已全非，40年前的生离转眼就成了死别。他一步步走着，明明是礼乐升平，却只能听见自己的脚步声，一步，一步，在深山空谷中回响，像是岁月突然撞击灵魂的声音，“哐当”一声打开了时间的门。

他仿佛看见了！

他看见了他的师父，正站在大殿前朝他微笑：“今觉，回来就好。”

他看见了他的老师，正拿着竹杖皱着眉：“今觉，你又去哪了？该打！”

他看见了他的师兄弟，正从大通铺上爬起来，争先恐后跑出门：“喂喂，今觉，这回在外面又见到什么好玩的？”

他朝他们走去，他想扑进师父的怀抱，然而顷刻间，一切都消失了，他什么也看不见，眼前一片模糊，泪水早已纵横，他再也看不见他最想见的人了！那些吃不饱、穿不暖的岁月里，在自己性命垂危的时候，急急忙忙给他送来半碗救命咸菜的师父，他再也看不见了！

他走进休息室，还未坐稳，已放声痛哭："师父，我还没来得及报恩呀！"这一哭，跟在他身后的弟子们再也忍不住，唏嘘一片。

他泣不成声地对身边的依空法师说："我以为我会很勇敢……"

"不！今觉，你比你以为的更勇敢。"是谁？是师父吗？是吗？

是的，死者已矣，把生的坚强、活的勇毅留给了生者。

是的，佛法传承，生生不息，师父的弘法心愿，他已经实现。

是的，山河永在，海峡仍寂，以慈悲弥合两岸，这条路还很长。

他站起身，眼噙泪花，一次又一次，一遍复一遍地虔诚礼佛。

他走出门，擦干眼泪，在钟鼓齐鸣中，在夹道人潮中，赴欢迎大会。

栖霞寺方丈请他致辞，他刚开口，却再度泪眼婆娑，几番努力，终不能吐出一个字。这一刻，时空凝固，山林窒息，满座僧俗人士不忍相看。

10分钟后，方丈再次恭请他致词，他哽咽地说：

"我在栖霞寺出家，离开这里已40多年。今天我重回母院，看到一切保持得如此完整，我知道，这是诸位长老法师，付出了生命的代价，誓死保护的结果。我自认非常坚强勇敢，但面对母院时，百感交集……"

会后，方丈请他前往玉佛楼，那是40年前他读书时，禁止学生到达的地方。如今，寺里安排他上座，他依然健在的老师们分站在两边。长长的通道里照进一束薄薄的光，他迎着光，望向门外，时空就在眼前递变，他忍不住轻声念出了那首诗：

“离别家乡岁月多，近来人事半消磨。唯有门前镜湖水，春风不改旧时波。”

他抬起头，对方丈道：“我想去山后的塔林看看。”

塔林，是供栖霞寺历代名僧圆寂后修建灵塔、存放遗骨的地方。尽管志开上人在“文革”中受尽折磨，圆寂在老家，灵骨未能回到寺中，但他毕竟是栖霞寺的一代住持。孝顺的星云已经出资为师父建了一座灵塔。

祭拜过师父的灵塔之后，他回到寺中，将满腔深情倾注在年轻的栖霞弟子身上，勉励他们：“以栖霞之光，照亮未来中国佛教的前程。”

在离开栖霞寺前，他决意捐建一座新的玉佛楼，以及大小车各一辆。

告别母院，星云乘坐面包车，一路颠簸，赶往百里之外的南通海安，祭拜安葬在那里的师父。走过狭窄曲折、长满青草的乡村小道，他终于站到了志开上人的墓前。他诵经祭拜，心中泣诉：

“师父，弟子看您来了！作为您的弟子，这些年来，无论环境如何困顿，都不曾辜负您的苦心。师恩如海，弟子再也没有机会孝奉您，但一定会竭尽所能照顾您的亲眷，以报师恩。”

他转身面向陪同他一起来的当地领导和围观的数百群众：“这里面安放的，是我的师父志开上人。当年他收了我这个徒弟，我没有给他丢脸，现在我是回来报师恩的。”他流着泪，将10万元人民币捐献给恩师的家乡。

“只有把我的儿子送给大家”

“出家人把法脉看得比血脉还重。”星云的弟子依空法师说。正因如此，星云回大陆探亲，首先去的是栖霞寺，直到最后才走进自己的家门。

但出家人也是有血有肉的人，“人间佛教”是讲亲情、讲恩义、讲报恩孝顺的。对给了他生命并哺育他长大的母亲，对亲如手足的兄弟和家乡父老，那种特殊的感情是任何东西都无法代替的。

家乡人对他更是翘首以待。“当我们到江都的时候，真是倾城出动，万人空巷。人们站在街头列队欢迎，里三层、外三层，有人在高楼的阳台上，有人爬在大树上观看，掌声阵阵，欢声一片……”随星云返乡的依空至今记忆犹新。

许是因为10年前已想方设法见过母亲一面，星云回乡时，一扫在栖霞寺的巨大悲痛，心情异常欢喜。他感谢父老乡亲的热诚欢迎，并不时四处观望，家乡已今非昔比，要不是有警车引路，他自己不可能找到家门。过去在运河边只有一条街的江都，已经发展成一座小城。他家所在的仙女庙周庄，已经改名为“万华新村”，只可惜仙女庙已有名无实了。

星云迈入自家院门，走进堂屋。老母亲早已等候多时，他上前给母亲献上一束美丽的鲜花，紧紧握着母亲的手：“我回来了！”老母亲说：“回来就好！回来就好！”长相对望，母子俩泪光与笑容交织。

星云母子俩一起走上二楼阳台，和前来看望他的父老乡亲、远亲近邻见面打招呼，他激动地用家乡话说：“我就是李国深呀！”大家一片欢呼。弟子们在下面齐声唱起《母亲颂》，有人朗诵了祝贺母子团聚的诗，还有人把星云早已准备好的红包分送到每个人的手上。一位邻居老太太含泪说：“我们扬州总算出了这么好的一个人！”

对邻居和乡亲们是这样，对江都的支持更大，他捐赠了25万元人民币。作为一个出家人，除了稿费，他不可能有太多的钱，但他“极愿倾其所有”。这是一种“掏心窝”的感情流露，他对故乡那种植根于心底和流在血液中的爱，是任何金钱、物质所不能衡量的。

听不完的乡音，聊不完的家常，但时间是残酷的。在不得不离开的时候，他不无遗憾地说：“我离家50年，却只能在家里待50分钟。”乡亲们簇拥跟随着他，一直把他送上车，一位妈妈抱着才3岁大的孩子，伸向星云，他用自己的脸亲了亲孩子的脸，依依不舍地离去。车子走了很远，他仍不时回头，隔着车窗和乡亲们挥别，而送行的人们，依然在那里目送着他。

星云这次回乡省亲，见到了所有的家人和亲戚，唯有他最思念的外婆再也见不到了。“我一生最怀念的是外婆。只要眼睛闭起来，外婆礼佛的身影，脸上慈祥的笑容，都非常清晰。她的温顺、谦恭、柔和、勇敢、承担，她的与人为善，她的给人欢喜……这些特质，都流入我的身心血液里了。”

外婆虽然不识字，更不富裕，但她坚持让星云受教育，在他很小的时候就送他去念私塾。星云后来对文字的喜爱和献身佛教都源于外婆的启蒙。自从 12 岁出家后，他只在 18 岁那年见过外婆一面。“记得最后一次看到外婆，她坐在一棵树下，那么老了，还是闲不住，手里一面做着针线，一面跟我讲：‘我的身后事，靠你那几个舅舅是没指望了，我希望把自己的后事都交代给你。’我那时年轻，不懂什么是后事。不过心里想，外婆交代的事我一定照做。想不到，海峡两岸一相隔就是数十载，我对外婆食言了。”

在梦里，他也只见过外婆一次：“我对着来来往往的路人，焦急地询问，‘有人看到我的外婆了吗？’没人答我。我到了一间宽大而破旧的屋子里，在一个壁橱中见到了外婆。她面黄肌瘦，好像不愿再看这个沧桑世界，双目紧闭，面无表情。我上前握住外婆的手，外婆微微张开眼睛，像是很意外的样子，从橱柜里一步一步走出来，沉默地看着我，只是摇头叹息。我想，外婆心中一定有很多话要说，只是旁边站了人，那是慧龙、道悟、杨慈满等，我支开他们。外婆说：‘人间有不同的人，树上结不同的果子……’再没说什么，就快步在云雾里飘散了。我立即大叫：‘外婆！外婆！’醒来，才知是一场梦。”

1981 年，弟弟李国民在举家相聚于美国时告诉他，外婆是在他离开大陆后的50年代初去世的。他想起外婆最后一次见他，让他为她办后事的话，心中非常难过。他当即拿出5000美元，托付弟弟国民返乡时为外婆建个塔。这次回江都探亲，他特意要去祭拜外婆。遗憾的是，弟弟国民没有照二哥的嘱咐建塔，而是自作主张盖了个纪念堂，此时堂中挂的竟然是他刚去世的妻子秀华的遗像。

星云看到后，为外婆感到委屈。"外婆疼爱我们，帮助多病的妈妈照顾我们的三餐，难道这份情义，这个恩惠，我们可以不回报吗？"他想起一首诗，"记得当初我养儿，我儿今又养孙儿；我儿饿我由他饿，莫教孙儿饿我儿"。他不由气愤起来："可怜天下父母心，难道后代儿孙，连起码反哺亲恩的心都没有了吗？"

这次探亲，他有许多感慨。过去不能回报外婆，是因为自己身不由己，没有办法。现在，两岸能够来往了，应该趁母亲还健在，及早尽孝。他见江都虽然发展得很快，但生活条件和交通设施毕竟不能与大都市媲美，为了让年迈的母亲过得舒适一些，同时也方便弟子们常来照顾她，便让萧师姑在南京雨花台物色了一块地，买下来后建起了"雨花精舍"，把母亲安顿在那儿。

雨花精舍位于雨花台共青团路一村19栋，是个独立的小院，院子里绿树成荫，花草繁茂。房子不高，总共两层，还有地下室。周边邻居也都不是一般人家，环境安全。从那以后，"为了让老奶奶能安心，我们从她老家请了三四位老人，每天陪她打牌、聊天。因为老奶奶说扬州话，需要知音。如果不这么安排，老奶奶肯定待不住。”萧师姑说。有时候，依空和师兄弟们也轮流去陪老奶奶。

老奶奶在雨花精舍过得非常愉快，只是儿子的弟子老来，却老是不见儿子来。直到 1990 年 2 月，思念儿子的她，终于有机会可以到台湾的佛光山看望儿子了。在那里，她受到了隆重的接待。在两万信徒的大会上，大家热烈地高呼：“老奶奶好！”她一生从未经历过这样的场面，但她不怯场，不慌张，高兴而热络地挥着双手和大家打招呼。接着用家乡的扬州话给大家做了一段演讲，星云临时充当了她的翻译。她说：“佛光山就是西方极乐世界，天堂就在人间，希望大家好好地修行。过去观世音菩萨在大香山得道，我希望大家在佛光山得道。大家对我这么好，我没有东西给你们，我只有把我的儿子送给大家。”大家报以热烈的掌声。

事后，星云故意逗她：“您怎么可以把我送给人，您不要我了吗？”

“这么多人需要你，我怎么可以独占？你不是我的儿子，你是大家的。”母亲风趣地答道。

此话也确实不假，自打母亲当年含泪答应儿子出家后，她就已经把这个心爱的儿子奉献给了大家。

有徒众问她：“老奶奶，出家有什么好处呢？”

她随口答道：“一修不受公婆气；二修不受丈夫缠；三修没有厨房苦；四修没有家事忙；五修怀中不抱子；六修没有闺房冷；七修不愁柴米贵；八修不受妯娌嫌；九修成为丈夫相；十修善果功行圆。”

话音刚落，就爆出一阵热烈的掌声。星云在一旁也很吃惊，不知母亲为何能出口成章。

信徒们又问她修持法门，她说："我一个老太婆有什么修持？我只知道本住一心，从善心出发，地狱、天堂随心转，当下发心，即是天堂。清净佛道、荣华富贵全在我们一念之间。"

星云越听越觉得母亲了不起，虽不识字，但说出的话包含禅机。她在佛光山很快赢得了广大的人缘，大家都喜欢听她说话，弟子打趣说："连平时要说话给人听的儿子，也要听她讲话啦！"

不止如此，老母亲还十分机智。在佛光山小住期间，有记者跑来问她："您觉得台湾好，还是大陆好？"对这个敏感的问题，在一旁的星云暗暗为她捏把汗，没想到，她神色自如地答道："台湾经济繁荣，民生富裕，但是我年纪大了，比较习惯在大陆居住。"这番自然得体的应对，让所有在场的人都为之折服。

在佛光山住了一阵子，老母亲又回到了大陆。

再回故乡

1993 年，星云第二次回大陆，赵朴老专程从北京提前赶到南京，住在西康宾馆，等待他的到来。星云到雨花精舍探望已经 90 多岁的老母亲时，赵朴老亲自书写了一首偈语"慈光照三界，大孝报四恩”赠予星云。

第二年，1994 年的 4 月，星云第三次回乡探望母亲，赵朴老又从北京坐了十几个小时的火车赶到南京，那时他自己也年近九旬，还是从医院里跑出来的。星云对赵朴老的感激之情，已是无以言表。

与过去相比，这次星云探母相隔的时间算短的，仅一年时间。但他刚到雨花精舍，老母亲第一句话就说：“儿子啊，你和你的徒弟一年当中都能见到很多次，我和你却一年难得见一次面啊！”见大家一阵心酸，聪明的老母亲立刻转了话题，她见很多亲戚都来了——大儿子国华一家六口、小儿子国民一家六口、女儿素华一家十口，还有她娘家的人和其他亲戚，不禁笑道：“真是千树桃花一根生啊！”这话立刻引起了大家一阵喝彩。

老母亲又道：“我有四个孩子，大儿子太过老实，女儿已经是别人家的人了，小儿子又太过护己，人总是有美中不足的地方。”言下之意，还是二儿子星云最好。她回过头，对星云说：“你的徒弟都是有根基之人，才随你学佛，我们家里的人却善根不够，你要好好发心去度他们才是。”她又指指台湾来的徒众说：“你们都是菩萨下凡，我却是凡夫一个，你们要好好护持你们的师父弘法啊！”

一阵寒暄过后，星云打开皮箱，拿出送给母亲的衣物。母亲接过来：“你买衣服给我，我也要给你一点东西。”说完，就从枕头边拿出十几双袜子放到星云手中，原来她早就准备好了。

星云对母亲说：“我一双袜子要穿一两年，您买这么多袜子给我做什么？”

老奶奶回答：“儿子啊，你可以活到两百岁！”

过了一会儿，母亲将她平时积攒的名片一一拿出来给星云看。这些名片都是两岸的有缘人来看她时留下的，有不少还是名人。星云看后，也从自己的口袋里摸出一张自己的名片，递给母亲。母亲接过一看，笑了笑说：“这是佛陀的名片啊！”

说话间，星云发现母亲衣服上有个破洞，就跟她说：“母亲，您的衣服破了。”

母亲若无其事地说：“不是破，是布不够。”

那天晚上，母亲特别开心，在她不大的房间里，挤满了20多个人，好不热闹！星云一看时间，已是深夜12点半了，就对母亲说：“时间不早了，大家要睡觉了，有话明天再说吧。”

母亲点点头，对大家说：“你们都去睡吧。”

星云正想离开，母亲忽然指着他说：“今觉，唯独你不可以睡觉。”

星云只得留下，又陪母亲聊了一会儿。

第二天一早，星云便去南京西康宾馆与赵朴老会面。当星云到达时，赵朴老已在宾馆门口迎候，两人紧紧握手，相问近况。赵朴老向星云赠送了他写的一些诗词，其中一阕《调寄忆江南》，星云至今记忆犹新：

“经年别，重到柳依依。烟雨楼台寻古寺，庄严誓愿历僧祇，三界法云垂。

金陵会，花雨满秦堤。登岸何须分彼此？好从当下证菩提，精进共相期。”

从这阕词中，星云不仅读到了赵朴老的文才，更感受到了他对中国佛教的深深期许。

用餐后，两人相约下午在雨花精舍，由星云做东，回请赵朴老。星云回到雨花精舍，母亲问他去了哪里，他说去见北京来的赵朴老。母亲也知道赵朴老，竖起大拇指对星云说：“那是个伟大的人，你要好好谢谢他。”

下午5点，母子俩聊得正欢时，赵朴老夫妇来了。星云忙把客人迎入客厅，又天南地北地谈起佛教。这顿晚宴，由星云的侄儿李春富掌勺，萧师姑督导。席间，大家对每一道菜都赞不绝口，觉得胜过了龙华寺的素斋。而龙华寺的住持明阳法师恰恰在座，细心的星云连忙说：“春富出身于龙华，他的素斋也是在龙华学的。说起来，他还是龙华的人呢！”他还注意到，赵朴老夫妇非常喜欢吃他从台湾带来的豆腐乳。

饭后，赵朴老为此宴作了一首诗赠予星云。诗曰：

“香积饭，风味胜龙华。妙供喜迎慈母笑，孝行今见法王家，眷属是莲花。

谈般若，持诵袭唐音。不减不增诸法相，有声有色大心人，善护未来因。

谈化度，方便有多门。龙女不难成铁汉，辩才亦可学金人，总是大悲心。

谈和合，四摄妙难俦。同事自他都不着，利行法乳广交流，巨浪济轻舟。”

送走客人，雨花精舍恢复了平静。入夜，皓月当空，当真“月是故乡明”。清晨，他早早就起身，洗漱完毕，用完早点，乘车回老家江都。与前两次相比，星云这次故乡行非常轻松，心情格外舒畅。他曾这样描述当时的情景：“在大地回春、百花齐放的仲春江南，一路上绿水盈盈，杨柳青青，万紫千红，清风拂面；遍地金黄色的菜花园里，依稀看到挥汗如雨的农夫在辛勤地耕种；环顾四周，村妇捣衣，炊烟袅袅，船只点点，燕子呢喃，真是青山如画，白云如诗，好一片美好的江南风光。”

在江都，亲人们特意以别具风味的家乡菜“荠菜汤圆”招待他。很久没有吃到家乡菜，他吃得津津有味，本来两个汤圆就够了，他却一口气吃了三个。下午，他又乘车前往海安，在师父志开上人的墓前追思拜祭，上香诵经。

回到家里，家人们都围坐在他身边，和他一起聊天，听他讲国际佛光会和佛光山的故事。他告诉身边的侄子侄孙们，一定要有一技之长。“家有万贯财富，不及一技在身”，建议他们至少要能高中毕业，并学习一门技能。“在美国，厨师的工作很吃香，做西餐的薪水比中餐要高一些。还有，美国很缺护士，当然必须懂英文。我对你们的要求并不高，能够自谋职业、自食其力就可以了。”后来，这些晚辈都到美国找到了工作，其中听从他的教诲，做厨师的不少。

那天还是星云母亲的生日。晚上，大家准备了蛋糕、寿桃、寿面，共同为老奶奶唱祝寿歌。母亲亲自切了块蛋糕给星云，星云血糖高，平时不吃甜点，但为了不让母亲扫兴，他大口吃了起来。第二天一早，全家人聚集在佛堂，恭诵《普门品》一卷，为母亲祝福祈寿。

诵完经，母亲知道星云就要启程离开了。她低下头，沉思良久，然后才说出话来："今觉，我有很多话想要跟你说，可是，见了面，话又没有了。"停了一会儿又道："佛法无边，我却一直都在苦海边。"

星云忙安慰她："在台湾，我有万千听众，来到南京，我变成了您的听众。"

老奶奶脸上掠过一丝笑容，道："讲经的人不一定能得道，听经的人反而个个都能得道。"

星云觉得母亲此话充满智慧，他多想和母亲再聊几句，可是时间不等人，他恋恋不舍地辞别了母亲。

最后的送别

第二年，他把已经 94 岁高龄的老母亲再次接到美国，住在西来寺。由于星云到处弘法，不能天天相陪，便由萧师姑陪伴在侧。据萧师姑回忆，星云对母亲非常关切，她必须每天写日记，向星云报告。但是老奶奶仍挂念在大陆的子孙，晚上很难入睡，萧师姑给她吃安眠药，结果却在厕所里发现了药片。原来，老奶奶把药藏起来，没有吃，依然是整夜整夜失眠。于是，萧师姑为她的孙子孙女逐个办好签证，来到美国。看到晚辈们在身边，老奶奶这才安心了。

1996年5月的一天，老奶奶突然患了感冒。她不想让大家觉得她身体不好，照旧要打麻将。后来众人见她不妥，一问，才知道她感冒了，连忙送到西来寺附近的惠提尔医院检查。医生也没查出什么大病。但毕竟95岁高龄，脏器老化，经不起风吹草动。结果没过多久——5月30日凌晨4点左右，她对陪伴在她身边的时任西来寺住持慈容法师说："谢谢你们为我念佛，我现在要走了，千万不要让二太爷（星云）知道，免得他挂心。"说完便永远闭上了眼睛。

此时，星云在台湾，噩耗传来，他直奔机场。经过十几个小时的飞行，才赶到洛杉矶。一下飞机，他直奔母亲身边。看着闭着双眼的母亲，他请求母亲的谅解："原谅孩儿的不孝，虽然您苦心吩咐不要让我挂心，但我知您的心：您是多么渴望在一生的最后一刻，让我握着您的手送您一程。"

星云遵照母亲的遗愿，不让外人知晓。4天后，6月3日上午9点，星云把她送到西来寺附近的玫瑰岗公墓火葬。在众人诵经念佛的声音中，他轻轻按下绿色电钮，一阵火、一阵风、一阵光，永远地送别了母亲。

他感慨："当初，25岁的母亲，怀胎十月生下了我的身体。现在，70年后，不到一分钟，母亲归于熊熊火光中。母亲好像一艘船，载着我，慢慢地驶向人间；而我却像航天飞机，载着母亲，瞬间驶向另一个时空世界。"

他请母亲不要挂念这个世界，不用担心儿孙，跟随着光明步向佛国。他默念："娑婆极乐，来去不变母子情；人间天上，永远都是好慈亲。"

之后，心定法师捧着灵骨，星云抱着遗像，回到佛光山，举行怀恩法会。那一夜，星云无眠，母亲一生的语笑和慈爱影像不断回旋在他的脑海。他说：“我虽是和尚，但也是人子，想要尽孝的心与天下所有的儿女是一样的。”

第十四章 大陆弘法赤子心

星云认为，这些文物展览的意义

远远超过展览本身，

两岸民众原本就同根同源、同文同种，

『我最大的梦想是希望国家团结，不要分离，

梦想中国人都能够幸福、安乐。』

虽然失去了母亲，但星云对故乡的情感依旧。这20多年来，他以一颗赤子之心，在故乡办了两件影响深远的大事。

巨资修建鉴真图书馆

第一件事是修建了“鉴真图书馆”。

若问中国人最熟悉的城市有哪些，只怕三岁学童也能答出“扬州”。一句“烟花三月下扬州”，传诵了千年，也定格了它的形象。其实，这座建城已有2500年的历史文化名城，不仅有琼花摇曳、才子佳人的婉约迷人，也有隋炀帝凿运河、下江南的轰轰烈烈，更有清军南下、屠城十日的悲壮惨烈。

在星云的笔下，故乡的瘦西湖是那么的美——

“瘦西湖两岸，三步一桃，五步一柳，桃报红靥，柳围青眼……让人真正地感受到‘两堤华柳全依水，一路楼台直到山’的心旷神怡，难怪古人会有‘腰缠十万贯，骑鹤下扬州’的美谈。

“立于小金山的风亭，举目四顾，城内高楼大厦，远处烟囱林立；俯视脚下，湖水粼粼，游舟荡漾，绿树掩映中的亭台楼阁，尽收眼底……

“五亭桥上的五座亭子，像五朵冉冉出水的并蒂莲花。每一亭顶，敷有黄色琉璃瓦，檐脊呈绿色，亭柱朱红，藻井彩绘，金碧交辉，典雅壮丽。桥上的石柱有神采各异的石狮，桥下有桥洞 15 个，纵横连环，洞洞相通，满月时还会有每个洞衔一月的金色奇观。

“别具风格的钓鱼台三面环水，与五亭桥、白塔隔水相望。从钓鱼台南洞可见高耸入云的白塔，西洞可见横卧波光的五亭桥，北洞则见绿树成荫的大桂花厅。妙的是，站在一定的角度，同时可见三洞景物，这种神奇的借景手法，堪称古典建筑的一绝。

“二十四桥，呈单孔拱形的桥身远离湖面，人行其上，有凌空欲飞之感。诗人杜牧曾感怀道：‘青山隐隐水迢迢，秋尽江南草未凋，二十四桥明月夜，玉人何处教吹箫？’

“人云：‘杭州以湖山胜，苏州以市肆胜，扬州以园亭胜。’扬州的园林，融南秀北雄于一炉，集人文景观于一体。众多园林中，尤以‘个园’最具特色。它运用立意精巧、气势雄浑的迭石来展现一年四季的风貌。在个园，春山淡冶如笑，夏山苍翠如滴，秋山明净如妆，冬山惨淡如睡……”

这是1994年，星云第三次回乡探亲时，在中国佛教协会的安排下专门游览了瘦西湖后写下的。虽然只有短短半天，但安排的游览路线正是乾隆皇帝当年的路线——乾隆皇帝六下江南，每次都来此赏玩，当地官员和盐商为了让乾隆皇帝赏心悦目，在湖的两岸建了不少雅致的亭台园林。乾隆皇帝觉得，此湖可与杭州西湖相媲美，但又略显清瘦，因而叫它“瘦西湖”。沿着同样的路线，望着同样的湖光山色，星云感叹道：“我们的瘦西湖和杭州的西湖真是‘环肥燕瘦’啊！”

不仅仅是以扬州的湖光山色为傲，星云谙熟故乡风云壮阔的历史，更以扬州的人才辈出为豪。最近的如江泽民。星云说，江主席的家乡和他的俗家只有数里之遥，虽然他“从不愿意攀亲邀宠”，但总觉得扬州这个地方，出现了国家领导人这样的人物，“也算是人杰地灵了”。

再远一点，清康熙、雍正、乾隆三代帝王期间，出现了闻名天下的“扬州八怪”。他们泼墨为画，画风疏朗、奇古、洒脱，而且人如其画，仗义、独立、心系寒苦。郑燮（郑板桥）、金农、黄慎、李鳝、李方膺、汪士慎、罗聘、高翔……他们的名字历经数百年而不衰，现代画坛大师齐白石、徐悲鸿、潘天寿等人都受到他们的影响。

更远一点，便是星云最为崇拜的唐代法净寺（大明寺）鉴真大师。鉴真东渡是盛唐时期的华彩片段之一。他本姓淳于，扬州江阳人，14岁出家，18岁由道岸禅师受“菩萨戒”。20岁时，他前往洛阳和长安游学，21岁在长安由弘景禅师受

“具足戒”。那时候，佛教传入中国已有几个世纪，已经完成佛教中国化的过程，在李渊父子统一中原后，佛教盛极一时，名僧辈出。玄奘西行取经，便是唐太宗时期的一大盛事。到了鉴真学佛时，大唐高僧如云，他广求名师，除佛经之外，还学习了佛教艺术、医学知识等。苦学 6 年之后，他回到了扬州大明寺。

此时，一海之隔的日本，佛教也在兴起，可是僧侣制度很不完备，农民逃亡为僧和私自出家者很多，没有一定的师资进行正规授戒。于是，圣武天皇派出“遣唐使”出使中国，选定日僧普照、荣叡为留学僧，他们的主要使命就是请一位大唐高僧赴日本传戒。普照、荣叡找到了鉴真大师。面对邀请，鉴真大师的弟子们担心路途遥远，海上凶险，都默默不语。没想到，鉴真大师竟决定亲自前往，普照、荣叡喜不自禁。

唐玄宗天宝元年（742 年），鉴真开始了艰辛的东渡。他 5 次出发，5 次被风浪所阻，并且双目失明。即使如此，他也锲而不舍。天宝十二年（753 年）11 月 15 日，66 岁的鉴真大师第六次扬帆出发，历经 4 个月的海上漂流，终于到达日本奈良。他受到日本朝野的热烈欢迎，继位的孝谦天皇派遣特使，向鉴真宣读诏书，以示欢迎，并授鉴真为传证大法师，请他在奈良著名的东大寺设坛传戒。孝谦天皇、圣武太上皇、光明皇太后、皇太子以及皇族、僧侣约 500 人，跪在鉴真的座前，求受“菩萨戒”。此后，日本人尊称鉴真大师是日本“律宗之祖”“文化之父”。他所建立的唐招提寺，直到今天都是日本律宗的总本山，也是古都奈良最珍贵的文化遗产。

鉴真对佛教和盛唐文化的传播做出了不可磨灭的贡献。到2003年，鉴真东渡日本已整整1250载。这年10月，扬州大明寺特为此举行了纪念活动，星云应邀出席。此时此刻，两位出身扬州的大师，穿越1250年的历史隧道，遥相呼应。让他们穿越千年而神交的纽带，就是他们弘扬佛法、传播文化的共同信念。

在这次活动上，星云得知扬州大明寺要建一所佛学院，立刻想到要在这里捐资兴建一座“鉴真图书馆”，既是纪念鉴真大师，也是延续鉴真的毕生理想，让一代代年轻学僧无忧无虑地读书和查阅资料。

“鉴真图书馆”位于大明寺附近，由大明寺无偿提供100亩土地，星云负责出资建造，2005年6月5日破土动工。星云派他的重要弟子慈惠法师负责。此时，星云手下人才济济，早已不复当年建佛光山时的窘迫。新西兰籍的慧峰法师是工程师；祖籍台湾地区新竹的慧宜法师是电子科技工程师；澳大利亚籍的慧炬法师是咨询管理工程师；马来西亚籍的慧是法师是室内设计师。他们全都投入“鉴真图书馆”的建设之中，每天起三更睡半夜，不辞辛劳。星云更是牵肠挂肚，先后往返于扬州和台湾之间十余次，亲自过问指导。经过近两年的建设，“鉴真图书馆”于2007年5月18日落成。

这座集教育与研究于一体的多功能图书馆，建筑面积达1.6万平方米。由于鉴真大师是唐代人，图书馆设计成仿唐建筑的风格，以大雄宝殿为轴，其他建筑对称分布。位于正中央的四坡顶主殿，气势恢宏，带有回廊的厢房围绕四周，庭院开阔。沿东厢房逆时针前行，依次是美术馆、滴水坊、宿舍楼、教学室、办公区等场所，分布着 7 个多媒体教室和 500 平方米的展览室。主体建筑共三层：底层为半地下庭园，主要有书库和远程教学中心、文印中心；二层为书刊借阅处，阅览室可容纳 200 名读者，另有 4 个小型讨论室；三层是能容纳近千人的“扬州讲坛”报告厅。据星云透露，整个图书馆工程，他总共投入 2 亿多元人民币。

2014 年，当我们到达“鉴真图书馆”时，立刻被这浓郁的盛唐建筑之美所吸引，继而被藏书之丰富所折服。在书库和阅览室里，一排排书架上摆满了各种书籍，有大量汉传佛教的教史、教理、传记、礼制等丛书，还有诸多文学、艺术、历史、哲学、语言、心理学、社会学著作以及重要的社科期刊。数以万计来自海峡两岸，乃至世界各地的书籍收藏于此，提供给读者，使之成为一个取之不尽、用之不竭的文化知识宝库。

书是给人看的，而三楼的“扬州讲坛”则是给人听的。走进讲坛的报告厅，就像进入一个隔音效果极佳的剧场，空调和声光设备一应俱全。905 个宽松舒适的座位，一眼望去，宏大气派，整洁明亮。陪同我们参观的慧得法师说，这是当地最大、最顶尖的文化宣讲场所，是一个面向全社会的公开讲堂，每月开讲两次，均为周六下午。所讲内容多与中国传统文化及扬州文化有关，主讲者多为星云及其弟子邀请的各界名家。中国艺术研究院宗教艺术中心主任田青，中国艺术研究院秋雨书院院长余秋雨，复旦大学教授钱文忠，山东大学教授马瑞芳，北京大学教授王邦维，北京社科院研究员阎崇年，北京师范大学教授于丹，厦门大学教授易中天，中央民族大学副教授蒙曼，上海师范大学教授方广锠，新加坡国际郑和学会会长陈达生，作家二月河、林清玄、张晓风，文学家余光中，表演艺术家张铁林、濮存昕，主持人白岩松、崔永元、杨澜，名嘴周立波，电影导演蔡明亮，神探李昌钰，创作艺术家杨惠姗，京剧表演艺术家迟小秋，亲子教育专家卢勤，企业家潘石屹、严长寿……都是“扬州讲坛”的主讲人。

在这串长长的名单上，还有海峡两岸的一些重要人士，如唐家璇、李肇星、张铭清、叶小文、吴伯雄等。

亲自为家乡人演讲

在所有这些主讲人中，最受欢迎的还是星云大师。2015年4月，为纪念扬州建城2500周年，年近九旬的他回到故乡，从10日到12日，连续三天在“扬州讲坛”讲《般若波罗蜜多心经》。每天，都吸引了几千听众，场内座无虚席，挤不下，又在场外设立大屏幕，采用高清视频同步直播，于是场外也挤满了人。据统计，这是“扬州讲坛”举办8年来，听众人数最多的一次。

那天，讲经的开场白是对故乡的深情告白，星云说：“人生近90载，扬州，我觉得我从未离开过，因为我的根在这里。

“2500年前，扬州建城，那正是释迦牟尼在印度悟道的时候，可以说，两者是同时在这个地球上发生的。我最近研究，在康熙三十五年，编了一部扬州地理位置图，不但南京、苏州、南通、淮阴、盐城、武汉都曾经属于扬州管辖，台湾也属于扬州管辖。所以，我虽然 60 年前去了台湾，真正讲起来，我还是没有离开扬州，没有离开中国。

“几百年前，福建人、广东人和西南各地的人，为了求生漂洋过海，来到台湾，把中华文化也带到了那里。所以，我在台湾经常对别人讲，所有的台湾人，统统都是中国人。”

此时，全场爆发出雷鸣般的掌声。

近 3 小时的讲经中，星云并没有逐字逐句解释《般若波罗蜜多心经》，而是依据经文中的含义，结合现实和人生，用自己的理解和感悟，通过一个个生动的故事，给听众以人生启迪——

“不少国人都会背《般若波罗蜜多心经》，认为会背此经就会吉祥如意平安，但是《般若波罗蜜多心经》究竟讲了什么道理，却不甚了解。从题目可以看出，所谓‘般若’，就是智慧的音译，只有拥有智慧，才能完成你自己的心愿。运用智慧，从此岸到彼岸，从苦到乐，从无到有，从不如意到幸福圆满，这就叫作‘波罗蜜多’。

“无论你多大，二三十岁，还是八九十岁，你的人生感受也许都是苦。人生常是苦的，可是苦能带给我们营养，吃得苦中苦，才为人上人。所以，苦就是修行。破铜烂铁，不去磨炼，就不能成为好钢。人生不要怕苦，苦是人生的必然现象，要勇于奋斗，以苦为乐。

“这快乐也不是外表的快乐，而是内心的。现在很多人向钱看，却很少人向心看。其实，宇宙万物财富，都在我们的心中，只有让它在心中，自己才能做自己的贵人。当今贫穷的富人很多，因为他们总觉得赚不够，不满足；而富有的穷人也不少，他们虽然没有钱，但精神上很自在、很快乐。幸福快乐，不是钱能带来的。能够知足，就是幸福。

“《心经》的宇宙观就是‘四大皆空’。空这个字，大家不要怕，天也空，地也空，你也空，我也空，财也空，色也空。空是建设有的，只有空，才会有。假如说，我们没有这个空间，我们就没有这个讲坛。假如这个茶杯不空，茶水怎么倒进去？口袋不空，钱财放到哪里去呢？鼻孔、口腔、耳朵、肠胃不空，人能活下去吗？空让我们存在、生存、拥有。我个人体会，虚空拥有万有。空让我们富有，空才是真正的有。

“《心经》还让我们学会放下，凡事看淡一些，不牵挂、不计较，是是非非不要去理会，不管失去什么，都不能失去好心情。我主张‘五和’——自心和悦、家庭和顺、人我和敬、社会和谐、世界和平。

“比如说，中国民间有婆媳相处的难题。过端午节时，媳妇很辛苦包了粽子，婆婆就打电话给嫁出去的女儿，说你快回来吧，嫂嫂粽子快包好了。媳妇就很生气，说我这么辛苦，你都不说句好话，一气之下就回了娘家。刚进家门，母亲对她说，正准备给你打电话，你嫂子包的粽子快好了。你看，母亲对女儿和媳妇的感情，总是有所区别的。朋友之间，也有区别，酒肉之交、思想之交、学识之交，相互之间不要混淆起来。

“在家里，不必求同，相爱的人，各有自己的习惯，要相互尊重，相互包容。大家要修‘赞叹法门’。

“夫妻之间也要相互赞叹，日子才会过得幸福。有位老太太，女儿不肯出嫁，就问她为什么。女儿说：‘我才不愿出嫁呢！现在的男人一点幽默感也没有。’瞧，过去女孩子嫁人，问对方帅不帅，有没有钱；现在的女孩子，要求不一样了，要求对方要有幽默感。男人回家，不要有大男人主义，要懂得风趣，仅会赚钱养家是不够的，要带给家人欢乐。太太也一样，要夸先生很能干，这样先生也会很开心，家庭就会和谐，快乐需要大家来制造。

“有个男人回家吃中饭，清蒸板鸭，鸭子只有一条腿。先生问，怎么只有一条腿？太太说，我们家鸭子都是一条腿。先生说，瞎讲。太太说，不信你到池塘去看。鸭子中午在休息，一条腿自然缩起来。先生也是个聪明人。他一拍手，鸭子被惊醒，就跑向池塘。先生说，你看看，我们家鸭子不是两条腿吗？太太说，你没看见吗，有掌声才有两条腿呀。意思是说，平时我做饭给你吃，你都没有一点掌声。先生恍然大悟。”

……

每天近 3 个小时讲演，如此风趣，如此生动，以小故事折射出佛理，让扬州的父老乡亲们听得兴致高涨。在最后一场的演讲中，星云用乡音说：“享受着扬州父老的温情厚谊，回想起扬州的文化，再看看现代的新扬州，我欣喜地发现扬州人谦恭有礼，比如排队不争先恐后，候场时大家安静等待，市民的良好素质体现出了扬州的新文化。作为每个扬州人，对家乡的最好贡献就是能做到‘三好’——存好心，说好话，做好事。”

重建祖庭大觉寺

星云在家乡做的另一件大事，是恢复重建了他的祖庭宜兴大觉寺。

大觉寺的前身是白塔寺，位于宜兴市西渚镇白塔村。据当地史料记载，白塔寺为禅宗临济宗道场。南宋咸淳年间（1265年—1274年），由志宁禅师创建，至今有700多年历史；清乾隆年间（1736年—1796年），以超界仁禅师重新整修寺院后，寺名更改为集贤山大觉院；清道光年间（1821年—1850年），广法法师担任住持，再将寺名更改为白塔山大觉禅院；随后，太平天国之乱，战火四起，大觉禅院因饱受战乱之苦而严重毁损。

据《宜兴县志》中记载，白塔寺最近的一次寺名叫做“元上乡白塔山大觉寺”。民国初年，临济宗第47代弟子志开上人任住持。1939年，星云在栖霞山寺出家拜志开上人为师，志开上人告诉他，大觉寺是他们的祖庭。在去台湾之前，他尊志开上人之命，回归祖庭大觉寺，主持寺务，兼任白塔小学校长。

1989年3月，星云第一次重返大陆探亲，曾专程到白塔山大觉寺探访。遗憾的是，该寺在“文革”中遭到破坏，已是一片废墟。星云看了，心里非常难过，当年的晨钟暮鼓似乎仍在耳边萦绕，孩子们的琅琅读书声仿佛仍在空气中回荡，他多么希望祖庭的一草一木、一砖一瓦能重新出现在眼前。

没想到，他这个愿望后来真的变成了现实——大觉寺可以恢复重建。虽然它无法原封不动地重现于旧址，但经江苏省和无锡市同意，可以重新选址。无锡方面提供了 5 个地点供星云挑选，有市内的，有近郊的，还有深藏山区的。星云看后还是选择了山区——宜兴西渚镇横山水库东北角的王飞岭岕。此地属天目山余脉，与白塔山大觉寺遗址的垂直距离仅 3 公里。

然而，这山里没有人烟。星云带领弟子们第一次来这里勘察时，连公路也没有，漫山遍野，长满了竹子。勘察一圈下来，才发现在两山之间的山坳不错，很适合建寺院。这一幕，与他当年在台湾开创佛光山时的情形何其相似。只不过，彼岸的佛光山长的是麻竹，此地的山间长的是翠竹。

既然是修建佛光祖庭，这也许就是冥冥中的因缘吧。

星云在划定的两千余亩山地上，不知反复走过了多少遍，首先修了一条水泥路，然后亲手规划了寺院布局。

大觉寺的都监（当家师）妙士法师回忆，星云设计大觉寺非常细致。有一天，他说："妙士，把图纸拿来看看。"他眼睛哪里看得清？妙士就跟他汇报了这张图纸上房子的使用面积。

星云问："能容纳多少人？"

"大概 800 到 1000 人。"

"厕所有几间？"

佛光祖庭大觉寺

宜兴大觉寺是星云的祖庭，2005年10月重建。重建后无论是规模还是设施都比原先的更大更完备。现已投入使用的建筑有大雄宝殿、观音殿、大觉寮、美术馆、滴水坊、客堂、斋堂和多宝白塔。从观音殿前向南看，宽阔的成佛大道，直通对面山坡上的大雄宝殿。与大雄宝殿遥遥相望的是一座15层的“多宝白塔”。远看是塔，近看是座现代化的楼房，里面会议室、会客厅和客房等应有尽有，可接待数百访客。（上图为大雄宝殿，右图为多宝白塔）

“8 间，男女各 4 间。”

星云严肃起来：“这里 1000 人，假如下课或中间休息，20 分钟上厕所，每个人只有多少时间？假如 10 分钟上厕所，每个人又只有多少时间？一个人几秒？能行吗？”

这个问题，妙士从来没想过。幸亏星云提出来，妙士赶快改图纸。

2005 年 10 月 14 日，大觉寺奠基开工后，星云更是整天在工地上到处转，早上 5 点就起来，叫妙士带他去看工地，直到深夜 1 点还在到处看。

妙士问他：“师父，这么晚了，还看什么？”

“我要看晚上风是怎么吹的。早上早起，要看日出，看房子东南西北的方位，怎样才能风水好，怎么才可以避风。”星云回答说。

有一天早上，妙士发现他一早就在观音殿前，向远处的西边大门张望。妙士问他怎么了。他说，想知道从大觉寺门口到观音殿要走多长时间。妙士愣住了，答不出来。为了有准确答案，他让弟子推着他的轮椅，在这段路上反复地走。

然后，他问妙士：“如果一次要来 1000 人，这 1000 人在这里走来走去，这么长的路，旁边有什么可让他们看的吗？”

“目前还没有。”

“你可以在路边放上十八罗汉雕像，让他们有东西看。人家来到你这里，难道让他们一无所获而回吗？还要做些标语，让他们边走边看。这样人家才会再来的。”

设计大雄宝殿时，弟子们知道星云的眼睛看不清，就拉起一根线，在两头各放一个鲜艳的红色气球。星云模糊见到气球，就能估算出大概的宽度，然后拍板敲定。对于殿内的构造，他要求不能有任何柱子。在大殿的建设过程中，星云一天至少要去看十几次，不时进行指导。

大雄宝殿建好后，星云回到佛光山，想起时任佛光山住持心培和尚还没去看过，就告诉他应该去看看。心培跑去宜兴一看，回到佛光山跟星云汇报说："大觉寺的大雄宝殿好大、好大、好大啊！"星云听后笑道："哎，可惜我看不见。"

2007 年 3 月，大觉寺部分基础设施和建筑竣工。2009 年 3 月，宜兴市宗教局发放了"宜兴市大觉寺"的寺院登记证，由星云的法系弟子南京佛教协会会长、栖霞寺住持隆相和尚担任住持。

如今，大觉寺已建成使用的建筑有大雄宝殿、观音殿、大觉寮、美术馆、滴水坊、客堂、斋堂，以及刚刚竣工的多宝白塔。寺门气势恢宏，门楣上有星云亲笔书写的"佛光祖庭大觉寺"七个金光闪闪的大字。站在门口的广场上，只见一旁的云湖，水光粼粼，烟波浩渺，岸边绿树婆娑，花草飘香，曲桥逶迤，蜿蜒入湖，好一派江南风光。

这云湖原名横山水库，为了配合大觉寺的重建，当地政府曾想把水库改名为"星云湖"。星云一再推辞，最后不得已说，那就用他的半个名字吧，叫"云湖"。后来，当地许多道路和建筑也都用起了这个名字——"云湖路""云湖宾馆""云湖国际会议中心"……

星云不禁感慨："贫僧要说一句真心话，有人说在大陆共产党不提倡宗教，这根本不对。大觉寺的建设，受到共产党的恩惠和帮助。比起我们在台湾和其它地方建寺庙，方便了不知多少倍。我要感谢他们的盛情。”

置身于这“云湖”山水间，远眺大觉寺，真是心旷神怡。山门之后，群山迭嶂，金碧辉煌的庙宇在翠竹青山中若隐若现。走进山门，宽阔的道路往山里延伸，左侧是佛陀弘化人间的壁画，右侧是栩栩如生的十八罗汉雕塑，中间的绿化带由小沙弥雕塑点缀其间——或挑水、或诵经、或坐禅……形态各异，惟妙惟肖，一下子拉近了来者与僧人的距离。

再往前走，是一尊星云的塑像，塑像前有他的四句诗：“问我平生何所愿，身似法海不系舟。佛光普照三千界，法水长流五大洲。”接着，迎面所见的就是观音殿，殿里供奉的是一尊千手观音。她的面前摆放着许多鲜花，却少有焚烧香烛。这里有个规矩，来拜佛的人，最多只允许烧一炷细香，以便环保。

从观音殿门口向南看，宽阔的成佛大道，直通对面山坡上的大雄宝殿。两边还各有一条红柱黄瓦的风雨长廊。星云对宜兴的气候条件依然牢记于心，夏日湿热暴晒，冬日雨雪频频，他专门修了这风雨长廊，以便人们拜佛。

大雄宝殿是两层歇山顶式建筑，雄伟壮观。殿前没有香炉，广场开阔，一眼望去，整个寺院一览无余。蓝天白云下，让人心旷神怡。殿内无柱，空间极大，正面中间供奉缅甸白玉释迦牟尼佛像一尊，两旁是彩色玉雕和两座香木宝塔；周围三面墙壁上有万尊小型佛像，地上整齐地摆放着拜佛念经所用的跪垫。大殿两边有东西客堂，为游客休息喝茶的地方。

与大雄宝殿遥遥相望的是一座15层的“多宝白塔”。它坐东朝西，远看是塔，近看是座现代化的楼房，里面会议室、会客厅和客房等应有尽有，可接待数百访客。夜晚，白塔内外灯火通明，在群山中格外醒目。

目前，大觉寺的建设仍未完全结束，但从刚盖了一个观音殿起，就引来众多信众和游客。尤其是2008年5月，时任国民党主席吴伯雄率团来大陆时，曾专程到大觉寺礼佛，为汶川大地震的受难同胞祈福，大觉寺越发声名远扬，吸引了更多游人。星云当时就有言在先：“大觉寺建起来后不收门票，云湖旅游风景区也不能收门票。”

大觉寺的大门永远是敞开的。

两岸和平的桥梁

与别的寺庙不同，大觉寺的许多建筑都有文化和教育的功能，艺术馆、滴水房书吧、佛教书籍阅览室、云水车书坊（行动图书馆）……比比皆是。星云的理念是，寺庙应该是一所学校，是教育人的地方。

除此之外，星云还赋予大觉寺另一个独特的功能——两岸交流。妙士法师说：“师父特别告诉我，大觉寺兼具两岸和平的使命。”

上世纪90年代，妙士法师毛遂自荐来大陆。她清楚记得：

“当时师父对我说，来到大陆，要从办教育，搞学术和文化交流开始，而不是急着建寺庙。”

妙士的第一个落脚点是上海。在那里，她按星云的要求，建立了很好的人脉关系，积极推动两岸文化交流。尤其是经各方努力，促成了两岸佛教音乐交流的一件盛事——2003 年 11 月 24 日晚，台湾佛光山梵呗赞颂团在上海大剧院举办了“晨钟暮鼓”专场梵呗音乐会，国务院宗教事务局局长叶小文、副局长齐晓飞等观看了演出。

演出结束后，星云对数千观众说：“海峡两岸尽管相隔遥远，但阻挡不了‘法音宣流’；台湾与大陆之间虽然海洋辽阔，但中国人血浓于水的感情交流，也是阻隔不了的。”这番话得到了长时间的掌声。

为加强交流，星云邀请大陆佛教界组成佛教音乐团赴台湾演出。他的提议得到积极响应，第二年年初，大陆佛教音乐团赴台，并和佛光山梵呗赞颂团等同台展演，星云则出任“两岸佛教音乐展演团”名誉团长。从这年 2 月中旬到 4 月上旬，展演团不仅在台湾，还到中国澳门、中国香港、美国、加拿大等地进行了联合演出。

后来，在星云的推动下，佛光山在上海举办了各种文化、学术交流活动，包括两岸和平法会。

有了上海的经验，星云又让妙士到苏州建立“嘉应会馆”。

“这是一个两百多年的老宅子。师父说，在大陆不要总是谈宗教，要谈人民需要什么。”妙士说，“改造这个老宅子，我头都大了，必须把老宅子改成美术馆，里面要办古琴班、插花班，也可学香道、瑜伽等。同时，在这个会馆之外，还要开一家‘滴水坊’餐厅。这是我们在大陆开的第一家‘滴水坊’，位置在苏州最有名的观前街，房租很贵，但师父规定我们每样小菜只能卖5块钱，面条只能卖10块钱一碗，是个亏本买卖。但我们的目的不是赚钱，是建立人脉，加强来往，同时弘扬传统文化和佛法。接下来，在扬州建了鉴真图书馆，也是为了教育和文化。现在重建大觉寺，目的更明确。师父说，不要把大觉寺仅仅看作一座庙，要让它成为一个文化教育基地，一座两岸和平的桥梁。”

星云明确要求妙士和大觉寺的弟子们做好两件事：

一是两岸学术交流，一年至少要办两次，共五场。目前，佛光山的南华大学、佛光大学与兰州大学、浙江大学等合作，多次举办过学术交流会，会议内容除了宗教，还涉及哲学和其它人文学科。

二是注重僧才培养和佛学研究。大觉寺的30位法师，都是本科以上学历，能讲8种语言。大觉寺办的培训班，不仅面向僧人，还面向信众和义工。

星云非常喜欢大觉寺，尤其喜欢给大家讲课。“师父一有空就到大觉寺来。每次来，他一定要给大家讲课。还问我，‘你为什么不给我多排一点课？’用现在流行的话说，他真是一到大觉寺‘就像打了鸡血’，兴奋得不得了，忘记了疲劳，再累都不愿休息。有时候我会劝他；‘师父，您年纪大了，要好好休息。’他却说：‘我总有一天会好好休息的，我要把自己给大众，直到最后’。”说到这里，妙士含着眼泪哽咽道：“他在大觉寺整天忙个不停，晚上他的脚肿得按都按不下去，有时从小腿到脚趾都变成紫色，即便如此，他也不肯休息一下。他对在这里的弟子特别重视，有机会就跟他们讲老一辈的丛林规矩，讲佛教的历史演变和大陆‘文革’前后的变化。相反，只要回到台湾，让他讲课，他就说‘我累了！’”

2014 年，他还在大陆成立了“星云文化教育基金会”，妙士担任基金会的理事长。他对妙士说：“搞一个‘捡珍珠计划’吧，对大陆有才华但没有钱的人施以援手，把这些‘珍珠’捡起来，让他们继续接受教育，甚至出国留学，为中国培养更多的人才。”

“我以前不知道什么叫‘中国情’，从师父身上我看到了。”妙士说：“中国情，菩萨心，这就是我的师父。来到祖庭大觉寺，他不想走。在佛光山，他只要看到大陆来的人，精神立刻就来了。他始终挂念这片土地。”

“素博会”与“茶禅生活”

星云希望能充分利用大觉寺的场地多办活动，所以，这里的活动不断，除了学术交流和研讨会，还有素食博览会、大型茶会等。

由宜兴市人民政府主办、大觉寺协办的第一届“2012 两岸素食文化暨绿色生活名品博览会”就是在这里举行的。素食有利健康，推动环保，大受欢迎，5 天竟有 20 万人前来参加。

几乎每次“素博会”，星云都亲自参加。他总是提前来大觉寺，过问每个环节，指导每个细节。2015 年 4 月 29 日举办的第四次“素博会”比以往规模更大，除了大陆各地和台湾的厂家，还有日本、法国、印度、马来西亚等地的 200 多家厂商参加，大觉寺内 450 多个展位人头攒动，好不热闹。

在开幕的前一天下午，星云坐着轮椅，巡视了所有的参展摊位，直到布置得井井有条才放心回去休息。没想到，夜里一场暴风骤雨，把提早搭好的帐篷全部刮倒，布置好的摊位也被吹得东倒西歪。第二天凌晨 5 点多，星云就起身，赶紧派人重立帐篷、整理摊位。好在雨后天晴，大觉寺内，漫山竹林青翠欲滴，佛殿飞檐绚丽如洗。当江苏省、无锡市的领导抵达开幕式现场时，看到的已经是整理一新、秩序井然的帐篷和摊位。星云在讲话中，巧妙地把素食和健康理念结合起来：“儒家说，‘见其生，不忍见其死；闻其声，不忍食其肉’，这就是君子。并不是所有的宗教都吃素，但汉传佛教保持了这个特色。须知素食使人延年益寿，避免现代疾病，更对中国的环保和生态都有益。”

这次“素博会”正赶上“五一”小长假，参加的人特别多。而且，大觉寺照例不收门票，所有摊位的素食也只收成本费，花 5 到 10 元就能买一份非常可口的素食，参观者扶老携幼，合家品尝，吃得开心，逛得欢喜。

在此之前，2015 年 4 月 26 日，当地旅游局还和大觉寺联合举办了一场“阳羡茶韵·两岸千人茶会”，来自全国各大产茶区的茶艺师云集于此，各显茶道身手。200多个茶位座无虚席，人们享受着茶、禅文化糅合而生的味道。

第二天下午，宜兴市人民政府邀请星云在体育馆为市民作了一场“茶禅闲话”的演讲。当星云坐着轮椅入场时，体育馆内4000多听众齐声高呼：“大师吉祥！”

星云给大家朗诵了自己写的一首诗：“离别祖庭思乡情，茶禅四月回宜兴。云湖竹海增胜景，紫砂壶内有古今。”他说，宜兴不但茶文化气氛浓厚，禅文化发展得也越来越好。“希望大家在日常生活中体会茶禅的意境，做到知足常乐，心境平和。比如，一对结婚70多年的老夫妻，生活一直和和美美，成为大家羡慕的模范夫妻。问他们婚姻生活中相处的秘诀，满头白发的老大爷说，尽管他夫人的缺点如天上的星星那么多，但她的一个优点就和太阳一样有光彩，那天上的星星和太阳相比又算什么呢？”

“茶禅生活，听起来是清心寡欲的生活，其实是幸福平和的生活。希望大家调整心态，享受生活，享受大自然。比如，一个公园不是你个人的，但大家都可以去观赏散步，公园也就成了你的了。这种‘你拥有，我享有’的心态，可以让自己变得富有和满足。”

讲完“茶禅人生”后，星云专门留出时间给大家提问。一位宜兴的老板站起来问星云：“现在大陆的企业都在搞转型，请教大师我怎么转型？”这个问题引起哄堂大笑，大家都觉得，这根本就不应该是星云回答的。可星云微微一笑，很快就告诉他："你的转型是，不要老是想着赚钱、赚钱，要转型为多享受平静的生活，多为他人服务。"场内顿时响起热烈的掌声。

素食，茶禅，这只是大觉寺各种活动里的两朵浪花。形式多样的活动，带动了当地的旅游业，其周边地区新建了度假村和茶文化博物馆。过去，宜兴西渚这个地方很少有人知道，如今因为有了大觉寺，西渚亮起来了，周围的经济发展了起来。而星云和弟子们也在大陆重新有了"根"。

"献给旅行者 365 日"

2015 年 4 月 15 日，星云坐着轮椅，兴高采烈地进入人民大会堂。他是来出席由他总监修的《献给旅行者 365 日——中华文化与佛教宝典》新书发布会和"两岸情深，华夏圆梦"座谈会的。

这本由人民出版社出版的书，了却了他多年来的一个心愿。"50 年前，我曾经有过一个想法：把中华文化中自古以来的精彩诗词歌句、座右铭整理起来，为漂泊中的中国人，那些遇到挫折、心里苦闷的人，激励鼓舞精神。"星云向大家谈起要出这本书的初衷，"当时，我的力量有限，读书也有限。现在，随着年龄的增长，自己的人生时光也更加有限，我内心迫切地希望这个愿望能够早点实现！"

这本书凝聚了他许多心血。他把读过的古文，背诵过的诗词，一一找出来。眼睛虽然近乎失明，但以自己的记忆对内容作出选择。“我的弟子从几万条作品中选出一万多条，逐一念给我听，我来选择。最终收录的，都是对理解人生有重要意义和帮助的。”

我们翻开这本书，孔子、孟子、李白、苏轼、朱熹、梁启超、曾国藩、林语堂、胡适……400 多位从古至今的文人、智者、哲人的名文名段，总共 800 则，一一配上星云的墨宝箴言和山水图画，每一段文字都为人心加油，充满了禅意，也充满了正能量。其中凝聚的，是一位九旬高僧的人生体验。

见我们读得仔细，星云说起了一个细节。“我经常在世界各地弘法旅行，到处都能看到中国人。可以说，全世界有海水流到的地方就有中国人，凡是太阳能照耀的地方就有中国人。可是，我每次住进酒店，房间里摆放的读本，多是基督教的《圣经》，根本没有中国人的书。我心想，在世界各地酒店的房间内，应该有一本包罗万象、鼓舞人心、有中华文化底蕴的宝典，而且内容要简短、易读、好记，为旅者疲惫的身心带来阳光般的温暖，为迷途的心灵带来正面的力量。”

此前，该书在台湾已经印了 100 万册，几乎每一个图书馆和大多数公共场所都能看到。“我希望在大陆也是如此，两岸人民使用同一种语言，拥有相似的生活习惯，虽然有一道海峡相隔，但文化没有相隔，大家处在同样文化的光耀之下，不分彼此，真正一家亲。”所以，这次在大陆也印了 100 万册，送进酒店、图书馆、学校，并赠送给有缘人。他还要把此书翻译成英、日、韩、德等各种文字，让中国人在世界任何一个角落里都能感受到自己文化的力量。

“当年，玄奘法师远赴西域，是中国历史上第一个到外国留学的留学生，也是第一个把老子《道德经》翻译成梵文的人。他在印度讲演，几十个国家的国王聆听。鉴真大师远渡日本，把中华文化传到了日本。所以，自古以来，弘扬中华文化，佛教都不能缺席。我也一直在做，只是个人的力量相对有限，重要的是，现在的中国正在崛起，无论身处何地，我们都可以大声讲出来：我是中国人！我们中国人要发扬优秀的中华文化，包括传统文化和‘新文化’。”

“大师说的‘新文化’就是要提高人的素质。”跟随星云20多年、现为上海大觉文化负责人的符之瑛女士解释说，大师不仅极力弘扬中华传统文化，更希望提倡“新文化”。这是他晚年心心念念想做的事。“大师认为，经过30多年的改革开放，现在大家已经衣食无忧，国家也成为世界第二大经济体，他打心眼里高兴。经济好了，大家的素质和文化水平也应该相应提升，要让中国成为受人尊重的国家，人民成为受人尊重的人民。但这件事靠他一个人不可能完成，要靠大家一起努力。其实，大师提倡的‘新文化’，都是简单易行的，比如有序排队，公共场合不大声喧哗等。他希望我们懂得礼貌、懂得谦卑，举止能体现中华文化的人文气质。”

符之瑛说，她本来在台湾做《人间福报》的社长做得好好的，“师父非要把我调到上海来做大觉文化。这些年的工作中，我明白了师父的良苦用心，他是要我守好一个精神的城堡，为弘扬中华文化做出努力和贡献。我一定要把师父这个意愿继续下去。”

金身合璧两岸情

长期以来，星云为保护和发扬传统文化做了无数工作，尤其为两岸同胞所共同赞誉的是，在 2015 年佛诞节到来之际，让一尊“身首分离”于两岸的千年佛像，重新“金身合璧”，并将在修复后，完璧归赵。

此事源于 2014 年 5 月，星云的弟子、佛光山佛陀纪念馆馆长如常法师向大师报告，有两位信徒辗转获得一尊北齐时期的释迦牟尼佛佛首，希望捐献给佛光山，让佛陀回到寺院里来。

这尊佛首从何而来？星云看后，断定它来自大陆。可具体又是哪座寺庙的呢？星云指示如常把它弄清楚。如常经过多方了解，推测这尊佛首可能来自河北灵寿的幽居寺，因为 20 年前，该寺曾发生过佛首被盗事件。河北省文物出境鉴定中心主任刘建华把如常法师传去的佛首照片，与十几年前拍摄的照片及绘制图比对后，并经专家多方考证，确认这尊佛首为幽居寺塔内的释迦牟尼佛首。

幽居寺，距灵寿县城 50 多公里。公元 556 年，北齐皇族赵郡王高叡，为其亡伯、亡兄、亡父母、自身与后妃等祈福，邀请当时最好的佛像雕刻师，敬造释迦牟尼佛、无量佛、阿閦佛 3 尊彩绘汉白玉石佛像，供奉在幽居寺。北齐在文献记载中虽只有短短 27 年，但佛教非常兴盛，2000 万人口中，出家的人就有 200 万。

而一千多年后的1990年，幽居寺塔内的3个小佛龛突然消失被盗。紧接着，1992年，阿閦佛首被盗。当地文物局打算将塔内3尊石佛异地保护，但因佛像超过塔门的宽度，必须拆门。经再三权衡，最后只好将塔门用水泥混凝土封堵。结果1996年2月7日，无量寿佛和释迦牟尼佛首又被盗，之后一直不知去向。

如今佛首和佛身对上了号，这让星云既欢喜又悲伤。悲伤的是，百年来，中华文化遭受许多破坏，佛教文化的宝贵资产，就像这尊佛首一样，流浪在外面的拍卖市场，任人喊价获利。欢喜的是，这尊佛首获得佛教徒的供养，有缘来到佛光山。“应该让佛首回归原处！”星云暗暗下了决心。

2015年5月23日上午，一场隆重的佛首捐赠和金身合璧仪式在台湾佛光山大雄宝殿前举行，殿前两侧悬挂着星云为此亲笔书写的对联：“金身合璧两岸情，佛光普照一家亲”。

当天早上刚刚下过一场中雨，但仪式开始前，天空竟阳光普照。钟鼓齐鸣中，8名法师抬着佛首轿舆，在42位法师护送下，由佛光山住持心保和尚引领至大雄宝殿前，与21日已经安奉在此的金身静待合璧。

国际佛光会中华总会荣誉总会长吴伯雄与海峡交流基金会董事长林中森二人为金身揭幕。红色布幔在全场3000多人的凝神注视下，从中间向两侧展开，来自河北幽居寺的佛身首先出现在人们眼前。佛身高1.59米，宽0.95米，重达600公斤。金身着袒右袈裟，披偏衫，薄衣贴体，衣纹稀疏作双阴线，线条细而流畅。

20年前，我国河北省幽居寺的一尊北齐释迦牟尼佛像的佛首被盗，流失海外，不知去向。

2014年5月，这尊佛首辗转被捐献到佛光山，星云痛心于千年佛像的“身首分离”，决定将佛首无偿捐赠给大陆，让金身尽快合璧。

2015年5月23日上午，隆重的佛首捐赠和金身合璧仪式在佛光山大雄宝殿前举行。图为星云与中华文物交流协会会长励小捷共同出席仪式。

接着，星云大师与中华文物交流协会会长励小捷共同为佛首揭幕。佛首高47公分、重达80公斤，面相浑圆，细眉，长眼，双目垂睑下视。佛首亮相一刻，佛像首身合璧，场内信众纷纷念诵法号，激动之情溢于言表。

这尊释迦牟尼佛像将在佛光山大雄宝殿供奉至2016年3月，随后将返回北京，在中国国家博物馆举行回归仪式并短期展出后，入藏河北省博物院。

借这段捐赠佛首的因缘，佛光山与中华文物交流协会一起主办“佛光普照——河北幽居寺塔石佛暨佛塔宝藏艺术展”。于是，就在佛像金身合璧的同一天，佛光山的佛陀纪念馆展出了来自河北的54件（组）佛教文物，其中一级文物17件。

其实，佛光山与中华文物交流协会的合作已经进行了数年。自2012年起，双方每年合作在佛光山举办一个以佛教艺术为主题的文物展览，分别是“千年重光——青州龙兴寺佛教造像展”“光照大千——丝绸之路的佛教艺术”“七宝瑞光——中国南方佛教艺术展”。这些展览在台湾广受欢迎，总计吸引观众近300万人次。

星云认为，这些文物展览的意义远远超过展览本身，两岸民众原本就同根同源、同文同种，“我最大的梦想是希望国家团结，不要分离，梦想中国人都能够幸福、安乐。”

第十五章

和尚·和上

自星云大师1989年春天第一次回大陆探亲以来，
已过了整整26年。现在，他每年都回来，
有时一年回来好几次。
他和几代大陆领导人的交往，除了礼节性会见，
有的留下深刻记忆。

自星云大师1989年春天第一次回大陆探亲以来，已过了整整26年。现在，他每年都回来，有时一年回来好几次。他和几代大陆领导人的交往，除了礼节性会见，有的留下深刻记忆。

1989年，第一次回到大陆时，星云在机场受到国务院港澳办主任姬鹏飞和中国佛教协会会长赵朴初等人的隆重欢迎。当晚，时任全国政协主席李先念在人民大会堂设宴招待他。席间谈话的内容，由依空法师记录在日记本上，结果一个月后返台，日记本丢失了，徒留记忆。

在星云的记忆里，李先念是一位祥和的长者，给予他们很多关心与问候。当星云邀请他到台湾访问时，他忽然抬起头，看着星云，反问道：“我来得及吗？”

如今，回想起那一幕，星云仍很感伤。“很惭愧，对他的这句话，当时我并不能全然了解。后来才想到，他的意思是，以那时候两岸的政治情况，他已经80高龄了，还等得及看到两岸开放，让他这样一位政治地位很高的人士到台湾来吗?”

在李先念会见之后，时任国家主席杨尚昆也会见了星云。当时，杨尚昆有个要求，只见星云一个人，要他单独前往人民大会堂。跟随星云的除了70多个团员，还有随行记者，这些记者一直寸步不离围绕着他，希望从他那里获得有价值的新闻。为了躲开记者，星云没敢通知北京接待他的车辆，自己悄悄叫了一辆出租车。也不知绕了多少圈子，才甩掉记者的跟踪。当星云走进人民大会堂时，杨尚昆主席和时任统战部长阎明复已经在那里坐等了。

在与杨尚昆交谈的一个多小时中，星云首先向杨尚昆提出建议，对于佛教的寺院，不应有园林单位进驻，也不宜把寺庙归于文物单位。现在中国佛教协会已经是正式的组织了，园林和文物单位应该退出寺庙，所有的寺院应归还中国佛教协会管理。

杨尚昆回答说：你讲得很好，谢谢你提出这样的意见。

会谈中也提到两岸和平问题。星云说：“我生逢军阀割据、抗日战争以及内战，多年的战争，人命牺牲、财物损失无以计数，主席可否能宣布，台湾和大陆海峡两岸今后成为和平区?”

杨尚昆一听，夸星云讲得很好。但他话锋一转说，不过，你可否先回到台湾，请台湾方面宣布金门、马祖为和平区？从金马和平区做起，逐渐扩大，应该会达到你说的目标。

那是星云第一次和大陆领导人有了直接接触。通过几次会见，他觉得，中共领导人不是台湾过去宣传的那样，他们主张改革开放，有一颗希望和平的心，而且重视人道。

他与江泽民主席的首次会见是在2006年的上海。一见面，星云就说："我们是老乡。在乡里你就是我的乡长，在我们国家你就是一国之长。"并表示，自己一直希望见到他。接着，两人谈起了中国统一等问题，谈得非常好。

星云第二次与江泽民见面，也是在上海。在这次会见之前，江泽民曾到扬州的鉴真图书馆视察，佛光山派去的妙士法师在图书馆接待了他。他看到这位庄重的年轻女性出家做比丘尼，好奇地问："你为什么会出家呢？"

妙士法师回答说："主席，您选择改变中国；我出家，是选择改变自己。"当时，美国作家罗伯特·劳伦斯·库恩博士写的《他改变了中国——江泽民传》正在大陆出版发行，社会影响很大。江泽民一听妙士法师如此回答，非常喜欢，频频点头。在妙士法师的陪同下，边参观边谈话，足足逗留了一小时之久。

有了鉴真图书馆的视察，江泽民在上海第二次见星云时，更多地谈论起佛学，从《金刚经》谈到《瑜伽焰口》。他甚至能把《瑜伽焰口》里的《召请文》从头到尾背诵出来。

在与李瑞环的交往中，星云最深的印象是："李瑞环有情义。"李瑞环除了1993年1月亲自批准星云重回大陆探亲，后来还多次与星云会面交谈。

2008年8月8日，北京奥运会开幕当天，李瑞环在会见星云时说："你们'和尚'，就是以'和'为'尚'。用'以和为尚'解释'和谐社会'也是贴切的。"他还说，现在两岸关系中，"和"最重要。

星云点头道："和则共融。"

李瑞环继续道："过去主张一切都'对立'时，看对方都看毛病，越看越不顺眼。结果你骂我，我骂你，越走越远。现在则相反，你来看我好的地方，我来看你好的地方，旅游就是专看好的地方，这样就会越走越近。"

在谈及宗教信仰自由的问题时，李瑞环说："我本人不信教，但家里有人信，比如我母亲和儿媳都信佛。"他告诉星云，从哲学的意义理解，不能说信仰不同，人与人就"有你无我"，就是搞对抗。我的母亲、孩子信佛，但我们相处得很和睦。信与不信，这是个人的自由，应当是各自方便，互相尊重。

后来，星云在中国美术馆办书法作品展览，李瑞环专门前往参观，并送给星云一套自己的作品，共二十几本。"我这才知道，原来他不光懂政治，还搞学术。最重要的是，他写了两副对联给我，对联的意味很深长。第一副对联是：行到水穷处，坐看云起时。"

李瑞环赠给星云的另一副对联是"言归文字外，意出有无间"。星云说："这里包含的是很深厚的交情了，后来他经常跟我见面，甚至到海南岛也来跟我见面。他还提到，共产主义与宗教信仰并不冲突，尤其是中国传统文化和宗教文化非常密切，如果把佛教的元素抽掉，就不名为中华文化了。"

星云和另一位担任过全国政协主席的贾庆林初次会面也是在海南。当时，国家宗教事务局在海南召开“海峡两岸佛教圆桌会议”，贾庆林前往和大家见面。当他和星云握手时，握了很久，并对星云说：“欢迎你到大陆来。”

星云回忆，那一天，贾庆林在会上致辞时表示，从佛指舍利莅台供奉，到为降伏非典在厦门举行“国泰民安世界和平祈福法会”，再到梵呗赞颂团的展演，这些都对两岸宗教界的交往有很大贡献。

贾庆林还先后两次在人民大会堂会见了星云。2008 年 4 月，在人民大会堂湖南厅，贾庆林称赞星云爱国爱教，并对他在台湾《联合报》上发表的那篇《体念苍生·感谢台湾·我拒公投》的文章表示“最为欣赏”。

星云对贾庆林说：“两岸关系最重要的，就是互相来往、联络。连战先生已经到大陆访问过了，现任国民党主席吴伯雄先生，应该也可以邀请到大陆访问。”

贾庆林即刻答道：“吴主席要来的话，我们热烈欢迎，隆重接待。”

星云回到台湾后，立即把这话转告吴伯雄。吴伯雄欣喜地说：“这太好了！”根据两岸协商，当年 7 月 1 日，两岸航班开始直航，台湾方面正好需要派一行人前往签字。不久，吴伯雄便率团访问大陆，除了与中共中央总书记胡锦涛、全国政协主席贾庆林会见外，他还专程到宜兴大觉寺礼祖，为汶川大地震中的死难同胞祈福。

2013 年 2 月，星云应邀随国民党荣誉主席连战率领的

“台湾各界人士代表团”访问大陆。26日，国家主席胡锦涛在人民大会堂会见了他们。胡锦涛对星云说：“您对佛教、海峡两岸的贡献很大。”星云说：“您倡导的‘和谐社会’，是中国人未来的标杆。”

习近平总书记与星云也有数次见面。2006年，星云在杭州出席“第一届世界佛教论坛”，当时习近平任浙江省委书记，两人在会上有过一面之缘。星云说：“后来，他在浙江兴建‘弥勒大佛’，我还为此尊佛像题名‘人间弥勒’。”

2013年2月25日，习总书记在人民大会堂会见台湾各界人士代表团时，与星云亲切握手、寒暄。星云还将自己写的一幅字“登高望远”送给了习总书记。

为什么是这四个字？星云告诉我们，他的意思是，现在习总书记已经“登高”，未来还要“望远”。

在那次会见中，他还作为“代表团”推举的三名代表之一首先发了言。他说：“海峡两岸同文同种，如兄如弟，在一个中国的号召下，希望促进两岸和平往来，这是当今的急务。两岸人民不断往来，除了政治、经济之外，文化、宗教、民间、各行各业促进交流，必定对两岸的将来有巨大贡献。”

2014年2月18日下午，习总书记再次在北京钓鱼台国宾馆会见了连战及星云等随访人士。会见时，习总书记上前握住星云的手说：“大师送我的书，我都看完了。”星云说：“您提出的中国梦，给天下中国人新的力量、新的希望！”

习总书记对大家说：“中国梦与台湾的前途是息息相关的。

中国梦是两岸同胞共同的梦，需要大家一起来圆梦。两岸同胞要相互扶持，不分党派，不分阶层，不分宗教，不分地域，都参与到民族复兴的进程中来，让我们共同的中国梦早日成真。”“我们对台湾同胞一视同仁，无论是谁，不管他以前有过什么主张，只要现在愿意参与推动两岸关系和平发展，我们都欢迎。”

听完习总书记的讲话后，星云打电话给他的好朋友、国家宗教事务局前局长叶小文：“习总书记一席话，让我很感动。他真是‘心包天下，慈悲天下’，以情感人，以理服人，共圆美梦，一视同仁。我回台湾后，要给大家作一个演讲，题目就是‘看见梦想的力量’。”

从那以后，无论在台湾还是在大陆，星云所到之处，演讲的题目都是“看见梦想的力量”。通过历史、现实，结合当地人文特色，再加上自己的经历，星云生动地讲述了“梦想的力量”，深受信众的喜爱。

最引以为憾的事

在大陆，星云接触最多的，还是宗教界的领导人士。他与中国佛教协会前会长赵朴初的友谊尤其深厚。赵朴老在世时，只要星云到大陆探亲访问，他基本上都要和星云见一面。

星云回忆说：“赵朴老曾悄悄地跟我提过，考虑到中国佛教协会的未来，他希望我可以做他的继承人。我知道，这是朴老对我的爱护之心，或者是因为他也看到佛教需要人才，但我实在愧不敢当。我知道这是一个梦想，是不容易实现的梦想。”

1999年，两人在香港相会时，赵朴老再次对星云说：“我已经90多岁了，我对世间还有什么留恋的呢？我现在重要的心愿，就是你什么时候能够在大陆为中国的佛教作出贡献。”

星云说，赵朴老曾经赞赏他是佛教史上可以跟佛陀媲美的人，因为佛陀把佛教带到印度，他把佛教带到五大洲。“其实这都是我不敢听的话。因为佛陀的威德，让他在当时印度那样交通艰难的条件下，能够创立教团，走遍五印度；让他在96种外道的面前，能够树立佛教救世的慈航。我们今天所做的，只是在五大洲的一点星星之火。相比较起来，这又能算什么呢？”但是，对于赵朴老的心愿、远见和期望，星云觉得他不得不说一句感恩的话，“如果我不说出来，也辜负赵朴老对我的厚爱之恩了。”

在和赵朴老的交往中，也有些有趣的往事。20世纪90年代，星云回大陆探亲，赵朴老两次南下和他见面交谈。当时赵朴老已年近90，耳朵有些重听。星云和他说话，声音必须大一点。赵朴老则示意星云，也不必太大声音。为什么呢？他幽默地说：“我要听的，都能听得到；我不要听的，通通听不到。”

赵朴老为了和他多些时间交谈，南下后往往先在南京住上数日，再借空到附近的无锡看看。在无锡的祥符禅寺，当地的领导们希望借助赵朴老在中国佛教协会的力量，在玄奘命名的小灵山上建一尊88米高的大佛。赵朴老考虑之后，表示赞同，报上去后，得到批准。赵朴老因地取名，把这尊大佛定名为“灵山大佛”。

星云说：“这可以说是大陆佛教发展史上具有领先作用的一次事件。后来，灵山公司的董事长一定要在灵山大佛的边上建一所住宅，让我去驻锡。他说，如果没有我的因缘关系，赵朴老不会去无锡；赵朴老不去无锡，就没有灵山大佛。但是我一生云游四海，漂浮不定，就是在无锡宜兴重建的祖庭大觉寺，也很少有机会前往。因此，我也只有谢过灵山大佛的慈恩浩荡了。”

让星云最感遗憾的是，赵朴老直到去世，也没能去看看台湾佛光山。“我曾和他相约，他也一直期盼着前来。只是，那时两岸情势紧张，他这样身份的大陆高层人士很难成行。曾经有一度，我们接近邀请成功的边缘了，谁料台湾媒体在报纸上发表了一条消息，‘大特务赵朴初要来台湾’。台湾的安全部门相当紧张，‘大特务’要来，这还得了？所以赵朴老还是没能来佛光山，这是我最引以为憾的事情。”

1999年与赵朴老的会面，成为两人的最后一面。“第二年，赵朴老就逝世了，至今已有十几年。”星云一直缅怀这位对佛教有着起死回生之功的长者，一直怀念两人之间的特殊因缘。“他去世时，我也希望去他的灵前吊唁，只是没能成行。所以，我只有亲自题写一幅‘人天眼灭’，托人带去北京。近十年来，这幅字一直挂在他的遗像上方。后来，我到北京都会到他的遗像前上香，都可以看到这幅挽联。可见朴老的夫人陈邦织女士也深知我和朴老之间的相互因缘。”

星云说，值得一提的是，赵朴老倡导“人间佛教”，认为“人间佛教”对国家社会具有重要的功用贡献。“后来，我在大陆各地访问，许多人都还能背得出朴老最早提出的对宗教的意见，特别是佛教具有国际性、民族性、群众性、复杂性、长期性等五项特殊的意义，这是任何朝代都不可磨灭和改变的事实。每逢此时，我都感慨不已，赵朴老一生为佛教的功劳，为佛教的苦心，他的胸量、远见，我们都要牢牢地记住，希望佛门中人永远不要把他忘记。”

致力两岸文化交流

星云交往颇深的另一位重要人士，则是国家宗教事务局前局长、现任中华文化学院副院长叶小文。

叶小文曾长期担任国家宗教事务局局长，自然也就跟这位热心的台湾高僧交上了朋友。就在 2014 年 2 月，叶小文在人民日报海外版撰文说，星云法师“多年来一直为两岸和平统一热心奔走。”

叶小文告诉我们，他与星云结缘，主要就是因为两岸关系。

1989 年，星云第一次返乡探亲，赵朴老邀他到西安法门寺瞻礼佛指舍利。星云就想，如果台湾民众也能同沾法喜，该

2013年12月20日，星云在北京获“中华之光——传播中华文化年度人物”奖。该活动由国家文化部、国务院新闻办公室、国务院侨务办公室、中国人民对外友好协会及中央电视台等单位共同主办。颁奖典礼对星云的颁奖辞是：“星，五洲闪烁，云，四海呈祥，星和云，教人们懂得自在喜悦。昔日传法宝岛，今日遍及全球。饱经世间沧桑，铸成慈善楷模，理想泽被三千。慈悲、宁静，人间的星云，不灭的灯火。”图为中华文化学院党组书记、第一副院长叶小文为星云颁奖。

多好啊。于是，他向赵朴老提出了请求。赵朴老闻言，自然是乐见其成。但后来，因种种原因，此事搁置了十几年，一直未能再提。

叶小文担任国家宗教事务局局长后，特别想为两岸宗教交流和祖国和平统一做点事。可是，2000 年陈水扁担任台湾地区领导人，两岸关系开始倒退，能做什么呢？他想到了星云——“他是个充满智慧的老人，找他商量吧。”

两人见面后，叶小文对星云说：“佛指舍利还没到台湾展出呢。”

“对呀，我来请！”星云听后十分高兴。

叶小文说：“还得有条件才行。”

“什么条件？”

“要保证佛指舍利的安全。”

星云当即说：“我们是佛教徒，我们的佛祖，还不能保证安全吗？”

有了星云这句承诺，叶小文放心了。

这个方案很快就得到批准：“星云牵头，联合迎请，共同供奉，绝对安全。”为此，还专门成立了一个委员会，由星云当主任，出面协调具体的事务。

那是 2001 年的年底，一桩注定要载入史册的佛教盛事和两岸交流大事，就这样定下来了。

后来的情形，星云至今仍历历在目：“2002 年 2 月 21 日，我们以包机的方式前往西安迎请佛指舍利，因为华航的飞机当时不便前往大陆，只得商之于香港，港龙航空公司派了两架飞机协助，佛指舍利终于在23日抵达台湾。”

佛指舍利到台湾，轰动全岛，几十万人跪接。第二天，2月24日，在台湾大学体育馆举行恭迎法会；2月26日，在三峡金光明寺供公众瞻仰；3月3日，由远东航空专机送到高雄，在佛光山接受民众礼拜；3月15日，应中部地区信众要求，在台中港区综合体育馆举行恭迎法会；3月17日，前往南投中台禅寺供奉；3月26日，再度回到佛光山；3月30日，在高雄体育场举行十万人通宵念佛恭送法会；3月31日上午，飞机从小港机场起飞，恭送佛指舍利回大陆。前后共计在台供奉37天，台湾及来自世界各地的民众共500万人瞻仰朝拜，仅参加的义工就多达40万人次。星云说：“这些人数，都是我们根据现场所要的盒饭统计出来的。”

佛指舍利赴台供奉一事，至此圆满成功。

多年后，回想起这段往事，叶小文说：“我和星云大师结下的这个因缘非常有意义。”

两人的第二次结缘是佛教音乐交流。2004年，由大陆和台湾的150多位僧众参加的“中华佛教音乐展演团”正式组成，并共同推举星云为名誉团长。

佛教梵呗不同流派的唱诵、礼仪各有特色，这个展演团汇集了中国汉传、藏传、南传三方面的佛教音乐特色。佛光山梵呗团擅长演唱，大陆团员则擅长乐器与功夫，两岸联袂展演，所到之处均引起轰动，为两岸交流之盛事。星云回忆，正因如此，当时有了“政治未通，宗教先通”的美谈。

叶小文与星云大师的第三次交情，是合力把苏州寒山寺的

"和平钟"送到了台湾。

寒山寺的钟是全国有名的，一句"夜半钟声到客船"，承载了千年的离愁。那时寺里做了两口仿唐大钟，每口一吨多重。一口叫"和合钟"，一口叫"和平钟"。叶小文请寒山寺的方丈把"和平钟"送给台湾。

于是，星云筹划了一个几万人的大会，迎接寒山寺"和平钟"，祈祷两岸和平。

最有趣的，是叶小文和星云的第四个因缘：

"2006年，要举办首届世界佛教论坛，地点在杭州。论坛召开之前，我从海航调专机，把星云大师接到海南商量。当时准备让三位高僧——大陆的一诚长老，当时是中国佛教协会会长，香港的觉光长老，当时是香港佛教联合会会长，再就是台湾的星云大师，分别上去发言，谈祖国统一。但规定一个人只能讲两分钟。为什么呢？因为卫星直播，你讲长了卫星就给你掐了。一诚长老和觉光长老，他们的讲稿我都看过，不会超时，但星云大师要讲什么我不知道，我担心他超时。"

果然，星云一听限时两分钟，便问叶小文："两分钟能讲什么？"

叶小文说："当然是大会的主题'和谐世界，从心开始'。"

星云觉得很为难："这个话题，两分钟怎么讲啊？难道我上去就说，'会议主题很重要，下面请叶局长来讲，我讲不了'啊？"

叶小文说："大师啊，这可是比武艺高强，你们三个，人家都是两分钟，你非要讲十分钟，行吗？"

星云不说话了，没答应，也没拒绝。

到了论坛开幕那天，叶小文有些提心吊胆，故意把星云安排在最后一个发言。心想，反正你讲超时了，到时卫星自动就给掐了。一诚长老、觉光长老都在两分钟内，规规矩矩地讲完了。谁知道，星云一上台就说，“我来讲个故事”。叶小文顿时吓坏了：两分钟怎么可能够讲故事呢？更别说讲主题了！

结果，出乎叶小文意料，没超过两分钟，星云一个故事就把主题讲清楚了。这个故事，现场参会的国务院副总理回良玉后来都能背出来——

“有一天啊，5 个指头吵架了，都要比高低。大拇指竖起来说：‘我最高，最重要。’食指不同意：‘民以食为天，哪个能不吃饭？而且我是指方向的，你朝哪个方向去，也得听我的。’中指说：‘你们站起来看看谁高，都不要吵了，我不仅居中，而且个子最高，我是第一位的。’无名指连忙摇头：‘你们看看小姐们的戒指戴在哪里，最宝贵的东西都戴在这里，说明我最重要嘛！’小指头说：‘比起来我最小，可拜佛的时候，双手合十，我离佛祖最近！’五个指头，各有长处，争什么呢？都弯下腰来，捏成拳头，就有力量，和谐世界，从心开始。”

星云形象生动、风趣幽默的演讲，2 分钟，赢得雷鸣般的掌声。

叶小文如释重负：“这星云大师，真的厉害！”

他评价说，星云大师一是爱国，为两岸和平发展竭尽全力；二是佛学造诣很高深，尤其是在“人间佛教”方面贡献很大。“所以我在国家宗教事务局局长的任上，曾想把他推举成中国佛教协会的名誉会长。赵朴老的遗愿是想推举他当会长，那不现实。星云大师也想成立个世界佛教总会，让我当会长，这也不可能。我们虽然都当不了会长，但我敬重这位老人，我们之间的因缘和交情仍在延续。”

第十六章

梦想的力量

当我们终于一睹星云大师挥毫时，
顿时明白了秦孝仪的褒奖不虚。
所谓『无言的诗、无行的舞、
无图的画、无声的乐』，
用来形容星云大师的书法作品，再贴切不过。

“华夏高僧，以书法称著于世者，唐有怀素，晚近则有弘一。怀素狂草，见其如如自在；弘一庄敬，尤见其一心向佛。星云则坦坦荡荡，不矜不肆，语语见佛性，笔笔自圆融，正不止觉一切有情，无边胜福，皆回向普照，自迷入悟也。”

这是台北“故宫博物院”前院长秦孝仪对佛门书法的描述。怀素与弘一的字，青史流传，我们早已在书册间见过。星云的字，到底是怎样的意象，竟能令蒋介石晚年的“文胆”、主持台北“故宫”长达18年、自创一手“秦体字”的秦孝仪见字觉有情？

当我们终于一睹星云大师挥毫时，顿时明白了秦孝仪的褒奖不虚。所谓“无言的诗、无行的舞、无图的画、无声的乐”，用来形容星云大师的书法作品，再贴切不过。

如此赞誉，星云一笑而过。“我并不擅长书法，年轻时也没机会练字，提笔挥毫，源于偶然。”他的目光望向遥远的地方，“那是上世纪 50 年代初，我在宜兰雷音寺成立了念佛会，每年要做一次佛七法会（以一句‘阿弥陀佛’念佛七日）。小庙简陋，没有钱粉刷墙壁，为了让道场好看一点，也为了烘托气氛，我就买来五颜六色的纸，写上勉励大家念佛修行的法语，一张张贴在寺庙的墙上。一场佛七法会，至少要写 80 张。这就是我写毛笔字的因缘。”

每年旧纸褪色，再写新纸，年复一年，持之以恒，他的毛笔字自然越写越好。后来，陆续有信徒和弟子要他题字、赠语，他也尽量满足大家的心愿。随着佛光山各地道场纷纷建立，他每到一处，索字者有增无减，他在书法上便渐渐下了苦功。

当年，名满天下的弘一法师认为，若只是喜欢写字而写字，对佛家而言，并不值得提倡；但“以翰墨为佛事”，书写佛典，流传于世，既能“令诸众生欢喜受持”，又能使众生“同趣佛道”。星云正是后者。他写字、题词、写对联，都是为了弘法，为了在推动“人间佛教”的过程中“给人欢喜”，并借由他写下的文字，使更多的人“同趣佛道”。

乞丐的“品牌”

1996 年春节前夕，一位信徒请星云写副春联，他便写了一副“平安吉祥”。后来，弟子依此印了 20 万份，分赠给信

星云在写“一笔字”

“现在我眼睛看不清，手也抖动不停，坚持写字，只能靠心帮忙。我小时候出家时，老师经常不准我们睁开眼睛。眼睛一睁，他就给我一个耳光：你看什么？什么东西是你的？从那时候起，我就经常闭起眼睛训练自己十天半个月不看东西。渐渐地，走路、转弯、上坡下坡，我都能如履平地。没想到，‘不看’这个本领，到了老年很管用，使我的心力很强。现在一张纸摊开，虽然眼睛模糊看不清楚，但我心里明白要写什么。”

众，没想到数日内便被索取一空。此后，每到春节前，星云就会写下一句新年贺词，赠送给有缘人，如“千禧万福”“善缘好运”“妙心吉祥”“身心自在”“春来福到”“子德芬芳”等，祝福大家法喜无边，法财无量。后来，由于信徒们喜欢，他不仅是过年送字，平常也写给有缘人。

自从人们喜欢上他的字后，星云出门可比过去方便多了。从前，他每次出远门，为了与各方人士结缘，都会携带一些著作、书籍送人。书沉，携带不便，总被航空公司加收超重费。带字可就轻便了。一捆字，能送给几十个朋友。甚至于，带上纸笔，随时随地可以写，这当面亲书的字，情义更重。

不过，星云也不是什么人都送字的。他的原则是，看什么人，送什么字，字中自有深意。有一次，他得知信徒赖维正先生的贸易在欧洲做得很成功，就写了“品牌”二字送给他。赖先生看到字后，脸上似有失望之情。星云当然明白他的心思——你怎么不称赞我的人品，只论我的商品有“品牌”呢？星云微微一笑，放下笔，跟他讲了一个故事：

有位先生新开了一家咨询顾问公司，两个星期都没有客户上门。好不容易来了一个穿着邋遢的人，老板也只好招呼他：“请问贵姓？”

那人答道：“姓李。”

“您是做什么的？”

“讨饭的乞丐。”

老板听后，很不屑地说：“乞丐李，你有什么事吗？”

“我想请问你，怎样才能发财？”

老板一听，难以置信地说："叫花子也想发财？"

乞丐李对老板轻蔑的口吻不以为然，回答道："叫花子向人要钱，当然也是希望发财！"

老板想了想，还是觉得纳闷。不过，好不容易才有客户登门，也就不再计较了，便接受了乞丐李的咨询。由于这是第一笔生意，老板不想办砸，便使上了管用的招数："乞丐李，日后只要有人从你讨饭的地方经过，要给你钱，无论如何，你都只收5毛钱。假如那个人给你1块钱，你就找他5毛钱。如果是给2块钱，或者更多，你也绝对不可以接受，永远只收5毛钱。"

乞丐李无法接受这种方式："那怎么行？向人家讨钱，当然是越多越好啊！"

老板觉得这朽木不可雕也："越多越好吗？那人家就不给你了啊！如果你只收5毛钱，人家绝对好奇，一个叫花子竟然这么有品格，也能把个乞丐做出品牌来，无论给他多少钱，他都只收5毛钱。消息传出后，你就会发财的！"

老板一番解释后，乞丐李若有所悟，弯腰辞谢，就要离开。老板见状，马上就叫住他："我的咨询费呢？"

只见乞丐李一副理所当然的样子："叫花子哪里有咨询费？等到将来讨到钱再给你吧！"

老板无奈，只好放他去了。

乞丐李回去后，依照老板的计策，如法炮制。果真远近好奇，怎么会有个叫花子只要5毛钱？人人都来一试究竟，这个人给5毛，那个人给5毛，竟然源源不断，收入颇丰。

过后不久，听说乞丐李在中山公园门口讨钱，咨询公司老板利用公余时间，顺道到那里看看。只见人群围了好几层，他心里想：还是不要打岔了，便转身回家去。

又过了几天，在一个阴雨绵绵的日子里，乞丐李来到了咨询公司。老板见他来了，就问："乞丐李，你又来做什么？"

"交顾问费啊！我现在有钱了！"

老板想：这个乞丐李还挺讲信用，果真是有那么一点"品牌"的味道。

几年后，又有一次，老板从中山公园门口经过。只是这回看到的叫花子，已经不是乞丐李了。他只有四处寻觅，口中轻声喊道："乞丐李、乞丐李！"

没想到，蹲在那里的叫花子听到了，竟然问他："你叫我师傅啊？"

原来，现在已经换成徒弟在讨钱了。

老板问："你师傅呢？"

"师傅到百货公司去开店，他现在已经发财了。但是他说这个地方有'品牌'，地理位置很好，叫我替他留在这里讨钱。"

讲完这个故事，星云对赖先生说，无论做什么事业，"品牌"最重要。赖先生听完，欢喜极了，要星云再为他多写几张"品牌"，他好送给朋友。

100 万与 100 元

近些年，索求星云墨宝的人越来越多，有的甚至不惜代价收藏，一幅星云的字，在市场上的价格越来越高。不过，星云告诉我们，早年他写字送字，跟金钱从没有任何关系，直到 20 世纪 90 年代的一天，事出偶然，书法才与金钱“狭路相逢”。

那日，他来到弟子慈容法师担任住持的台北普门寺。寺庙里正在举行“梁皇宝忏”法会，信徒们都在佛殿里礼拜《梁皇忏》，他来到佛殿后方的办公室里等待。看到一位弟子的桌子上摆有毛笔、墨汁和砚台，就坐下来，随手拿起笔在白纸上写起字来。

正收笔时，忽有一位老太太推门而入，直奔他而来，一面悄悄递给他一个红包，一面叮嘱说：“师父，这是给您的，您可不要给佛光山！”说完匆匆离去。

星云打开一看，赫然 10 万新台币。他一向不肯接受信徒红包，急忙找人把老太太叫回来，把红包退还给她。怎料老太太怎么也不肯收，你退我拒，来来回回，星云觉得拉拉扯扯不好看，没办法，便拿起手边刚写好的“信解行证”一幅字：“好吧！这幅字就送给你。”他心想：这幅字也算是“秀才人情纸一张”，聊表心意了。

这老太太接到字，十分欢喜，她拿着字回到佛殿后，就“秀”给大家看：“这幅字是星云大师专门给我写的！”

她故意将“我”字拉得很长。佛殿里大约有400人在拜忏，听到此事，竞相争看，果然有星云的落款签名。信徒们平时除了能听星云讲经弘法外，并不容易得到星云的墨宝，这时纷纷借机要求：“我们也去请大师写一幅！”

这老太太更得意了：“且慢，这可是10万块钱供养才有的呢！”

参加法会的信徒大多是名商大贾：“就你供养得起，我们就供养不起？”大家争先恐后掏出钱来，涌向殿后的办公室，请星云写字。

星云为难了，自己又不是卖字的。可群情激动，无法拒绝，若是只给这个写，不给那个写，也不公平，他只好满足每个人的意愿，并做了交代：“假如因为我的字，而能有善款，那就全部汇给西来大学作为建校基金吧。”

谁知道，消息一传开，第二天，另一批来拜《梁皇忏》的数百信徒，又向星云索字。他再被逼上梁山，每人一幅，苦苦地写了一天。两天下来，收到了近千万善款。

当时佛光山正在美国洛杉矶筹建西来大学，急需用钱。他连忙把负责建校的慈庄法师找来：“这些钱够你筹备了吧？”

多年以后，星云回忆说：“我从小在寺院里长大，没有用钱的习惯，我写字不是朝‘钱’看的，只想给人欢喜罢了。不管字写得好不好，这是我第一次感觉到，自己可以‘写’出一个西来大学，从此鼓励了我对写字的信心。”

后来，国际佛光会成立，各协会常常在当地举行义卖会、筹款餐会等活动，人们往往都来跟他求一两幅字。在台湾，曾经有人出过600万新台币的高价买他一幅字，这位买字人曾一度遭遇重大挫折，痛不欲生，恰好听闻星云的讲演，深受启发，他才重新振作，东山再起，买字是基于报答的心愿。其他的字，拍出一两百万新台币的价格也经常有；叫价20万新台币的字更是千张以上。

“这些字带来的钱,我从来没有看到过，也没有用过一分，因为每一笔钱都汇归到由徒众成立的公益信托教育基金，成为社会共有。”

在大陆，星云的字也是慈善拍卖的“新宠”。爱佑慈善基金会2014年10月18日在北京举办的慈善之夜拍卖会上，高超女士捐赠了星云写的“不忘初心”。这四个字来自于《华严经》中一句经文,“不忘初心，方得始终”。其意是，只有不忘记自己最初的想法，才能有始有终地去完成自己的梦想。

经过多轮激烈角逐,“不忘初心”被万向集团鲁女士以500万元人民币拍得。拿到这幅字后，鲁女士兴奋地告诉大家：“我一拿到拍卖图录，就被星云大师的这幅墨宝所吸引，心想，今晚非我莫属。现在如愿了，真的很开心。”

尽管星云的字在慈善拍卖会上备受追捧，但他从不认为自己的字真有那么好。“据说大陆大名鼎鼎的马云曾在一次慈善拍卖会上，以368万元人民币拍了我一幅字，我觉得我的字不值那么多钱。”星云摇摇头说道。

有时候，他自己也会出席义卖活动，以字募款。但和别人不同，他看重的是参与者的心意大小，而不在于出钱多少。1994年农历春节期间，佛光山台北道场为筹建佛光大学，举

在大陆，星云的“一笔字”也是慈善拍卖的“新宠”。2014年10月18日，爱佑慈善基金会在北京举办的慈善之夜拍卖会上，高超女士捐赠的一幅星云墨宝“不忘初心”，经过多轮激烈角逐，被万向集团鲁女士以500万元人民币拍得。

办了一系列“佛光缘艺术精品义卖”活动，其中有一场穿插义卖星云的书法。“2 万”“6 万”“10 万”，人们情绪高涨，叫价不断攀升。有一位随父亲来参加活动的小朋友王并，手中紧紧攥着仅有的一张 100 元钞票，焦急地听着四处响起的天价竞标声。

“20 万！”就在这个价格被叫出的同时，王并稚嫩的童音喊出了“100 元！”

刹那间，鼎沸的人声静了下来。

“好，100 元给这个小朋友。”星云毫不犹豫。为了鼓励王并年幼行善，他又额外赠送了一幅字。王并高兴得手舞足蹈，会场上响起了热烈的掌声。

事后，有人问星云：“您的字有的卖 100 万元，有的卖 100 元，其中有什么差别吗？”

星云答道：“100 万元和 100 元，在我看来都是一样的，我只看见心意，不见数目。”顿了顿，他补充道：“我很敬重小人物。”

由此足见星云“大慈过人”。

字字都是菩提果

80 岁左右时，因长期患糖尿病，星云视线模糊，几近失明，但世界各地的信众并未停止求他的墨宝。为满足信众的心愿，他坚持每天一起床就写字，临睡前也写字，会前会后还见缝插针地写字。

“现在我眼睛看不清，手也抖动不停，坚持写字，只能靠心帮忙。我小时候出家时，老师经常不准我们睁开眼睛。眼睛一睁，他就给我一个耳光：你看什么？什么东西是你的？从那时候起，我就经常闭起眼睛训练自己十天半个月不看东西。渐渐地，走路、转弯、上坡下坡，我都能如履平地。没想到，‘不看’这个本领，到了老年很管用，使我的心力很强。现在一张纸摊开，虽然眼睛模糊看不清楚，但我心里明白要写什么。”

“那怎么写呢？”我们问道。

“我心里有预算，这几个字，我要把它们从头到尾一笔写下来，不能中断。中断了再从哪里开始，我就不知道了。所以我想，这就是‘一笔字’嘛！”星云说，“其实这‘一笔字’写得不是很好，所以，我常叫人不要看我的字，要看我的心。我自己自许，我要让我的心比字更好。”

用心写字，这恰是星云书法的可贵之处。对他来说，一幅字就只有一个念头、一个心愿、一句佛语，所以有人说：“看星云大师的‘一笔字’，就如倾听他的心。”也有人说：“星云大师的字入禅意，有乾坤；那是无声的说法，句句珠玑，字字禅机，能带你了悟佛心。”“他要说的道理，就在笔顺滑过的电光火石间，不被地域、岁月限制。”

现在星云年岁渐高，但他依然坚持每天至少书写三回，而且写完还要徒弟们“挑刺”。有一次，大陆一位信徒托萧师姑向星云求一部手写的《心经》，星云答应了。但碍于纸张的大小，句子的长短，加上经文里有许多难写的字，视力模糊的星云只能一次又一次重写，方能完整写完一部《心经》。好不容易完成这部作品，星云请徒弟们帮他看看，他写得怎么样。徒弟们认真地一张张挑选，“这个字写得看不清楚”“这张字距不好”“那张有点问题”……星云一直默默地点头说：“好，我再写。”徒弟们说，每次“挑刺”都不忍心，但是谁也拗不过星云那种精益求精的态度，那份随缘度众的菩萨心。

“一笔字”传到大陆后，因其与众不同，受到人们的青睐。文化部前副部长、中国艺术研究院院长王文章说：“星云大师的‘一笔字’超越了一般的书法理论和要求，神采生动，气韵流畅，法象自然，适眼合心，让人联想到禅的境界，‘青青翠竹，皆是法身；郁郁黄花，无非般若’。”在超越了俗世“规矩”和“方法”的行云流水般墨迹中，自有一种鲜活灵动的美和深刻的禅意。他觉得，一旦沉入星云“一笔字”的笔意里，可以深刻体会到佛家虽有“八万四千法门”，但“法无定法”的道理。

王文章说得没错。北京一家文化公司的张女士 2012 年到佛光山拜访星云，在亲眼目睹了星云书写“一笔字”的情景后，对星云敬佩不已：

“大师写‘一笔字’的难度远远超出了我的想象。早晨，萧师姑给他研好墨，铺好宣纸，放好笔。笔有大号的，也有小号的。妙香法师站在师父对面，用两只手拉着纸前端的两个角。大师拿起笔，略作思考，便挥毫落纸，运笔如神，苍劲有力。第一个字刚写完，妙香就恰到好处地把纸往前拉，大师不停笔，笔走龙蛇，如行云流水，‘千禧万福’四个大字，一气呵成，跃然纸上。

“这一笔写下来，看似容易，其实不然。且不说大师眼睛看不见，如果两个弟子与师父没有心灵感应，配合不默契，就很难圆满。萧师姑帮大师蘸墨有很讲究，墨多了，下笔会很粗，笔锋出不来；墨少了，后面的字没有神采，甚至写不了4个字。只有恰到好处，大师才能走笔疾书，一挥而就。妙香法师拉纸也要恰到好处，快了，字间距会大；慢了，字间距小，有时上下两个字会挤在一起，一幅字就很不协调。所以，妙香法师每次拉纸时，都会屏住呼吸，聚精会神，用心感应大师运笔的速度，如果一笔写不完，第二笔可就麻烦了。

“再看写的那些内容，全是劝人向善、积极乐观、通达湛然的哲理、格言和偈句，每一幅字都能感受到大师的修为、对众生的期许和教诲。”

星云写完便离开了，张女士越看越喜欢：“我要收藏大师1000万元人民币的字。”当这句话脱口而出时，她自己都被吓了一跳，但内心十分坚定。

没多久，星云闻听此事，特意让妙广法师转告张女士：“我从来不卖字，如果张女士真喜欢，字我免费赠送，她可将这笔功德款捐给宜兴大觉寺，那里修建寺庙，正需要钱。”

几个月后，已经回到北京的张女士接到了佛光山觉舫法师的电话。觉舫告诉她，自己即将从台湾前往北京，完成在北京大学的博士课程，此行极为重要的一件事，就是受萧碧霞师姑托付，把星云精心写好的“一笔字”带给她。

此时，张女士却成了热锅上的蚂蚁。她在《辛亥百年》邮册上投资的款项未能如期收回，资金暂时发生了困难。但她无论如何都不愿失信于星云，无奈之下，她拨通了泰富集团董事长杨天夫先生的电话。

“杨总，我想卖一套房子给您。”

“为什么现在卖房子？楼市如此低迷。”

“正因为卖不了好价钱，所以卖给您，至少落个人情。”

“这么急，卖房子干什么？”

“买字。”

“买字？！”

于是，张女士讲了请星云“一笔字”的缘由：“迄今为止，全世界还没有任何一个人是眼睛看不见，完全用心写字的人。那些一笔一画的作品，不仅仅是字，它折射出大师的佛学修养、人格特质，展现的可是星云大师的慈悲心呀！”

没想到，杨天夫爽快地说：“我没有见过星云大师，也没有见过他的书法，但我从李自健口中知道他是一位非常了不起的高僧大德，我愿意帮你完成这个心愿。房子你别卖了，建大觉寺需要钱我出，书法作品我替你保管。”

这可是大出张女士意料。杨天夫自幼喜欢航模，后来投身电机制造业，是中国电机制造业的一匹“黑马”。2008年，他打造的泰富集团在纳斯达克“闪电”上市，创造了中国公司在美国上市所需时间最短的纪录。2011年，他不满美国的“做空”机制，又带领泰富集团退出纳斯达克，成为中国第一个成功从纳斯达克退市的企业，从而被视作敢吃美国退市

“螃蟹”的英雄。没想到这样一个纵横中美市场的企业家，却与星云的画家弟子李自健因油画《一封家书》而结缘。

那是2010年秋天，在西安美术馆，杨天夫偶然看到这幅画，眼前一亮：画面上的年轻母亲手持一封家书，深情地遥望远方。对远方亲人的思念静静地流淌在画面上。年轻母亲那份柔美，那份痴情，那份无奈，那份淡淡的忧愁，深深打动了他。

“我们企业6万多人，他们远离妻子儿女，一年到头忙碌在生产第一线，他们的家人，就像这位年轻的母亲一样，期盼他们回家团聚，他们真的不容易。这幅画，让我感觉到了自己身上的责任。”

他想买下这幅画，但李自健说，此画已有买主。看着杨天夫失望的神情，李自健不由问道：“你为什么喜欢这幅画？”

得知杨天夫买画的缘由时，李自健大为感动，他决定说服原来的买主将这幅画让给杨天夫。

两人相见恨晚，有说不完的话。当杨天夫得知李自健是星云的弟子，终生致力于“人性与爱”的艺术事业时，他马上表示，自己可以成立一个“人性与爱”李自健艺术支持会，将“人性与爱”的艺术事业进行到底。

正因为有这番前缘，杨天夫才会连星云的面都未见一次，字也未看一眼，就将1000万元人民币汇给了宜兴大觉寺。

最终，又因为他的善意，他和星云一见如故，结下了忘年交。

2012年底，从未进过寺院的杨天夫，来到正在建设中的宜兴大觉寺。星云知道杨天夫要来，早早坐着轮椅，在寺院门口等候。杨天夫看到寒风中的星云，感动与敬重之情油然而生。

“大师，今天是我第一次走进寺庙，我是那种生性执着的人，一直在追逐实业兴国的梦想，因为我相信，有梦想驱动的企业才会有持续发展的动力。”

星云点点头：“我一生的梦想就是‘万家生佛’。我过去一直在大陆讲‘幸福与安乐’，今后我也要讲‘看见梦想的力量’。”

两人从梦想开始，谈得十分投缘。杨天夫毫无保留地向星云倾诉，星云觉得眼前是个有责任感的儒商。杨天夫得知星云要在大陆筹建“星云文化教育公益基金会”，专门从事文化艺术、教育、学术研究等领域的公益活动后，主动提出要为基金会捐赠1000万元人民币。星云则决定，把来年在中国国家博物馆展览过的200幅“一笔字”及其他艺术品赠送给他。

至今，杨天夫依然珍藏着这些“一笔字”。他说，这字字皆是菩提果，笔笔都是智慧灯。

全球巡展　以字结缘

喜欢星云“一笔字”的人，远远不止艺术家和企业家。近年来，随着佛教热的持续升温，星云的书法作品在普通大众中可谓一字难求。

2005 年 4 月，马来西亚国家画廊举办了“觉有情”大型展览，这是星云“一笔字”在世界上首次巡回展出。何为“觉有情”？星云说：“我写的字是为了满足有情众生之愿，书写时无不希望获得者能自我勉励，心生欢喜。过去，我以言语说法与世人结缘；现在，则以墨迹与世人结缘，故取此名。”

继马来西亚首展之后，“一笔字”又在美国、澳大利亚、新加坡、香港等国家和地区展出，每次都广受欢迎。尤其是 2010 年，受赞比亚驻维也纳联合国机构大使苏哈博士的邀请，星云的书法作品到联合国机构展出。这是历史上第一次有佛教人士的作品在联合国展出，150 多个国家的代表参观，并加深了对中国文化和佛教文化的了解。

这期间，星云的“一笔字”书法也曾在祖国大陆少数城市展出过，但多数人因为没能一饱眼福而感到遗憾。为了满足更多人的愿望，中国艺术研究院与台湾佛光山文教基金会决定 2013 年在大陆共同主办“星云大师一笔字书法巡回展”。

由于高雄离海口的飞行距离较近，巡展从最南端的海南省开始，一路北上。2013 年 1 月 6 日，“星云大师一笔字书法展”在海南省博物馆拉开巡展序幕，共展出了星云书写的《应世无畏》《行佛》《全家好》等 55 幅书法作品以及他题字的瓷器等 26 件物品。

在开幕式上，星云被搀扶着站起来。他说：“86 年前，我出生在中国江苏扬州一个贫苦的家庭。74 年前，我在南京栖霞寺出家做了和尚，是扬子江的水和佛教的寺院成就了我的青少年。现在，我是人在台湾、心在大陆、行走世界。”顿了顿，他说，“我不是什么书法家，我只是因为多年的糖尿病，眼睛看不见了，不能看书，不能看电视，不得已，总要有个事情做，就写字。看不清字，我就用心写，一笔写下来，不间断，所以叫‘一笔字’。”

说罢，他当场挥毫，写下了“协力同心”“道行天下”“海南无边”“仁政仁心”“吉祥如意”五幅“一笔字”，赠与海南省。

海峡两岸关系协会会长陈云林，海南省委书记、省人大常委会主任罗保铭出席了开幕式。罗保铭和星云还共同为海峡两岸（海南）文化交流联合会的成立揭牌。

在海南的首展共进行了 15 天，全部免费对公众开放，观众络绎不绝。

2013 年 4 月 20 日，“星云大师一笔字书法展”在中国国家博物馆隆重开幕，中国文联主席孙家正、全国人大常委会原副委员长许嘉璐、中华文化学院党组书记兼第一副院长叶小文等嘉宾出席。

开幕式后，中共中央政治局常委、全国政协主席俞正声在人民大会堂接见了星云。俞正声充分肯定星云多年来情系中华，为推动两岸交往，特别是文化交流作出的重要贡献。

自 2013 年之后，巡展一直在大陆延续，目前仍有不少省市在陆续举办。

在展览中，热情的观众不仅想看星云的字，还希望一睹星云的风采，尤其希望能当面聆听满腹经纶、擅讲故事的星云演讲。于是乎，几乎每场“一笔字”的巡展，都增加了星云的演讲。

演讲妙解“中国梦”

2013年11月，“一笔字书法展”在广东省博物馆举办期间，星云在广州中山纪念堂给3000多名听众演讲“看见梦想的力量”。此时，大陆处处热议中国梦，星云对习总书记提出的中国梦大为赞成，“这个理念给天下中国人新的力量，新的希望，所以最近几年，在中国大陆，无论走到哪里，我的演讲都是这个主题”。

这次在广州演讲，他用16个字概括了自己的梦想——“中华团结，万家生佛，社会和谐，人民安乐”。他说：“梦是一种力量，帮助我们达成愿望，实现理想！”

主题一样，但他每次谈的内容并不重复，总能结合当地的人文地理，纵论古今，从一个个人物故事入手，讲述梦的力量。由于在广东，他首先提到了六祖慧能的梦想——

六祖慧能出生在广东，本是穷人，可他有梦想。他自感和佛有缘，于是北上找到五祖弘忍，想要研习佛法。五祖弘忍听说慧能从岭南来，便说岭南人没有佛性，学佛无用。慧能听后说：“人有南北之分，难道佛性也有南北之分么？”

弘忍一听，感觉这个小伙子不简单，便将其收留了。

后来，弘忍命弟子们作偈呈验，以选拔传法继承人，慧能于是作了一首偈：“菩提本无树，明镜亦非台。本来无一物，何处惹尘埃。”此作受到弘忍首肯，于是将衣钵授予了慧能，这才有了禅宗的六祖慧能。

慧能曾隐居广东十余年，有一日到了广州法性寺。印宗法师正在寺内讲《涅槃经》，时有风吹幡动。一个僧人说是风动，另一个僧人说是幡动，争论不休。慧能进来说："不是风动，亦非幡动，仁者心动。"印宗法师肃然起敬，拜慧能为师。

星云把慧能追逐梦想、立志学佛的故事讲得生动有趣。继而，他又讲起玄奘大师心怀梦想、成就大业的故事——

"玄奘就像佛教界的孔子。孔子为儒教立下经典，玄奘为佛教求来经典。在唐朝时，佛教经典来自印度，但很多都不完整，翻译过来的内容也不太可靠。26 岁的玄奘立下一个宏大的梦想，要到西天印度求取佛经。取经的路那么艰苦，经过八百里流沙时，上无飞鸟，下无走兽，但玄奘都克服了，花 10 多年时间求回了真经。"

星云用玄奘的故事勉励大家："人生在世是无常的，但正因为世道变化难以预料，所以人们才要抱持希望。一个人本来穷，但努力勤劳去做事，就可以变富有；有的人刚开始笨，但用功用心进取，就没有人说他笨了。"

2014 年 6 月，"一笔字"在山东博物馆展览时，星云不仅在博物馆和山东大学作了演讲，还应滨州市之邀前去演讲。滨州是山东北部的一个地级市，离济南约两个小时的车程。星云来山东之前，曾生病住院，连续输了 7 天液，身体十分虚弱。在济南山东博物馆举行的开幕式上，他的讲话已是勉强支撑，时不时停下来咳嗽。到滨州路途远，天气热，大家都劝他放弃，可他不同意："怎么能让滨州 3000 多名听众失望呢？万一我真的撑不住，也要到现场给听众说声抱歉，再让弟子慧宽法师替我把演讲讲完，这才对滨州听众有个交代。不去，使不得。”

在星云的坚持下，弟子们只得安排医生全程陪同星云前往。

那天上午，容纳几千人的滨州明珠剧院座无虚席，星云用自己的经历讲述“看见梦想的力量”。

他说，中国有句老话“人生是一场梦”，他自己从小就爱做梦。小时候家里穷，他就梦想帮父母改变三餐不继的生活。随着年龄增长，他的梦愈做愈大，勤劳的梦、慈悲的梦、做对人类有贡献的和尚的梦。出家后，他刻苦学习，后来自己办学校、办媒体，将佛法弘传于世界。他一生的梦想如今都一一实现。他鼓励听众不要安于现状，要勇于做梦，不畏艰难。

“懦弱、懒惰的人才会觉得苦，意志不坚定、毅力不够的人才会觉得难。我的眼睛几乎看不清了，腿脚也不方便，但我从来不觉得这是苦。对于勤学的人，苦难是一种教诲，是一种向上的力量。苦难让我们勇敢，让我们奋斗，遇到困难不要放弃，而是要看见梦想的力量，努力去克服。经历过苦和难的人，会开拓出另一片新天地。”

星云说，胡锦涛总书记提倡和谐社会，习近平总书记提倡中国梦，都有道理。对于中国梦，他有自己的见解：“实现中国梦不仅要建高楼大厦，修高速公路，也要让中国人重温诗书礼乐、遵从仁义道德，实现心灵的净化，这样才能对国家前途有益。”

“现在我还有4个梦想。”星云接着说，“其一希望中华团结，没有分别，中华地大物博，人口众多，如果大家能团结在一起，没有分歧，那将会是很大的力量；其二希望万家生佛缘，与佛结缘，人人平安；其三希望社会和谐；其四希望人民安乐。”

每每说到中国梦，星云也提及他倡导的“三好”“四给”“五和”——做好事、说好话、存好心；给人信心、给人欢喜、给人希望、给人方便；自心和悦、家庭和顺、人我和敬、社会和谐、世界和平。他认为，这些也是梦想。“梦要有行动，把自己的条件用起来，梦才会成真。梦想在于人为，有志者事竟成。”

此次在滨州演讲时，山东正在处理由邪教组织制造的血案。有人向他提问：如何看待信仰问题？星云回答说：“宁可不信，也别信邪。要信就要信正信，佛教要正信，‘人间佛教’就是正信，佛弟子们都正信就好了。”

又有人问：“您对滨州的印象如何？何时再来？”

星云称赞滨州听众有文化，不大声讲话，不随意走动，体现了人的气质、智慧、礼让。“有缘分就来了，你们也可以去台湾佛光山。你来我往，我往你来，来来往往，就和平统一了。你去，我也来。”

话音刚落，数千人的会场爆发出雷鸣般的掌声。

星云不仅演讲精彩，当场回答问题更精彩，既充满智慧，又风趣幽默，他尤其喜欢用富有哲理的故事启人心智。

“一笔字”在厦门博物馆展出时，星云给4000名听众演讲。一位男士提问说，自己年轻时，冲劲很大，经常意气用事；随着年龄增大，会冷静些，但有时还是会冲动。如何才能克服“分别心”，以更平和、更公平的态度来看待世界？

星云用一对夫妻为假想中的情敌而吵架的故事来回答他：

有对夫妻在结婚一周年纪念日到来时，很高兴，在家里庆祝。太太到地窖里拿酒，结果，酒缸一打开，太太吓一跳。星云学着太太的口吻叫起来：“哎呀！老公不正派，居然藏了一个美女在这里面，嗨，给我发现了！”

太太气愤地跑上去和先生吵架：“你怎么在酒缸里面藏着一个女人啊？”先生很纳闷，跑到酒窖去看。这时，星云又学着那位先生的口气哼道：“你这个贱人，你藏了男人在里面，还说我藏女人！”

夫妻俩开始吵架，你说我藏男人，我说你藏女人。最后，被他们的师父听到了。他拿了一块石头，把这个酒缸打破了，酒流走了。这里面，男人也没有，女人也没有。

讲完这个故事后，星云说：“我们常常为了假相的执着，误会啊，冤枉啊，就不能见到真相。《金刚经》的‘凡所有相，皆是虚妄’，说的就是这个。”

有些问题问得刁钻、棘手，星云也能从容化解。

有一次，有位听众问他：“大师，我平时没时间拜佛，临时抱佛脚行吗？”

“临时抱总比不抱好。”

那人又问：“佛很多，哪一尊最大？”

“你最大！”

另一位接着追问：“世界上的宗教领袖，哪一个最好？”

“你喜欢的那个就最好。”

还有些问题，与佛法、与人生的困惑毫无关系，问得千奇百怪，五花八门，星云也答得妙语连珠，蕴含禅意。

在长沙，有人问他：“湖南卫视的节目好看，还是央视的好看？”他回答说：“不比较，不计较。”顿时博得满堂喝彩。

星云接着解释说，人的烦恼都是从比较、计较而来。襁褓期间，婴儿运用触觉，“比较”谁的疼爱多，借着哭声表达自己的“计较”；上学读书时，又“比较”谁的分数高，“计较”老师是否偏心；踏入社会以后，则“比较”谁的待遇好，“计较”老板是否公平；父母去世了，还要“比较”谁的财产分得多，“计较”遗嘱是否公正。有了比较、计较，一切的分别于是而起，纷争也应运而生。古来兄弟反目乃至骨肉相残的惨剧，诸如西汉的七国之乱等，莫不是由比较、计较而引起。我们唯有抱持“不比较、不计较”的态度待人处事，才能允执厥中，得其所在。

每次演讲和回答问题，都是一连几个小时，星云从来没有安排过中场休息，他不仅不动窝，连水都不喝一口。何止讲话时不喝水，早在演讲前两三个小时，他就不吃不喝了。为什么？因为他行动不便，怕在演讲中途有内急，影响演讲。

年近90的人，一站接一站的巡展，一环套一环的演讲，这是常人难以想象的辛劳。每到一个地方，一天的日程都排得满满的——开幕式、演讲、答问、当众挥毫“一笔字”、跟信众照相、会见宾客。从早到晚，几乎没有时间休息。以 2014 年 6 月 7 日为例，他上午 10 点刚刚参加完大连“一笔字书法展”的开幕式和演讲，顾不上休息，就飞往济南。下午 3 点，刚下飞机，就赶往记者发布会。晚上 6 点多，回到山东大厦，竟在轮椅上睡着了，晚饭也没吃。晚上快 10 点时，萧师姑找到刚抵达酒店的赵翠慧，让她把从台湾带来的方便面送到大师的房间。

大师吃方便面？我们听了，十分惊讶。山东大厦是济南最好的酒店之一，餐饮水平一流，更何况为了确保星云山东之行圆满，酒店从上到下做了精细的安排，专门准备了精美可口的素菜，只要一个电话，饭菜就会送来，为什么要泡面呢？

萧师姑说：“师父就是这样，知道酒店工作人员已下班，不忍心让厨师为他做一碗面而加班，他向来都是吃泡面的。”

我们四下一看，萧师姑的房间里不仅锅碗瓢盆俱全，竟连油盐酱醋和番茄酱等各种佐料也一个不少，都是她随身携带的。“师父说每天让酒店准备素菜，太麻烦人家；而且每次准备得太丰盛，吃不完太浪费。他吩咐我做些小菜、煮点面条凑合一顿算了。几十年，他已习惯粗茶淡饭。”

闲谈中，泡面做好了。我们坐在星云对面，静静地看着他坐在轮椅上，有滋有味地吃着方便面。

此情此景，如果不是亲眼所见，我们如何会相信一个名满天下的高僧在五星级酒店里吃泡面？我们忍不住问萧师姑：“为什么把大师的活动安排得这么紧呢？他毕竟是快 90 岁的人了。”

萧师姑悄悄答道："这都是大师自己要求的，正因为年纪大了，他想一天当几天用，希望在有生之年，尽可能多地弘法利生。"

第十七章

不忘初心

星云一路走来，经过无数磨难，
踏平各种坎坷，成为令人敬佩的一代高僧。
问他何以从平凡走向非凡，
他的答案只有简简单单四个字：不忘初心。

星云一路走来，经过无数磨难，踏平各种坎坷，成为令人敬佩的一代高僧。问他何以从平凡走向非凡，他的答案只有简简单单四个字：不忘初心。

“我当初选择做和尚，和尚也不容易做呀，有痛苦，也很辛苦。可是家里并没人逼迫我，外面也没人诱惑我，是我自己愿意的。我最初的心愿，叫做初心，我牢记不忘，始终忍耐。吃亏、委屈，都甘愿。谁让我自己选择的呢？苦，是一种学习，一种训练。穷，我并没有感觉不好，反倒是愿意享受这个穷。我今天跟你们坦白讲，你们看到我，觉得师父了不起，万人崇拜，要什么有什么。实际上我这一生，连独立的办公桌都没有一张，这个就是我的办公桌。”他敲敲面前的宜兴大觉寺会议桌，“连抽屉也没有一个，我到哪里都这样。”

追求空无

星云一生简朴，年幼时家境贫寒，出家后僧多粥少，而且师父志开上人从一开始就对他进行了“苦行僧”的严格训练，使他有“一切都不是你的”的初心。

“有一回，我受到一位师长的责罚，师父知道我受了委屈，遣人叫我去问话。一番开导之后，问起我的近况，我坦然告诉他，衣单不全，纸笔不周。他不但没有给我丝毫安慰，反而端起桌上的一杯茶，说道：‘你以为没有钱，我就会给你吗？明白告诉你，我把喝茶的茶叶钱省下来给你，你也用不完，但我就是不给你。什么道理，我现在不说，你将来自然会明白。’听了师父这番话，我心里一直不以为然，甚至想：‘你不给就算了，何必讲这许多好听的话？’后来我终于明白师父的苦心：那是他爱护我，希望养成我在物质上以无为有、不贪的性格。”

还有一件事，更让他终生铭记。那是他刚出家的第二天，一大早，外面传来大喊大叫的声音，那叫声很凄惨。于是，他蹑手蹑脚走到门口，悄悄扒开门缝向外看：“哎呀！一个知客师正在用木棍死命殴打一个香灯师，打得他鼻青脸肿，木头屑子乱飞。为什么？因为他私自化缘，就5块钱。”

“后来才知道，我们栖霞寺的和尚虽然连饭都没得吃，但也不许化缘，尤其不能利用自己的便利私自化缘。我一看，哦，是这样，我记住了，穷不要紧，再穷也不能随便要钱。”

星云说，“我从此就养成了这种性格。在台湾，所有的信徒都欣赏我这一点。”

在栖霞寺经历的点点滴滴，铭刻在他的记忆里，对他一生影响深远。从此，“以无为有”成了他一生的追求。

这种“无”，对他个人来说，除了生存所需的穿衣吃饭之外，他一无所求，一无所有。衣为遮体，饭为存活。当年佛陀在世，也不过如此。星云一生生活简朴，过去生活条件差，衣服仅两套可供换洗；现在当了师父长老，尽管有人为他缝制衣服，有人向他赠送衣服，他仍是两套衣服就够了，多余的统统送给弟子。过去没有太多的东西吃，只有一菜一饭，“现在我已经是个老和尚了，还是维持少年时期在丛林里养成的习惯，即便面前摆有五六种菜肴，我还是选择一饭一菜，甚至不要饭菜，就是一碗面已很够味了。”

星云患糖尿病后，高雄长庚医院的营养师给他开了食谱，让他少吃主食，多食蔬菜。虽然有了医生的食谱，但他的血糖控制从来都不达标。“因为我一直都喜欢吃饭吃面，主食中如果没有饭或面，简直就感觉像没有吃东西一样，蔬菜吃得很少。”

我们觉得，星云的糖尿病，或许就跟他偏爱主食有关。他却并不这么认为。“我的家族没有糖尿病史，我也不贪吃，我探究了一番，觉得必然是我曾经多次处于极度饥饿的状态下，让胰脏有所损伤，因此糖尿病就跟随到我身上了。”

他不仅自己喜欢简食，也希望其他人能够如此。“我到处开设‘滴水坊’，就是要提倡简食。你来，吃一碗面，我可以不收你的费用。只要你喜欢，你随意添油香。或者吃一盘炒饭，只要吃出美味，吃饱就好。”除了“滴水坊”，他还发明了“素斋谈禅”。

星云认为素食最能增进健康，增加耐力。“你看，牛吃草，也是素食者，但它耕田拉磨，耐力很强；马吃草，也是素食动物，但它日行千里，非常勇猛；骆驼吃草，也应算是素食动物，但耐旱、耐劳、耐苦，有‘沙漠之舟’的美称；兽类中，大象的力量最大，它还是素食动物，狮虎都不是它的对手；飞禽里，赛鸽也是素食者，它只吃黄豆米粮，但可以飞行千里。由此可以见得，素食者不但仁慈、长寿，还最有耐力，这是不争的事实。很多老和尚一生素食，到了年老还是精神矍铄，体力强健，这是不无道理的。”

他不仅习惯于简食、素食，还喜欢自己动手做饭。当然，那是他眼睛还能看得见的时候。“现在的年轻人只要一提到做饭菜，就好像天难地难一样，我倒是想不通这是什么道理。我自己生来就喜欢煮饭、煮菜，有‘典座’（寺庙里负责大众斋粥的职称）的性格，也自觉在烹调方面无师自通，还曾经做过一段时间负责掌勺炒菜的‘菜头’，可惜我做的时间不长。”

星云对做斋饭的无师自通，可能遗传了父亲善做素菜的基因。后来，星云经常教弟子们如何做菜烹调，但“一般人都执着于自己的成见，不容易进步，只有萧碧霞师姑对我的意见言听计从，现在大家都喜欢吃萧师姑的饭菜。佛光山宴客，也是请萧师姑来掌大厨。现在，萧师姑的素食料理已经进入高层次的阶段，成了料理高手，并闻名于世。不过，她喜欢用套餐宴客，对我的‘简食运动’已经看不上，所以现在只能各行其道了。而我自己因为不能做典座、饭头，一直觉得是一生的遗憾，就如同顺治皇帝所说的：‘我本西方一衲子，为何生在帝王家。’我也有这种感叹：‘我本愿做饭头师，不幸现在做大师。’”

这种“无”，让他看淡金钱。“台湾有个王永庆，富可敌国，身家几千亿。有人常跟我说，师父啊，你是出家了，你要没出家你就是王永庆啊！以此夸奖我很会经营，能够发财。我心里想，王永庆有什么了不起？他是台湾‘经营之神’，很会赚钱，但赚钱就是富有吗？他和我没有可比性，他最多有工厂，有公司，这才多少？我心中有世界，有宇宙，他怎么能跟我比？我们每个出家人，心胸都很大。”

他常常讲一个故事：有一个大富翁，在高楼上的办公室里对着计算机统计，这里赚了多少钱，那里又赚了多少钱，几百万，几千万。算着算着，他停下来叹道：“唉，烦恼啊，钱太多了！”俯身一看，楼下小巷子里有个违章搭建的破房子，里面住着一对新婚小夫妻，一个在弹琴，一个在唱歌。大富翁自言自语：“莫名其妙，他们穷成那个样子，蜗居在此，还唱歌弹琴？我这么多钱都这么烦恼，他们真是不知死活！”旁边的秘书听到了，说：“董事长，您也可把烦恼分给他们嘛！”

“烦恼怎么分给他们？”

“你给他们 100 万好吗？”

“给他们 100 万他们倒富贵起来了。怎么会烦恼？”

“您可以试一试嘛，有钱人 100 万也不在乎。”

“好，给他 100 万。”

秘书拿着 100 万来到小夫妻的门口：“我们董事长赏识你们，给你们 100 万。”

小夫妻高兴得叫起来：“哎呀，不得了！天上掉下来 100 万！”晚上要睡觉了，简陋的房子，门窗都不坚固。万一小偷来了，怎么办？又没有橱柜，这钱放到哪里？床下？不行，太不安全。枕头下？不行，枕得太高了。夫妻俩一直在研究这 100 万放到哪里，天亮了。妻子突然醒悟过来：“我们上当了，那个富人把烦恼给了我们。我们本来很快乐，唱唱歌，弹弹琴，现在为了这个 100 万，觉都没有睡。”于是，小夫妻拿着这 100 万找到董事长：“大老板，这是你的烦恼，我们还给你。”

所以，有钱也不代表幸福。星云继续道：“平安就是幸福，平平安安，穷苦也幸福。有人问：穷苦怎么叫幸福？苦不堪言。其实不然，举个例子，孔老夫子的学生颜回，住在陋巷里，‘人不堪其忧’，都觉得他太可怜了，家里碗筷都不全。穷到这样子，他却很快乐。孔子说：‘贤哉回也！一箪食，一瓢饮，在陋巷，人不堪其忧，回也不改其乐。’看似苦，他却快乐。有些人就是以苦为乐的。佛陀的十大弟子之一大迦叶尊者，他就喜欢住在山洞里，住在树下，住在水边。佛陀说，你都是长老了，回到僧团里来吧。他说，这是我的乐趣，在苦中才能体会到的乐趣。”

这种“无”，让他以“空无”为乐。“你们在家人，有妻子儿女，有家庭事业，以此为乐。我们出家人不是，我们的快乐，我认为是更高的快乐，以空无为乐，空才是最大的。你有一栋房子，两栋房子，有什么了不起？我有空无。你的‘有’是有限的，有穷有尽的。我的‘无’，是无限的，无穷无尽的。这就是心中无限。我们佛光山1000多个出家人，不管他有修行还是没有修行，不管他有智慧还是没智慧，不管他年龄大还是年龄小，你问他出家懊悔不懊悔？他肯定会说，不懊悔！你问他出家快乐不快乐？他一定会说，出家好！这不是我叫他们说的，他们自己感觉得到。比方你成婚，情爱是快乐，但情爱也有苦恼啊，也有挂碍。你独身，形式上是独身，但你心里面需要的却很多，要留学，要这样，要那样。出家人觉得这都不是我的，又都是我的，要不要就没那么重要了，一切顺其自然。”

这种“无”，让他对弟子不断施与。他一生中不大喜欢的事情，就包括收红包，可红包却是几千年来的中国传统文化之一。信徒对佛祖可以上香、献花，对自己的师父，只有送个红包表示谢意。他在佛光山有1000多个弟子，要是都送红包给他，该怎么办？所以，他不要弟子们给他送红包。一定要送，就让常住把红包收集起来，逢年过节再分发给大家。至于社会上的信徒送红包，他坚决不收。“有的信徒想给我红包，几年都没机会送到我手上。偶尔遇到我了，他放在皮包里的红包拿出来，已经烂了。这份心意实在让我感动，但信徒确实没有必要给红包。在佛门里，布施供养，是初品的功德；假如出一点力气，那是二品的功德；如果能说好话，那就是三品的功德。其实，不一定用钱，也不一定出力、说好话，只要看到人家做好事，我们随着欢喜，那就是上等上品的功德呐!”

虽然他不要红包，但对弟子们身上有没有零用钱，他非常关心。

当年，他有50个出家徒弟的时候，就想：“我是师父，他们出了家，我总要为他们想，让他们满足，让他们不缺什么东西。”那时候在台湾，徒弟要拿钱供养师父，供养到多少，师父才肯收你。星云很惊讶。“我们大陆的师父不是这样，师父是父母，徒弟是儿女。我能养得了这么多儿女吗？我自己要有这个能力，才能收留他们。”于是，他写文章、写书，靠着稿费的积蓄有了这个能力。虽说出家人用钱不多，只要够日常生活就行了，“但是我要为他们想啊，他们有没有鞋子？有没有袜子？有没有牙刷牙膏？这么多弟子，有的是富人家的，有的是穷人家的。但谁穷谁富我不知道，我只好拿出积攒的稿费，把钱摆在我座位屏风的后面，跟徒弟们讲：‘我也不知道你们各人需要多少钱，你有钱，我给你一万，你一块都不需要；他没有钱，我给他一万，他要买个计算机，要一万一，还差一千怎么办？世间要平衡，任何东西只够我们需要就好了。现在，你们到屏风后面去，桌上有一排钱，你要多少就拿多少。不要，你也去一下，你不过去一下，别人需要的就不好意思去了’。之后，我再去看看那些钱，还剩不少。每个出家人都有道德观念，有师徒感情。他也会想：师父很辛苦，建寺院，搞建设，我怎么可以拿太多钱？很多人都不拿，少数人拿一两百块，去买个笔，买本书。这就好了，他很满足，他不贪。出家人的心情和不出家的人是不一样的。”

弘法路上

星云不忘初心，始终把弘法作为一生己任。在推动“人间佛教”的过程中，除了极力在世界各地建寺庙道场，他还到处演讲。为此，他一年大约要绕地球两圈半，平均每天旅行160公里，有时一个月足迹就踏遍四大洲十多个国家和地区。如今，他虽已年近90，仍初心不改，弘法路上，永不止步。图为2014年新春，他乘火车去台北演讲。

这个“屏风取钱”的办法很有意思，“我在实践‘用者所需’的制度，我觉得这才是公平，这也可以算是一种‘共产主义’了吧？”

当然，总有人不相信他的“无”。没钱，怎么能在佛光山建那么多的房子？在世界上建了那么多的道场？在大陆建那么大的祖庭？“有人说星云很有钱。可我一生没有存款，也没有去银行开过存折，经常囊空如洗。当年买佛光山这块地，是用卖掉高雄市中山路佛教文化服务处的钱。最近几年，我的一些拙作在大陆发行，有一年还传出消息，把我列入了大陆作家版税富豪排行榜。惭愧，我从来都没有拿过一块钱，也不知道版税长什么样子，因为当初我都交代了相关的徒众，那些钱要留作大陆兴建祖庭和两岸学生交流的奖学金之用。”

他常常把自己比喻成老母鸡。“我写字就等于老母鸡生蛋，老母鸡把一个蛋生下来以后，没有蛋了，它就叫‘咯咯哒，咯咯哒’，就是‘我的蛋啊，我的蛋啊’。我有时候写字，写到末了，再想看看，可是我的字呢？我的字都没有了，弟子们把它拿去给了公益基金会。”

由此可见，表面上、名义上，星云好像很有钱，但这些钱不为星云个人所有，统统属于佛光山僧团或公益基金会。

实际上，他也不希望佛光山的僧团留钱，“僧人不需要有钱，有钱就不能好好地修行”。他要把钱用于建寺庙、弘法、办教育、做慈善。

对于社会上的捐赠，他也不愿意接受大笔的资金。当初旅美船王沈家桢得知星云要创建佛光山、开办佛学院时，表示要捐献5000万美元。星云婉言谢绝了。“我知道5000万美元给我，我可以睡大觉了。如果这样，佛光山建起来也不是我的，是他的，是美国的。我不吃一家饭，要吃万家饭。”

“十方来，十方去，共成十方事；万人施，万人舍，同结万人缘”，这是星云一贯秉持的理念。建寺庙、办学校，希望众人参与，每人十块、二十块、一百块，点点滴滴聚集起来，万人心血铸成，每人都有份。所以他常常遇到资金困难，但“日日难过，日日过”。“在万般困难中，慢慢地、一步一个脚印地奋斗、发展。经过40多年，佛光山创办大学、中学、电台、报纸，还建了这么多房屋，发展全球几百个别院分院，这不就是众人共成共有吗？”

对于大众的心血，他特别珍惜，从不浪费一分钱。当年建西来寺，他连一张餐巾纸都要撕成两半用就是例子。

学会忍耐

星云说，不忘初心，对他来说，就是要吃苦、和众、发心、慈悲、苦行，而最重要的是要有忍耐的性格。作为一个出家人，如果性情暴躁、脾气急躁，与人相处不能容忍，在僧团里生活很难。

“我刚出家的时候，老师打骂，我都接受。谁叫我要出家呢？这是学习，学习就是老师有理，学生没理。如果我认为他没理，那就失去了学生的立场。所以，以前打过我的老师，在大陆改革开放后，都已经七八十岁了，我把他们请到美国、欧洲等地旅游，感谢他们当初打我、骂我、教我，让我经得起千锤百炼。”

“在一般人看来，你骂我，我不开口；你打我，我不还手，这就是忍了。但是佛教的‘忍’，远不止这些。”他说，成佛要有三十二相、八十种好，要佛慧俱全，这就是佛陀的“三祇修佛慧，百劫修相好”，相好从哪里来呢？都是从忍中修来的啊！所以，修“忍辱波罗蜜”是最重要的修行了。

在佛光山，要说能忍耐，谁也比不上星云。曾跟随他出国弘法的满益法师说：“师父的忍功是第一的，他不怕温差，从欧洲的五六度到新加坡的三十七八度，这样的气温，他穿的衣服是一样的。他一路坚持不上洗手间，有时我们都去了几次洗手间，他还是坐在那里，尤其是他后来行走不方便，就更不愿意动了，他不想麻烦别人。他坐下来，从不会换位置。有时候，出发前太阳没出来，出发后太阳透过车窗照在他身上，很热。我们跟他说：师父，这个位置太热了，换一下吧。他说不，一直坚持到最后。”

宜兴大觉寺的一位弟子也说，冬天从台湾到南京，温差很大，甚至下着雪。星云下车后，弟子们早早给他准备了帽子，但他坚持不戴。

可是，星云说，忍饥、忍寒、忍热、忍苦、忍难，这些都算平常；最难忍的，是忍委屈、忍冤枉。“出家人若是忍一口气，算不了什么，但是，你若遇上了十口气、百口气，该怎么办呢？除了忍，还能有别的办法解决吗？”

星云对于“忍”字的破解非常深刻。“‘忍’字是智慧与力量的结合。如果你只是接受，而没有力量担当，不能算忍；你有力量对付，而缺乏和谐的风格，那也不算能忍。‘忍’，是智慧中有力量，力量中有智慧。佛教里说，学习忍辱法门有三个层次，第一生忍，第二法忍，第三无生法忍。”

“所谓‘生忍’，意指我们生存在这个世间，要能保持和谐的生命，必须要能忍。‘忍’是认识、接受、担当、负责、化解、消除，更要有许多智慧和力量的美德。例如别人给我一句话、一样东西、一个责任，必须要能在接受以后，还要能担当；担当了以后，要能负责；负责了以后，要能化解；最后是要能‘消除’。但是，没有智慧，又缺乏力量，如何能办得到呢?”

他认为儒家所说的“仁”，努力养成好仁之气，喜怒不形于色，也是一种忍。“别人送一个礼品给我，其实我心里并不喜欢，但也不能拒人于千里之外，不喜欢也要接受；而我喜欢的东西，人家不肯给我，也一样要坦然接受。外境的一切事相诸缘，如称、讥、毁、誉、利、衰、苦、乐这八风，我们通通都要能接受，能担当，能负责，能化解，能消除，所谓‘大事化小，小事化了’，那才是忍的功夫。”

说到这里，他列举了禅门的一段公案——

宋朝大学士苏东坡，被皇帝贬谪在瓜洲做官时，作了一首偈语:“稽首天中天，毫光照大千；八风吹不动，端坐紫金莲。”意思是说，学佛以来佛光普照，就算八风吹动，也不会影响我了。

苏东坡写完自得，就跟书童说：“你乘船到江南金山寺，帮我将这首偈语交给大和尚佛印禅师看看。”

书童遵照吩咐，上船摇啊摇，摇到江南，登上岸，直奔金山寺。见到佛印禅师，把这首偈语呈上。

佛印禅师看了，也没说话，只在上面批了几个字，说：“把这个拿回去，还给你们的学士。”

书童又坐船回到瓜洲。苏东坡见到书童就问：“你怎么这么快就回来了？”

书童说：“禅师没有讲话，就叫我回来了。”

苏东坡说：“你怎么不等他看过我的诗偈，讲几句话，评论之后，你再回来？”

书童说：“他没有评论，只在您的诗偈上写了字。”

苏东坡：“哦，写了字啊，拿来我看！”

他原指望佛印禅师会大大地称赞一番，急忙从书童手中取回诗文。一看，上面批了“放屁”两字。

苏东坡大怒：“你这个老和尚，我看得起你，写个偈语跟你论道，你不赞叹我就算了，怎么可以恶口骂人？快准备船！我到江南金山寺和佛印禅师理论一下。”

当苏东坡到达金山寺的时候，只见佛印禅师站在门口。没等苏东坡说话，佛印禅师就哈哈大笑说：“学士啊学士！你不是八风吹不动了吗？怎么一屁就打过江了呢？”

苏东坡这下才恍然大悟，原来自己只是纸上谈兵，心底的真功夫，还差得远呢！所谓“八风吹不动”，就是“称、讥、毁、誉、利、衰、苦、乐”，都不动心。怎么人家才批评一个

“放屁”，就这么不能忍受呢？苏东坡自觉惭愧。

星云说，可见要做到“生忍”很不容易。而“法忍”，“法”就是所谓一切事相、一切语言、一切概念。人情冷暖、世间沧桑，都是“法”。“我们生存在世间，周遭的环境，一定有好与不好，你每天要跟环境赌气吗？当然不能和心外的诸法赌气。那是划不来的，必须要接受诸法，担当、负责、化解、消除，才是‘法忍’。”

所谓“无生法忍”，星云说，那是修行的最高境界。“一切法不生，一切法不灭，这是没有生死的境界。死也何尝生，生也何尝灭，那是一个不生不死的平衡法界。本来无一事，何处惹尘埃？世间的事情，所谓‘天下本无事，庸人自扰之’。没有因，就没有结果；没有生，就不会有死。如果说，人超越到一种无形无相、无往无证、空诸一切、安住‘无生法忍’中的境界，那就是禅悦法乐的人间净土了。”

听星云说“忍”，便不由自主地想起他的贫寒家境，他出家后遭遇的严酷磨炼，渡海远行的惊险，初到台湾的流离失所，开山时的艰辛……几十年不变的苦行僧弘法路，铸就了他能忍受一切的坚韧性格。

弟子满益法师说：“师父的忍耐，还体现在他不愿意麻烦别人，再苦再难，都自己扛。”星云心肌梗塞做手术时，因为满益学过护理，便被派去做术后看护。“他躺在病床上，身上插满了管子，即便如此，大小便也不想麻烦别人。我们好几个人轮流照顾他，但他说如果他没有叫我们，就说明没什么要紧的，我们就到外面客厅休息。他逐渐好转后，有一天想洗澡，当时还挂着点滴，也不叫我们，自己竟举着吊瓶去洗了，结果跌倒在浴缸里。我们听到里面‘咣当’一声响，赶紧从客厅闯进病房，床上没有人。师兄迅速进入浴室，吓了一大跳，师父跌倒在那里，赶快把他扶起来。他却哈哈一笑，说没怎么样。”

现在，星云的眼睛看不清，腿脚不方便，出行都靠轮椅，但弟子每次推他去洗手间，到门口后，他都坚持自己站起来，尽管站立都很艰难，但他一定要自己扶墙走进洗手间，一切自理。夏天洗澡，他也拒绝弟子照顾。结果 2013 年，他在洗澡间重重地摔了一跤，被送到医院治疗，很长时间才康复。

星云不愿麻烦别人、更不愿意依赖别人。他告诉我们，从前他拜佛菩萨，曾祈求得到佛菩萨的帮助。“我 20 岁左右的时候，祈祷佛陀给我智慧，给我聪明，让我进步，让我超越。后来慢慢就觉得这是错误的，就像小孩子天天要爸爸给我一块糖，妈妈给我一块钱，我天天向佛菩萨要聪明、要智慧，这怎么会有出息呢？佛陀只为我一个人，只给我聪明智慧，这不可取。后来，30 岁的时候，我就祈祷，慈悲的佛陀，请您保佑我的师长、父母，我的亲朋好友，让他们都能富贵、康乐、平安、吉祥。这说明我进步了，我不是在为自己求了，而是为别人。后来我又发现，我求的这些也都是为了我的亲友，还是我的呀！以后我再祈祷，就说，慈悲伟大的佛陀，请保佑世界和平、人民安乐、没有战争、太平盛世。这下好了，我为全世界祈求，我又进步了。再后来，发现还是错了。为什么我要把世界和平、人民安乐的责任推到佛陀身上？我是做什么的呢？我应该自己做。我又进步了。这些，就是人生道路上慢慢的忍耐、慢慢的修炼赋予你的进步。”

一心一念

星云的不忘初心，还在于他不受任何诱惑和干扰，一心只当和尚。比如，对于人类永恒的话题——爱情，我曾冒昧地问星云：“您长得那么帅，年轻时难道就没被异性追求过吗？”他毫不避讳地坦承：“有。”除了宜兰那些风华正茂的女子，还有一年，在美国西来寺，一位年轻女性看到他，便直接上前张开双臂拥抱他，让他避之不及。但他像荷花一样，始终有一种出泥不染的定力。

“为什么能不为所动？”

他说：“剃度出家后，小小年纪，单纯的童心入道，未曾想过男女婚嫁，也没想过人性的爱情欲念。直到弱冠之龄，深刻感觉到‘道高一尺，魔高一丈’。曾经有一些亲戚长辈，要我离开僧团，回归俗家，甚至有人愿意以女儿相许，有人愿意许诺厚待。虽有过这许多诱惑，但不论生活如何艰难，我初心不改，从不动摇。”

刚到台湾时，他四处飘摇，一无所有。当时，台北延平北路一些老太太们要拜他为师，继而有的希望他成为女婿。甚至有年轻的小姐跟他坦言，是她的父母要她来找他，跟他接触。他说：“这些外缘很容易让我陷入诱惑，连我的同学煮云法师都跟我说：‘算啦！大家生活都那么艰难，信佛教也不一定要出家，你可以去做他们家女婿，生活也会好过一些。’我虽上无片瓦，下无立锥，所幸我有福德因缘，怎么能只为了好的生活，违背我的终身信仰，招惹这些情感的麻烦呢？”

还有一道难题，那就是为了弘法，他还必须接触年轻人。“我心里也知道，佛教的发展需要青年，青年也需要佛教。虽然我也是青年，但我不敢和青年男女单独共事共学。为什么？人和人之间，若是‘一对一’的关系，彼此的金钱是债务，彼此的感情也是债务，当有了债务，必定很难还清。”他叹道：“做一个出家人不容易，做一个清白的出家人更不容易。我想，一个出家人，只要如法地生活在大众中，不要‘一对一’的固定跟某人相处，就会安全。因此，在我一生中，无论到哪里，身边都有一大堆人围绕，任何行动、作为，没有人不知道。大概只有睡觉的时候是一个人独处。回想起来，这也符合佛陀说的‘我是众中之一’。因此，现在老了，在写字时经常写下‘我在众中’，作为为人处世乃至修道上的勉励。”

可是，如果作为一个俗人，从人的生理来看，要不往情爱方面想应该是非常难的。我曾问星云的弟子，这是否与他们长期吃素有关。星云的弟子答曰：“可能有一定关系。”但星云认为，决定因素是思想意识，心理胜于生理，心里想的完全是另外一回事。“就像我，有许多的兴趣爱好，我喜欢弘法，热爱写作，享受宁静，嗜好阅读，尤其喜欢劳动，因此我非常忙碌，忙得欢喜快乐，想不到别的事。我常说：‘忙是营养。’因为忙是一种动力、一种力量，我在忙碌的生涯中，感觉到随着年岁的增长，佛法上的修持也升华了。”他说，“人虽然有七情六欲，但是情爱是可以升华的，可以扩大的。爱的升华是慈悲，慈悲就是佛教的爱。所谓‘慈能予乐，悲能拔苦’，予乐拔苦的生活中，不只自己充满了爱与慈悲，更能带给别人快乐。”

有人说，人的情爱是与生俱来，不可避免的，因而对出家人如何排解情爱表示好奇和不解。星云说：“对于一心向道，心心念念只有佛教和众生的僧侣来说，不是心中灭绝了情爱，而是去升华了。修道人如果每天顾念着自己的感情，又怎能普爱众生呢？佛陀曾经为跟随他的弟子定下许多戒律，其中就有独身一条。出家以后就无家了，无家才能处处是家；不爱一个人，才能爱大众，才能超越儿女私情，对一切的众生兴起无限慈悲。”

星云还讲了这样的故事：

有三个兄弟，相约到茅山修道。走到半路偏僻的山区，仅有一户人家，三兄弟就借宿一晚。后来才知道，那户人家只有一个寡妇带着 4 个孩子生活，日子非常艰难。第二天三兄弟要出发的时候，小弟对两个哥哥说：“哥哥，你们去茅山吧！我想留下来照顾这一家人。”

两个哥哥虽然不以为然，但也想到“滴水之恩，涌泉相报”，就勉强答应弟弟，二人继续往茅山出发。

3 年后，寡妇要求跟弟弟结婚。弟弟说：“你的丈夫才过世 3 年，我们就论及婚嫁，心有不安，我应该为他守孝 3 年。”

又过了 3 年，寡妇再次要求与弟弟结婚。弟弟说：“我们就这样结婚，还是很对不起他！不如我们一起再为他守孝3年吧！”

好几个3年过去了，寡妇再次要求与弟弟结婚。这时，弟弟说：“为了报答你的一饭之恩，我留下来照顾你和孩子们，现在孩子们已经长大成人，也该是我告别的时候了。”

经过这么多的3年，大哥、二哥在茅山苦苦修道，尚未成道，小弟却早已得道。可见得，无情无爱，可以修道；有情有爱，也可以成道，这是一种净化的爱，是一种对天下苍生无尽的奉献。

还有一个真实故事，星云说，它就发生在大陆一座寺庙里。有一位王姓居士，长期住在寺庙里帮忙，每日朝暮课诵，过着与出家人一样的生活，可以说是一位虔诚的佛弟子。有一天，王居士忽然西装革履出门了，一连数天都是如此。大家感到奇怪，这样虔诚的居士为什么开始频频外出？有人好奇地跟踪他。跟上一看：“不得了，王居士竟然进出青楼！”

一群人惊魂未定地跑回来报告住持大和尚。大和尚一听，也感到问题严重，便把王居士找来问话。

王居士说：“大和尚，我本来要先告诉您的，但实在很难解释，请您跟我一起去看吧！”

“那样的地方，我怎么能跟你去呢？”

“用言语解释，只怕会引起误会，还是请大和尚跟我去看一看吧！”

住持大和尚见王居士诚心诚意，也就答应了。

一到青楼，二三十位妙龄女郎，穿着海青排队迎接、顶礼，王居士说：“请大和尚验证她们的《炉香赞》《阿弥陀经》唱诵得是否如法？”

住持大和尚这才恍然大悟。原来，她们因为命运多舛，不得不在青楼谋生，内心抑郁苦闷，王居士便为她们成立了念佛会，教导她们念佛学道。

星云说，这位王居士确有其人，后来出家，法名悦西法师，他也曾见过他。

类似的事情，他到台湾后也曾遇到过。当年他在宜兰、高雄两地弘法，都是乘火车南来北往。火车上有铁路局发行的《畅游》杂志，供人在车上阅读解闷。

有一次，上面刊登了一篇文章叫《我是一个妓女》，这女主角的父亲去世，母亲重病，两个小弟弟需要读书，她自己刚刚高中毕业，只好卖身养活家人。看完之后他心里生起无限同情，想着该如何帮助这个可怜人。随行的信徒和几位同参道友看后也有同感，便一起凑了一些钱，要表达心意。当时他们急切地寻找那名妓女，不知情的人肯定会有异样的想法，但赶紧找到她是最紧要的事，大家也无暇顾及其他。辗转托人找到当事人后，跟她约定好日子、时间，请她务必来道场一趟，并且由道场里的一位优婆夷代为转达大家的心意。

星云说：“世间是世间，佛法是佛法，这样的事情，应该用什么眼光看它？是世间法，还是佛法？世俗的眼光或许一时会被蒙蔽，但是真实的原委，却如此令人动容，我们怎能以俗情来看待呢？”

说到“不忘初心”，星云觉得，修道人对信仰本身就是爱。“我爱佛陀，我才能信仰他、恭敬他。因为爱佛教、爱常住、爱大众，爱很多利益人天的事业，我更感到世界的宽阔，不会为了狭义的爱而裹足不前。爱个人容易患得患失，是私爱、小爱，也是‘有碍’的；爱众生是普爱、升华的爱，能够一切‘无碍’。”

当初有位姓潘的老人家，夫妇俩对他都非常慈爱，他也非常敬重对方，但他们一定要他做他们的儿子。星云无法接受，他想：自己为了信仰，自年少时就离开父母了，怎么可能还以其他人为父母呢？

他尤其不能原谅二舅妈，她曾直接跑到栖霞山找他，极力劝说他跟她回家。她说他们没有儿子，要把他过继过去，并且他们的大女儿与他年龄相仿，可以配他为妻，她和二舅还会去说服他母亲同意。“当时身处庄严的佛地道场，听到这些话，感到石破天惊，不仅拒绝，甚至恼怒二舅妈的冒犯，从此不再和她来往。”

星云说，铁了心的出家人都会这样做。唐朝有一位从谏大师，河南南阳人，中年出家。出家以后，20 年不曾回乡探亲。有一天，在一座寺院的庭院中，一位年轻人上前询问：“请问师父，这儿是否有一位从谏大师？”

“哦，你找他做什么？”大师心里虽有点讶异，却从容地问道。

年轻人看看大师，说：“他是我的父亲，他出家 20 年了，我还没有见过他，我是来看我父亲的。”

“你父亲住在那边！”从谏大师顺手一指，径自离开了。

年轻人顺着大师所指的方向去寻找，当然找不到。可是，却有人告诉他，刚才那个人就是从谏大师。他飞奔回来，从谏大师已经走远，不见人影。

星云说：“从上述情形看从谏大师，好像是一个绝情的人。其实，他内心有一股热烈的亲情在燃烧，只是他默默地把它埋葬在心里。因为从谏大师曾经听说过，他这个儿子因父亲出了家，自己也信仰了佛教，经常从事各种慈善事业，布施、修桥、铺路，造福于乡邻。从谏大师心里觉得很安慰，但他担心相认之后牵缠越来越多，所以才有了上述举动。这种感情，是关心在沉默里，关心在未来里，是多情还是无情呢？我们可以说那是一种最崇高、最真挚的感情。”

他又谈起了多才多艺的弘一大师。弘一大师俗名李叔同，出家前也曾结婚生子，出家后居住在杭州虎跑寺。有一天，他的日本太太带着儿子来找他。在寺院里，只隔了一道门，弘一大师不肯出来相见，说话声也怕她听到，只差人出来传话：“过去的李叔同已经得了霍乱去世了，希望不要再以他为念。”这位太太深知无法挽回丈夫的心，便把儿子送到北平，给他的一个兄弟抚养，自己回日本去了。

有人认为，弘一大师对待妻儿的态度是寡情、无情。星云说：“可是，他真是这么寡情的人吗？弘一大师对于佛教、对于众生充满了无限的关怀，无限的悲愿，他为佛教做了许多事业，给人间留下多少温暖，这种表现是寡情的人做得到的吗？‘莫嫌佛门茶饭淡，僧情不比俗情浓。’这两句话是说，不要嫌弃佛门中没有人情味，僧情虽然没有俗情浓厚，但是，从寡情里面磨炼出来的另一种净化的感情，是更耐人寻味的。”

弘法一生

星云不忘初心，不仅自己苦心修炼，同时还把弘法作为一生己任。在推动“人间佛教”的过程中，除了极力在世界各地建寺庙道场，他还到处演讲。人们公认，星云是个非常有魅力的演说家，他的演讲常常吸引数以万计的听众。可是，星云说，这也是为了弘法逼出来的。

刚开始，他真是不知如何演讲。“我一直在寺院里过着封闭式的生活，到20岁以后，才有机会见到广大的社会。虽然大开了眼界，但与人说话还真有些困难。只要我看到五六个以上的人，讲话就会发抖，相当不自然。在佛经里有所谓‘大众威德畏’之说，我就是这样的情形。后来到了宜兰弘法，虽然都快30岁了，但一看到几百人来听我讲话，我依然浑身发抖。用手抓住桌子，还是抖个不停。不过，习惯性地抖了两三分钟后，也就不再抖了。我心里总是警告自己，讲讲话而已，不必怕啊！他们听我讲话，也不会对我有什么不好，怕他们做什么呢？但是，这样告诫自己还是不行。一到了上台的时候，依然发抖。直到30多岁以后，这一讲话就发抖的习惯才慢慢消除。”

回忆起这些，他觉得“这实在是需要靠人的毅力来突破”。“假如我没有毅力，就不要讲话了，也不要讲演了。但是我深知，如果我不这样做，就不能弘法。”为了弘法，他不惜一切地要挑战自我，战胜畏惧。最终，他轻轻松松侃侃而谈。几千人、几万人听讲，也是多多益善，他已没有畏惧的感觉了。

星云演讲的魅力之一，是他很会讲故事。这也是他在弘法的实践中摸索出来的。当年每个星期天，他都到新竹城隍庙前举行布教大会。在庙前讲演，群众来去就像潮水一样，有走的，有来的。他发现，每逢他讲故事，人群就会自动向他涌来；讲完故事后，人群就慢慢散去。一场讲演约两个小时，人群聚散常常有好几个回合。他得出结论，那就是人们都爱听故事。但是光讲故事也不能完全达到弘法的目的。所以有时要“以事显理”，有时要“以理明事”，将故事与佛学结合起来，才是一场最好的弘法讲演。之后，他一直非常用心去记住佛经里的故事，并搜集古今社会上、生活上的小故事，用于弘法讲演之中。

现在和星云聊天，或是听他演讲，总感到他是满腹经纶，又满腹故事。而且舌灿莲花，听了就不想离开。要达到这个水平，显然也不容易。他说，有些朋友也爱讲故事，但是讲了以后，往往听的人没笑，只有他自己在那里哈哈大笑。要把故事讲得让听的人哈哈大笑，自己却不笑，才是本事。

星云的幽默也是练出来的，甚至是逼出来的。他说，开示、演讲，有点像老师讲课。老师在上课前都会备课，可他每天都有许多别的事要忙，同时又随时随地可能要演讲，根本没办法准备。常常是在上台之前还不知道能讲什么，脑子里一片空白。“这就训练我，也逼迫我必须要有急智。”

我问他：“这些智慧是从哪里来的？”

他说：“一方面与自己平时的积累、训练有关；另一方面，也是神来之慧。忙了一整天，忽然晚上7点钟要讲演了。讲什么呢？没有材料、没有预备呀。遇到这种情况，只要我先静坐10分钟，然后就会讲了。静下来后，脑子里面的东西就都出来了，我都能看到。有的时候，要上课了，不知讲什么。去拜个佛，妙不可言。讲什么？我知道了。甚至在讲台上，讲什么东西，讲哪条道理，它们自动都过来找我：你讲我好吗？讲我好吗？不要我去思考找他们，而是它们来找我，我心里面自发地就出来了。所以，我对年轻人讲，读书要自觉，自己要有觉悟，不要靠别人帮忙，这是我讲的‘特异功能’。”

这急中生智的本领，也是几位道友“所赐”。星云说，他是个胸无城府的人，过去弘法演讲，往往好几个同僚法师一起轮流讲，他没什么心眼，当天讲什么主题，事先早就告诉他们了。结果在演讲中，往往他的主题被别人抢在前面讲了，自己预先准备好的题材被他们用了，真是干着急，只能急中生智，赶快再想一个主题。这样也练就了他的本事。“后来，信徒经常提出一些问题来问我，我大部分都可以立即给他们回答，绝不拖泥带水。为什么？因为我已经训练了自己的头脑和反应，在紧急的时候，也能将所学所经历的事情，很快从脑子里调出来。”

他的好兄弟煮云法师对他这一点佩服得五体投地。后来，不论到哪里演讲，人家出个题目，他总是会习惯性地说，让星云来讲肯定“不成问题”。这个“不成问题”，可是在多少艰难的考验下才有的。

不仅能急中生智，而且他还能在弘法开示时，见什么人说什么法，让人一听就感兴趣。那些来听他讲的人，往往职业各有不同。“我必须要像观世音菩萨‘应以何身得度者，即现何身而为说法’。所以，我见到农夫，就跟他讲农业；见到商人，就讲经济；见到青年，就讲佛教与青年的关系；遇到妇女，就讲持家之道。”

他在演讲中，还要不断变换内容，追求新意。练就这个本领，他说要特别感谢弟子依庵法师。那时他在佛光山的朝山会馆演讲，依庵法师一边服务一边做听众。他怕她觉得每天讲同样的东西乏味，所以尽量讲不同的内容，不同的主题。“到了今天，我很感谢依庵法师，她自己也许都不知道，是她逼迫我去思考，去用心，去进步。”

为了吸引听众，避免老生常谈，他还学会了逆向思考，在演讲的内容里加入一些与传统习惯不一样的看法。比如“你对我错”“你大我小”“你有我无”“你乐我苦”等。这许多的问题，看起来都很简单，但都不是一般人能想得到的道理。因为一般人只知道“我对你错”“我大你小”“我有你无”“我乐你苦”。将这些反过来思考，再说出道理，就可以收到很大的效果。

他经常引用的一个故事就是逆向思维。有户张姓人家，家里经常吵架，就问李姓人家：“你们家都一团和气，为什么我们家经常吵闹不休？”李家人说：“因为你们家都是好人，我们家都是坏人。大家都是好人，就容易吵架；而我们家都承认是自己的错，都是坏人，就不容易吵架。”这话什么意思呢？举个例子：好比李家的茶杯打坏了，一个人就赶快说：“对不起，是我错了，我把茶杯打坏了。”另一个人会说：“是我放在那里的，都怪我没放好。”大家都承认错误了，当然就吵不起来了。

张家的人就不是这样，茶杯打坏了，打坏的人就先大叫：“谁把茶杯放在这里的？”打坏的人没错，都是放的人的错。放茶杯的人也不服气，说：“是我把茶杯放在那里的，谁叫你把它打坏呢？”所以张家就经常吵闹不休。

星云用这样的故事，既吸引人，又能开导大家，认错是美德，认错是勇气，学会“你对我错”，反而能解决问题，不伤和气。

“语不惊人死不休”也是他在演讲中对自己的高要求。他一向不喜欢陈词滥调，讲故事也要讲出新意。如果实在没有别的办法，还可以利用幻灯，看图说话；配合音乐舞蹈，提高大家的兴趣。把这些和演讲串起来，总比一个人在台上要嘴皮子、内容单调乏味要好。他说，演讲说法的过程中，要注意的重点很多，但最重要的是要契理契机，所谓“上契诸佛之理，下契众生之机”，这才是佛法。

星云还有一个特点，记忆力超群。“我没有读过正规的学校，在寺庙里面，我的导师是释迦牟尼佛，我的校长是观世音菩萨。为什么要用观世音菩萨做我的校长？因为当初我最没有办法的时候，既不聪明，也不能干，又没有背景。我出家的那个地方，和尚都是泰州的，扬州的就我一个。我很孤单，被人欺负，规矩也很严，打呀、骂呀，我唯一能做的就是拜佛、拜观世音菩萨。那时候我很单纯，一心归命，也就是一心一意地归向于佛，把生命奉献给佛教。后来我就不一样了，开窍了，在佛教上开悟了。总之，我后来的人生就很洒脱了，很自在了。很多的书、文章，都是没有老师教过，我自己一看，就知道了。举个例子，我才到台湾时，台湾有几百个'立法委员'，这些人的名字我都统统记得，'国大代表'更多，我也统统知道；'三军司令'、'各部部长'、台湾省政府官员、县市长我不想记，我记他们干什么呀？但是我都记得，因为我看过名字，就记得了。我曾经有过这样的经历，这是很奇怪的事情——比如今天早上有一个人来谈文学，说到陶渊明。'归去来兮，田园将芜胡不归？'我马上就能背出来，六七十年前学的，到现在还记得。那时候也没人教我背，我就是想，将来要做人呀，要成长呀，把它记得比较好。这么好的文学、文字，慷慨激昂，讲得真好，记下来总有用的。我还有更奇妙的经历，大约 10 年前，年轻时读过的诗词和书，或者在哪里听人家讲过的，或者在哪个墙壁上看到过的，本来早已淡忘了，却忽然之间又回到我脑子里，又会背了。"

看淡死亡

星云不忘初心，一心归命，为了弘法，甚至置自己的健康与生命于不顾。1994 年他 67 岁时，在南非弘法，有天晚上，他感到心脏非常疼痛。这实际上是心肌梗塞，但第二天他仍坚持行程，之后回到台湾，才入院检查。

医生告诉他，他的心脏冠状动脉阻塞，需要立即开刀。他一听，想到下一站还要到欧美弘法，那里的信众们还等着他，于是急切地说："我不能开刀，我还要赶赴欧洲和美国。"他恳求医生延后几天再手术。医生说："要开刀的不是别人，更何况你的心脏血管2/3都阻塞了，很危险！"但他一生信守诺言，既然答应了信徒，就必须兑现，最后不顾医生的劝告，就像带着一颗"定时炸弹"，坚持完成欧美弘法之行。

行程结束后，他看"定时炸弹"并没有爆，又瞒着医生，坚持到菲律宾出席了国际佛光会世界总会第六次理事会。此时，他明显感到说话都费劲了。在弟子们的一再劝说下，他才不再坚持。回到台湾后，住进台北荣民总医院，准备接受心脏手术。

手术前，他在报纸上看到一条南非病人换心成功的新闻。他不知道自己的心脏开刀到底怎么治法，会不会也把他的心给换了？好在医生们及时告诉他，手术只是解决血管阻塞问题，不需要换心。

医院非常重视，为他成立了由各科优秀医生参加的医疗小组，并在院长、副院长的亲自主持下，召开了小组会议。至于主刀医生，医疗小组特意安排了一位有佛缘、唯一能背《大悲咒》的张医生。

张医生拿着一颗心脏模型，走到星云的病榻前，详细介绍了心脏的结构、相互关系等。但讲述中有不少医学专用名词，星云也听不太明白。他忍不住想到，如果自己给人家讲法，佛学术语太多，信众大概也是不容易听懂吧？

主刀医生介绍完后，麻醉师进来介绍情况。在说明开刀后苏醒时可能遇到的各种情况时，麻醉师突然问：“大师，您怕死吗？”星云想了想，回答说：“死倒是不怕，但怕痛！”

麻醉师愣了一下，安慰他说：“大师，健康的人有健康的尊严，但是对于生病的人来说，痛，是病人的尊严！”

经他这么一说，星云觉得太好了，病人痛也能痛得“心安理得”。他又想：“这也是我要提倡的‘人间佛教’啊！”

手术当天，早上七点，一切准备就绪后，护士推他进入手术室。他看到站在旁边的徒众，个个面露担忧之色。他就像出征上战场似的，对他们举起手来，说：“你们等我凯旋归来！”

回忆起当时的情景，星云说，他真的一点都不畏惧。“我想这应该缘于我有一个很好的性格，面对许多事情，很快地就能放下，不挂念未来，也不会排斥当下，一切都顺其自然。”

手术做得很成功。从他的左腿取下一段大隐静脉，用这段血管将狭窄冠状动脉的远端和主动脉连接起来，让血液绕过狭窄的部分，以改善心脏血液的畅通。有人形象地将其称为在心脏上架起了“桥梁”，俗称“搭桥术”。

虽然心脏的问题解决了，但是左腿拿掉一段静脉，加上糖尿病的缘故，他的左腿发生了血管阻塞。后来，经人介绍，他被安排到美国休斯敦美以美医学中心，由在国际上享有盛名的、90 多岁的狄贝克医生为他做了血管阻塞疏通手术。

即便如此，随着年事渐高、糖尿病等因素，他的血管硬化还是加剧了。2011 年 10 月，星云第一次感到左手不听使唤，到了下午，左腿也变得沉重。徒弟们送他去检查，确认为血管硬化合并右侧额叶缺血性脑中风。幸好有医院院长亲自带领医疗团队治疗，中风情况得到控制。

如今，星云年近九旬，身上的器官有些老化，出现这样那样的问题似乎难以避免，弟子们和医生们常为他担心，可他自己却很乐观。“对于健康，我也不是完全不介意，但是我觉得自然是一个很大的定律。佛教讲缘起缘灭，自然与缘起缘灭，应该是异曲同工的道理，所以我顺其自然。”对于人体老化，他认为世间一切都有因果关系，但信仰可以增加我们的信心。所以在生病时，要想到“佛在我心”，不要自己先倒下来；也不要胡思乱想，所谓“色身交予常住，性命付予龙天”，有时候病痛来了，不要去挂念它，挂念了反而误事。对于疾病，关心它，但不畏惧它，千万不要有“心病”，要有一种“以病为友”的心态。他说他的糖尿病，从发病到现在威胁他的眼睛、腿及其他器官，他还是能与它“友好相处”。

他甚至觉得，“生病也很幸福，可以受到许多医生朋友的妥善照顾，结交那么多世界顶尖的医师。当我在患病的生死边缘，能有他们来为我医疗，实在是感谢不尽，感到人生也是值得告慰了。”

他的一个弟子，现在是台湾长庚医院的院长。为了能更好地照顾星云，把星云原来在台北荣民总医院看了十几年病的医疗档案全部转到长庚来。在高雄，长庚还为他专门成立了一个医疗团队，由各科的精英组成，又特意建了一栋房子，让他到里面休养、检查、看病。

“我不想麻烦他们，他们开会决定迁就我。我到哪里，医生就跟到哪里。”星云说，“其实，我不喜欢这样，拖累嘛！我一个人多自由啊！我死不了啊！我每次检查身体，他们都把机械设备运到佛光山来。有一天，两个医生来给我看病，我感觉我没什么病，但他们很紧张，一定要让我到医院去，还要会诊。没办法，我也就只好跟他们去了。在一个小房间里，十几个医生给我检查。我就想，我像一头待宰的猪，给他们一会这样，一会那样。人要死就是这样吗？唉，我也不管它了，不去想，我睡觉好了。我就睡着了，不管他们。我可以在这种情况之下安然睡眠，也是在检验我自己的心态。”

其实，对自己的身体状况，他非常有自知之明。“你每天使用四大五蕴之身，怎么可以不了解它呢？近年来，常有人一见到我，就关心地说一句：‘大师，您要好好地保重身体！’这个意味我听得懂，表示我老了。但是，我一个出家人，难道还怕死吗？应该视死如归啊！”

对于死亡，他一点也不害怕。他说因为他有佛法。“死亡对我，可能是今天、明天，这都不一定，说来就来了。对我来说，不想死，也不怕死，假如现在让我在一分钟内死去，我一点都不遗憾。我就：哦哦，好了，就这样吧，我走了！没有任何遗憾。这种心态，有修行和没有修行，是不一样的。因为佛教对生死的看法，不同于世俗。”

他说到这么一件事。过去有一个人，老年得子，欣喜万分。有个出家法师却在门口痛哭这户人家多了一个死人。因为事实上，“生死一如”，生的时候，就应该知道会有死的一天。生死犹如一张纸，只隔一面而已。生了就会死，死了又再生。佛教以“乔迁之喜”来形容生死，房子旧了必须搬一个新居，衣服破了应该换一件新衣，身坏命终也会赋予另一个新的躯壳。因此，生，未尝可喜；死，也未尝可悲。

他举了个例子。一个老太太要死了，儿女很多，都从各地赶回来，围在她身边，准备给她送终。人要死之前一般都会回光返照，老人忽然精神起来。她一看，“哦，你们都回来啦！”便说，“我想抽一支烟。”儿子想，妈妈您都要死了，还有心思抽烟啊？但妈妈这个时候要抽，当然要依她，就给她一支。点燃之后，老太太抽了一口，很安详。抽了几口以后，她又说：“哎，再来一杯酒好吗？”她有个儿子信基督教，对妈妈临死之前还要抽烟喝酒，不以为然。就说：“妈妈，不能喝酒啊！”另一个儿子说：“不，只要妈妈喜欢，做什么都可以。”就去拿酒，要让妈妈满足。酒拿来了，她喝了几口，看看儿女们，叹道：“人生真美啊！”去了。

星云问我：“你说她有悲伤吗？有痛苦吗？”

问完，他就自答道：“我觉得她没有，她看得很明白。人的身体就像机械一样，老旧了，坏了，就要换一个新的出来。这个房子倒塌了，这块地方就可以重新建大楼。自古以来，多少城市夷为平地，多少平地又建了高楼。沧海桑田，桑田沧海，这就是流转嘛。佛教里面有一句话叫生老病死，我现在要把它改成老病死生，生就有未来，就有希望，就有远景，觉得这样才有意义。总之，生也好，死也好，都是一样的，不要有什么挂碍。不过，说很容易做起来难呀！思想上，要慢慢地实践；观念上，要树立信心。信仰，相信，就成了。”

死，不应该怕，但活，是不是越久越好呢？星云也有自己的看法：“有人跟我说，师父，您能活到120岁。我说不行啊，我活到120岁，我的徒弟都100岁了，都死了。甚至我80岁的徒孙也都死了，你叫我活着有什么意思？120岁很痛苦，老了，毛病多了，拖着这个坏的东西，意义在哪里？你可不能把苦都给我吃。于是人家又问我：师父，那您要活多久？顺其自然，能多久就多久，关键是自己要有信仰在心里。”

他说，对于老人，年轻人永远不懂。“我过去也不懂，后来随着年龄增长，60岁、70岁、80岁……我懂了。老人最大的问题是寂寞，他一生的经验，找不到对象可以倾诉。和年轻人来谈，也谈不出个所以然，年轻人不是倾诉的对象。所谓的‘十八层地狱’，第十八个地狱就是孤独地狱。老人的孤独难挨呀！两口子，年轻的时候，没养小孩，养个小猫、小狗，才有话题。猫今天吃饭了吗？有人喂它吗？没有话题，所以要生小孩。今天儿子怎样，女儿怎样，有交流嘛！到老了，老伴趣味相投还可以，不相投就苦恼了，又没话题了。老人的孤独，要找人陪他聊，主要是让他不要畏惧死亡，不要怕死。”

不过，星云现在有弟子们相伴，到处弘法、演讲，尤其是心中有佛法，一点也不孤独。他的生活一切正常，每顿饭吃半碗；想看书，但视力退化，好在听力还不错，就由弟子们读给他听；写字，因为中风过，虽然手有些抖，但“一笔字”还是天天坚持写；行动，因为体力不足，用轮椅代步；走路，最多也只能走 10 步左右。

“光阴依旧往前行，我这色身又岂能长久？尽管如此，我从未忘记人生三百岁的承诺！”

后记

当朋友们知道我在写这本书的时候，都充满期待。而这种期待，使我忐忑不安，因为此前有关星云大师的书籍和文章已经不少，网上的介绍更可以随时查找，不知道自己写的是否能满足朋友们的期待。不过，转念一想，既然有这么多人充满期待，那就证明大家还不满足于已有的文字，尤其是这些文字都来自台湾作者、星云大师的弟子以及他本人。而我写这本书的初衷，是希望能够以一个大陆记者、一个非宗教人士的目光来观察、了解星云大师，给大陆读者一个不同的视角，客观、冷静地看待他以及他所创建的“佛教王国”——台湾佛光山及其在世界各地所设的近 300 个别院道场。

我写星云大师的最早想法源于 5 年前的一个因缘——第一次在北京和星云大师同桌聚餐，便被他的气度和语言魅力所吸引，于是提出要采访他。他欣然答应，并希望采访能在佛光山进行。

常言道，“百闻不如一见”。到了佛光山才知道，它不是简单的一座山，也不是简单的一座庙，它是一个规模庞大、每天吸引十多万人的小社会，而它的故事就是星云大师的故事。

大师为什么要建佛光山？

他从哪里来，又要到哪里去？

山上为什么女性多于男性？

他的1300多名弟子，为什么个个对他佩服得五体投地，就是刀架在脖子上，也不愿意离去？

一眼望不到边的庙宇堂所，何以能管理得有条不紊？

他在世界各地的近300个别院道场又是如何建立与管理？

……

为找到答案，在过去几年里，我多次采访了星云大师本人，采访了他身边几十位重要弟子，其中有最初追随他的慈庄、慈惠、慈容及现在佛光山的长老、师姑，佛光山的住持、监院、宗委，许多部门的主管和中坚力量，乃至刚出家的年轻法师，还采访了相关的专家学者。

最珍贵的答案来自与星云大师的朝夕相处：在佛光山一早起来，去看他挥毫书写；夕阳西下的时候，推着轮椅上的他一起漫步。最难忘的是，在宜兴大觉寺的一个秋夜，一轮圆月爬上竹林，晚风拂面，桂花飘香。我们围着他，坐在大雄宝殿前面的台阶上，谈天说地，欢声笑语。星云大师和慈惠、慈容等弟子们回想起在宜兰弘法的美好时光，情不自禁地唱起当年的老歌。歌声在寺内回荡，大雁从头上掠过，天空中仿佛传来悦耳的喝彩声。

我们曾奔赴抚育他的江都老家，在他小时候游水的运河旁寻找他的脚印，在老宅子里凝视那些发黄的照片。

我们曾通过他的亲自联络和安排，走进栖霞山寺，听当家师讲述他早年的寺庙生活，驻足在他拜过的观音像前，徜徉于他学佛的课堂。

我们曾按他设计的路线，到他在台湾的“根据地”宜兰小城，拜访他居住过的寺庙、弘法的场地以及他所创建的佛光大学。

我们曾踏着他的足迹，到美国的东西两岸，日本的东京、富士山等许多地方，寻觅他的弘法故事，体会他创建海外道场的艰辛。

我们曾多次跟随、参观他的“一笔字”展览，聆听他充满智慧和妙趣的演讲，体味他在众中，以及他的与众不同。

……

如今，我寻找的答案都如数如实记入书中，呈献在您的面前。如果您问我，能否用最简单的三句话概括星云大师一生的最大亮点，我的体会是：他对佛教的最大贡献是践行和推行“人间佛教”；他对社会的最大贡献是兴办教育和弘扬中华文化；他对中华民族的最大贡献是推动两岸关系，以实现两岸和平一家亲。

直至本书画上句号，90 岁的星云大师仍在为上述三件事而奔走，可谓生命不息，奋斗不止。

遗憾的是，星云大师一生做的事情太多太多，尤其是他的内心世界和巨大能量，远远超出我的笔墨范围。好在此书得到星云大师的认可，并亲自题写了书名，还专门作了序。希望它能为您了解一代高僧有所帮助，并从中得到励志、向善、向上的感悟，这才是写这本书的真正目的。

最后，要特别感谢在采写过程中给予大力帮助的慈惠法师、慈容法师、慈庄法师、萧碧霞师姑等佛光山众多长老、法师及叶小文先生、赵翠慧女士、李自健先生。尤其要感谢妙广法师和佛光山法堂书记室的法师们为该书提供了珍贵的资料和图片，付出了大量精力和心血；

感谢我的兄长、著名文化学者、中央电视台大型纪录片《百年巨匠》总撰稿刘传铭先生，严谨、幽默、博学的他，在百忙之中审阅全书，提出了许多建设性的意见和建议；

感谢资深媒体人许陈静的友情支持，她利用节假日和休息时间，从初稿开始就投入编辑，为此书增色不少；

感谢东方出版社副总编辑彭明哲先生，编辑简以宁及杨英瑜小姐所做的大量工作，从该书的开本、编排，到所用图片、纸张，都全面征求了我本人的意见。正是他们的积极、认真和耐心，此书才得以顺利出版；

感谢所有关心、帮助、支持此书出版的朋友！

感恩结缘星云大师！

谨以此书献给所有热爱星云大师的有缘人。

2015年10月30日，星云在中国国家博物馆出席其新书《贫僧有话要说》发布会并发表演讲。当有人问他如何面对毁谤和谩骂时，他回答说："置若罔闻。否则，如仰天而唾，唾不至天，还堕己身。如逆风扬尘，尘不至彼，还坌己身。"星云法言妙语，听者释然。

附录

真诚的告白（我最后的嘱咐）

各位护法信徒、各位朋友、各位徒众弟子们：

在这里要向各位做个真诚的告白。

我一生，人家都以为我很有钱，事实上我以贫穷为职志。我童年家贫如洗，但我不感到我是贫苦的孩子，我心中觉得富有。到了老年，人家以为我很富有，拥有多少学校、文化、出版、基金会，但我却觉得自己空无一物，因为那都是十方大众的，不是我的。在世界上，我虽然建设了多少寺院，但我不想为自己建一房一舍，为自己添一桌一椅，我上无片瓦，下无寸土，佛教僧伽物品都是十方共有，哪里有个人的呢？但在我的内心又觉得世界都是我的。

我一生，不曾使用办公桌，也没有自己的橱柜，虽然徒众用心帮我设置，但我从来没有用过。我一生没有上过几次街，买过东西；一生没有存款，我的所有一切都是大众的、都是佛光山的，一切都归于社会，所有徒众也应该学习“将此身心奉给佛教”，过一个随缘的人生。

我一生，人家都以为我聚众有方，事实上我的内心非常孤寂，我没有最喜欢的人，也没有最厌恶的人。别人认为我有多少弟子、信徒，但我没有把他们认为是我的，都是道友，我只希望大家在佛教里各有所归。

我没有什么个人物质上的分配，说哪一块钱分给你们，哪一块房舍土地分给你们，也没有哪一个人拿什么纪念品。你要，那么多的书，随便在哪里都可以取得一本作为纪念；你不要，我有什么良言好话也没有用。我只有“人间佛教”供你们学习，只有道场供你们护持。

我对大家也没有何好、何坏，在常住都有制度，升级都有一定的标准，但世间法上总难以平衡，升级的依据：事业、学业、道业、功业，这里面大小、高低、有无，看的标准各有不同，都与福德因缘有关。所以大家升级与否，不是我个人所能左右，这是我对所有的徒众深深抱歉，我不能为你们仗义执言，做到圆满。不过，你们也应该学习受委屈，宗务委员会决议你们的功绩升降，出家道行，自有佛法评量，不在世法上来论长道短。

今后，我所挂念的是徒众的调职，佛光山不是政府，但是单位多，又有调职制度，传灯会竭尽所能安排适能适任，对于个人所长、想法纵有所差，大家都要忍耐。世间难以论平等，我们要把它创造成和平、美满的人生，但也要看在哪个角度来论平等。未来如有不同意见，大家要依循《佛光山徒众手册》，可以更改，但要经过大众的同意。

我一生，人家都以为我创业艰难，事实上我觉得非常简易；因为集体创作，我只是众中之一，做时全力以赴，结果自然随缘。许多人以为我善于管理，事实上我只是懂得“无为而治”。感谢大家互助合作，除了戒律与法制之外，我们都没有权力去管理别人。对于世间的一切，来了，并没有觉得欢喜；去了，也没有觉得可惜。总想，人生应该任性逍遥，随缘自在，能够与道相应、与法相契，就是最富有的人生。

我一生，服膺于“给”的哲学，总是给人赞叹、给人满愿；我立下佛光人工作信条：给人信心，给人欢喜，给人希望，给人方便。因为我深知结缘的重要，心里只想到处结缘、到处散播佛法种子。我立志兴办各种教育，因为从小我没有进过正规的学校读书，明白教育才能提升自我，改变气质。我也发心著书立说，因为从佛陀那里一脉相承的法水流长，我不能不把心里的泉源用来供应世间。

我这一生奉行“以退为进，以众为我，以无为有，以空为乐”的人生观，凡我出家弟子，都应本诸出离心，以出世的思想做入世的事业，生活要求简朴，不要积聚。过去三衣一具、头陀十八物、衣单两斤半，这许多优良传统，都合乎戒律，都应该深思熟记。佛光弟子不私自募缘，不私自请托，不私置产业，不私造饮食，不私收徒众，不私蓄金钱，不私建道场，不私交信者，大家都能这样做到，佛光山的法脉会更加光耀永远。所谓“光荣归于佛陀，成就归于大众，利益归于社会，功德归于信徒”，大家应该好好奉行。

须知“佛道遍满虚空，真理充塞法界”，法界一切都是我的，但形相上的无常，一切都不是我的，不要对世俗有太多留恋。“人间佛教”虽然不舍世间，但是“犹如木人看花鸟”，不要太多留意、太多分别。时时以众为我，以教为命，在佛道上安身立命。

凡我徒众，拥有佛法就好，金钱、物质，尽量与人结缘，因为那是人间共有的财富。对于财务经济，点滴归公，我们每个人一切都是常住供应，不需纷争，不要占有，只要大家正信办道，生活应该不足挂虑。也希望徒众不要为世间这种衣食住行太多地分心挂碍，此实不足道也。

我希望常住净财要用于十方，不要保留，这才是佛光山未来的平安之道。除了道粮需要以外，如果还有净财，一律都布施文化、教育、慈善。佛光山取之十方、施之十方，我们要济助急难，关心鳏寡孤独，或随缘做些施舍予贫困民众。因为灾难、贫苦是人间的不幸，急难救助，这是理所当然要给予一些助缘。

佛光山、佛陀纪念馆等土地以及所有的别分院道场，都不是国有的，也不是租借的，都是常住陆续以净资购买。所有一切全为佛光山常住所有，没有与人合股共业，没有牵连，也没有借贷，常住开山以来，从未向外借贷。

对于那许多别分院道场都要好好辅导、整修，给予信徒方便。如果实在不能维持，得到宗委会和信徒的同意，把它结束，净财集中到教育、文化、公益基金，私人不可分配。和佛教界、道友都不共金钱来往，要有来往就是布施，没有偿还，不可借贷，免除日后纷争。

我这一生信仰佛陀，以佛陀为我的导师，为我的道路。未来，大家在佛道的修学上，佛陀、十大弟子都是我们的榜样，佛教的宗门祖师都是我们的模范。在佛法的弘传上，世界各地的道场，要尽量给予本土化，请当地徒众住持；我对“人间佛教”的所有言教，都要能传达到家家户户，为人所接受。

我一生，以弘扬“人间佛教”为职志，佛说的、人要的、净化的、善美的，凡有助于增进幸福人生的教法，都是“人间佛教”。苦，要视为我们增上缘的力量；无常，不是定型的，可以改变我们未来的一切，促进人生的美好；空，不是没有，空是建设有的，要空了才有，我一生一无所有，不是真空生妙有吗？

我坚信“人间佛教”必然是未来人类世界的一道光明；说好话是真，做好事是善，存好心是美，要让三好运动的真善美在社会里生根。智就是般若，仁就是慈悲，勇就是菩提，要努力做到，让戒定慧在我们的心里成长，以实践菩萨道作为我们人间的修行。

“人间佛教”的本源发自佛陀，现在已经成为普遍的气候；所以佛光山、佛光会的发展，必定会成为佛教界一个正派的团体。但世间的人事各有所执，自古以来，在印度就有上座部、大众部，传到中国有八大宗派，在教义上实践理念各有不同，无可厚非，但如果在人我是非上较量，那完全不能契合佛心。

假如你们有心，为团结佛光僧信四众，可以效法过去古德圣贤成立一个宗派；但所谓创宗立派，则是看后代行人的作为，如果后来的人对佛教有所贡献，又众望所归，有个当代佛教的宗派来为佛教撑持，做擎天一柱，这也未尝不可。

对“人间佛教”弘法事业方法有所不满意的，所谓“我执已除，法执难改”，要另立门户，我们也要有雅量接受这种佛光的分灯法脉。只要对宗门没有伤害，不要给予排挤，还是要给予包容。

我们的理念不在于自我的成就，是在于佛法能够传承，不分男女老少。在“佛光大道”上，僧信四众现在已有规模，佛光山的僧众比丘、比丘尼要担纲，佛光会的优婆塞、优婆夷也要出一些人才，有所发挥，彼此不容分散力量，凝聚共识，让大家有团聚的向心力，使佛光会日日增上，俾使佛光普照、法水长流。对于佛光会会员在社会上合乎八正道精神意义的事业，都要鼓励，大家相互帮助发展。

佛光会永远为佛光山教团所属，僧信和谐，不争彼此，不必对立，等于空有是一体两面。佛光山已经推行民主的制度，今后佛光山和佛光会的领导人，都按照常住的循序，不要有所争论，要以大众意见为归。

我倡导“平等”，深信男女、贫富都在平等之中，不可以有所歧视。众生皆有佛性，情与无情，都能同圆种智，所以我从“人权的尊重”到“生权的提倡”，希望彻底落实“众生平等”的精神。大家对山上的老树、小花，要多多爱护，山下的村民、百姓，应该给予关怀；育幼院的儿童要多多鼓励，精舍安养的老人要时常慰问，对开山的诸长老要给予尊重。

我对两岸视如一家，我对世界都如兄弟姐妹，我希望把美好的因缘留给人间，把佛法的情谊留给信者，把信心的种子留给自己，把无上的荣耀留给佛教大众。但愿普世大众，都能信仰因缘果报，希望每位仁者，都能奉行慈悲喜舍，把一切的心意留在人间。

“人间佛教”的事业：如办大学、电台、报纸、编辑出版、云水书车、养老育幼等，凡有利于社会公共事业的，都应该交由教团担当，给予支持，不可间断；滴水坊要把“滴水之恩”做得更加美好。对于佛光祖庭宜兴大觉寺，有缘分，要常去礼拜。我对社会的文教、公益数数尊重，所以有一个公益信托教育基金，现在已有十余亿元，除了少数由信众发心捐赠，全由过去的稿费和一笔字所得。今后，山上的长老可以护持，也希望佛教人士或热心公益者的遗产都可以参与进来，让公益基金壮大，更能造福全民，成为国家社会的一股清流。

像真善美传播贡献奖、三好校园奖、全球华文文学星云奖、星云教育奖等，其他再有项目，只要经济许可，将来都可以设立。我们对于社会总要增加养分，这是每一个佛教徒不可以推却的责任。

在教育上，开支最浩繁的，就是常住办的几所大学、中学等；若有缘分，无条件地赠予有缘人管理，不可买卖；如果卖学校，对那些募款办学的人怎么交代？这对佛光山的名誉不好，会给人批评。对于协助佛光山文化教育发展的社团，如有兴办，应该量力补助，以使其有心人更加团结。如有良言建议，甚至批评，只要是善意的，也不要排拒，要以“闻过则喜”的雅量接受，我们总要接受大家的意见，他人才会更加拥护。

我时常看到园艺组的徒众们在那里锄草修花，看到环保组的同道们在那里做资源回收分类，看到工程组的修缮、都监院的服务、大寮里的典座，以及殿堂里的香灯、殿主等，那种投入，任劳任怨，实在是山上成功的动力，我只有感动、感激。没有大家的发心，何能有今日的佛光山？今后，对于客堂的接待，对于信徒的招呼，对于义工的参与，都要有种种教育训练，以使我们的教团更臻于完美。

所以，集体创作的精神，要永远地、无怨无悔地坚持下去，这是我一生的志愿。因为谁都不能单独存在，大家要互助互敬、共存共荣，那才是懂得佛法的核心精神，宁可个人牺牲、忍耐，不要让常住和大众受到损失。

我的乡亲前辈唐朝鉴真大师，经过多少磨难到达日本弘法传播文化，在七十五岁高龄，自知归乡无望，他写下遗偈：“山川异域，日月同天，寄诸佛子，共结来缘。”在人生的生命之流里，如同大江东去，终会有再回来的一日，人的生命一期圆满，还会有另一期生命的开始。

人类不能独居于世间，生活需要士农工商的供应，生存需要地水火风的助缘；大自然里，日月星辰、山河大地，都是我们的生命，大家要爱惜我们所居住的地球，要帮助地球上的一切众生，因为他们都是曾经给我、助我的人，对我们都有恩惠。我们大家都生活在因缘里，要彼此相依相助。

我们每一个人都是“生没有带来，死也没有带去”，回顾自己这一生，我不知道曾为人间带来什么？但我带走了人间多少的欢喜、多少的善缘。我难以忘记多少信徒对我的喜舍、对我的护持、多少同门的祝福，我也难以忘记刻骨铭心的助缘。我这一生所受到的佛恩、友谊，真是无比浩荡，我应该在人间活得很有价值。我愿生生世世为佛陀奉献，为大众服务，以此上报四重恩。

现在，我虽然快要带走了你们对我的尊重，带走了你们给我的缘分，带走了你们对我的关怀，带走了你们与我的情谊，未来我会加倍补偿你们。我一生所发表过的言论，如：“集体创作、制度领导、非佛不作、唯法所依”，又如传法说偈：“佛光菩提种，遍洒五大洲，开花结果时，光照寰宇周。”希望大家都能谨记、实践。所谓“有佛法就有办法”，凡我信者，要实践慈悲、喜舍、结缘、报恩、和谐、正派、服务、正常、诚信、忍耐、公平、正义、发心、行佛……这些都是佛法，能够实践，你就会有办法。

我一生虽然遭逢大时代的种种考验，但我感到人生非常幸福，我享受苦难、贫穷、奋斗、空无；我体会“四大皆有”，我感觉人生“花开四季”，佛陀、信徒给我的太多了。虽然出家，注定要牺牲享受，但其实吾人也享受了牺牲的妙乐，我觉得在佛法里的禅悦法喜，就已享受不尽了。

对于人生的最后，我没有舍利子，各种繁文缛节一概全免，只要写上简单几个字，或是有心对我怀念者，可以唱诵“人间音缘”的佛曲。如果大家心中有“人间佛教”，时时奉行“人间佛教”，我想，这就是对我最好的怀念，也是我所衷心期盼。

最后我所挂念的，除了信众的幸福安乐，要重视世界各地办的大学，这也是我们的根本；山上的大众，尤其丛林学院的师生，他们未来都是佛光山菩提种子，要他们健全、发心，“人间佛教”才能长久与天地同在，与大众共存。

法幢不容倾倒，慧灯不可熄灭，期愿大家未来都能在“人间佛教”的大道上继续精进，大家相互勉励，共同为教珍重。

星云 于佛光山开山寮

（本文于2013年完稿）